$x^n+y^n=z^n$

丛书主编：赵焕光

文化数学欣赏丛书-5

快乐相遇数论

黄忠裕　赵焕光　著

科学出版社
北京

内 容 简 介

本书从初等数论学科的特色、人文欣赏的视野着手，运用通俗生动的语言、精彩有趣的故事、丰富典型的案例，介绍初等数论的基本理论及其在现实世界中的巧妙应用．主要内容包括：整除概念与判定、最大公因数与最小公倍数、整数分解与素数分布、同余概念及应用、剩余类与剩余系、欧拉函数的计算与经典同余定理、一次同余方程、一次同余方程组与中国剩余定理、高次同余方程、二次剩余与二次同余方程、原根与离散对数、实用的一次不定方程、诱惑人的费马方程、魅力无限的同余与不定方程联姻．

本书可作为高等院校所有专业的本(专)科生、硕士研究生、中学数学智优生、中学数学教师、具有中学数学基础的高校教师及行政管理人员的数学与人文修养提高读本，也可作为高等院校本(专)科各个专业的选修课教材或教学参考书．

图书在版编目(CIP)数据

快乐相遇数论/黄忠裕，赵焕光著．—北京：科学出版社，2017.6
(文化数学欣赏丛书; 5)
ISBN 978-7-03-053844-4

I. ①快… II. ①黄… ②赵… III. ①数论-普及读物 IV. ①O156-49

中国版本图书馆 CIP 数据核字(2017) 第 139704 号

责任编辑：王丽平／责任校对：彭 涛
责任印制：张 伟／封面设计：陈 敬

科学出版社 出版
北京东黄城根北街 16 号
邮政编码：100717
http://www.sciencep.com
北京建宏印刷有限公司印刷
科学出版社发行 各地新华书店经销
*
2017 年 6 月第 一 版 开本：B5(720 × 1000)
2024 年 1 月第三次印刷 印张：14 3/4
字数：285 000

定价：69.00 元
(如有印装质量问题，我社负责调换)

前言

初等数论是一门以整数为研究对象，四则运算为研究工具的数学分支. 初等数论初看起来似乎很简单，数论的主要概念以及一些真正能诱惑人的数学问题的提法，简单到甚至连小学生都能看明白. 然而，有些看似简单问题的解决却极其困难，使得一代又一代的世界一流数学家为其付出一辈子的努力. 比如著名的费马大定理 (即当 n 是一个大于 2 的正整数时，不定方程 $x^n + y^n = z^n$ 没有正整数解) 自从 17 世纪上半叶被提出，困惑了全世界顶级数学家 350 余年，直到 1995 年才最终被英国数学家怀尔斯证明. 而这类尚未解决的世界难题在数论中比比皆是，例如，哥德巴赫猜想、孪生素数猜想、奇完全数猜想、费马素数猜想、黎曼猜想等. 所有这些猜想的表述都很简单，但它们的解决却需要极其复杂的数学工具.

历史上，数论曾被喻为令人陶醉在象牙塔中的纯数学学科. 这就是说，数论在实际应用中没有地位. 德国大数学家高斯曾把数论描绘成“*一座仓库，贮藏着用之不尽的，能引起人们兴趣的真理*”. 德国另一位大数学家希尔伯特则把数论看成“*一幢出奇的美丽而又和谐的大厦*”“*它有简单的基本定律，它有直截了当的概念，它有纯正的真理*”. 高斯还认为数论作为数学的皇后，不愿意用“有用”来弄脏她那洁白的双手. 而英国数论专家哈代则曾为自己所研究的数论问题无用而干杯. 或许正是美丽而无用的独特风格所造就的迷人魅力使得数论高居“数学皇后”的宝座之上，并诱惑着无数门外汉与极富才智的顶级数学大师一起如痴如醉地去攀登数论殿堂的顶峰.

的确，在哈代所处的那个时代，居于数学中最美妙思想之列的数论，从未被用于任何非常实际的应用目的. 然而，随着电子计算机的出现，却发生了连哈代做梦都想不到的改变. 如今，涉及国家安全机密与商业利益的网络运行都需要大素数，大素数分解问题已经与密码破译紧密地联系在一起. 谁能想到，纯之又纯的数论，最终会对百姓的日常生活产生如此之大的影响呢？

1948 年，成功证明弱哥德巴赫猜想 (即每个大于 6 的偶数都可以表示为一个素数与一个整数的和，该整数的素因子个数不超过某一很大的自然数) 的匈牙利数学家雷尼 (A.Renyi, 1921—1970) 曾经说过，“*如果我感到忧伤，我会做数学变得快乐；如果我正快乐，我会做数学保持快乐*”. 数学带给人们的快乐，并非像其他娱乐活动所带给人们那种感官刺激上的快乐，也并非像人们获得物质财富增加的那种外在快乐, 而是智力自我挑战成功后所感悟到的一种精神快乐. 其实, 解决了一个困难数学问题的思想过程往往是曲折迂回的, 每当人们千辛万苦到胜利顶峰时, 都会记得"山阴道上, 应接不暇" 的沿途美景以及"山重水复疑无路, 柳暗花明又一村" 那种神奇的快乐. 雷尼正是因为深切地感受到过那种快乐, 才会说出上述肺腑之言.

2015 年 3 月, 我从高校数学教师的岗位上正式退休. 退休之后凭着自己对传播文化数学的一股热情, 能够与自己的学生兼同事黄忠裕副教授合作, 将自己学习初等数论的点滴体会, 与他所具有的丰富教学积累相结合, 整理成书在科学出版社出版, 当然是一件非常快乐的事情. 本书如果作为文化数学普及传播能带给某些读者少许快乐的话, 那么我们就会乐上加乐. 借助多重快乐的构想, 本书取名《快乐相遇数论》.

全书分 4 章. 在正文之前加了一个引子, 简介了哥德巴赫猜想、孪生素数猜想、回文素数猜想以及梅森素数的故事. 第 1 章标题为"整除理论", 整除理论是初等数论的理论基础, 可以说初等数论中研究的问题大部分都与整除有关. 该章介绍整除的基本理论, 主要内容包括: 整除概念与判定、最大公因数与最小公倍数及整数分解与素数分布. 第 2 章标题为"同余理论", 同余理论是初等数论的核心, 同余思想、同余方法可以有效地简化涉及整除性的许多问题, 因此具有很重要的理论价值, 而且还有很广泛的实际应用. 该章介绍同余的基本知识及基本理论, 主要内容包括: 同余概念及应用、剩余类与剩余系及欧拉函数的计算与经典同余定理. 第 3 章标题为"同余方程", 求解同余方程是初等数论的核心问题, 同余方程是运用同余思想研究数论问题的途径与方法, 而且也是公钥密码学最重要的理论基础. 该章介绍同余方程的基本理论及其应用, 主要内容包括: 一次同余方程、一次同余方程组与中国剩余定理、高次同余方程、二次剩余与二次同余方程以及原根与离散对数. 第 4 章标题为"不定方程", 不论是理论还是实际应用, 不定方程都具有重要的地位. 该章介绍几类简单的不定方程的求解及其应用, 主要内容包括: 实用的一次不定方程、诱惑人的费马方程及魅力无限的同余与不定方程联姻.

本书的写作框架由我与黄忠裕副教授共同讨论形成, 初稿以及书中基础训练与拓展及解答提示由黄忠裕提供. 黄忠裕副教授长期从事高等学校初等数论课程的教学与研究工作, 积累了丰富的教学经验及教学资料. 就初等数论这门学科来说, 我与黄忠裕相比只能算是"门外汉", 不过我的数学人文修养方面可能比他稍许强一些. 因此, 我在他的写作基础上添加了数学人文修养方面的内容, 全书最终由我定稿.

吾妻钱亦青在书稿打印及文献查阅方面付出辛勤劳动, 在此表示特别的感谢! 温籍华人数学家季理真教授对本书初稿提出画龙点睛式的宝贵修改建议, 并热心提供关于素数方面的宝贵参考文献资料, 在此致以真诚的感谢! 本书写作过程中参阅了大量参考文献, 为此也向被本书引用的参考文献作者表示真诚的感谢! 本书在写作过程中得到温州大学校领导、温州大学数学学院领导、浙江省重点学科“应用数学”、温州大学重点学科“数学”、温州大学重点专业“数学与应用数学”、温州大学科研处、温州大学人文社科处等有关部门的大力支持, 在此一并表示感谢!

限于作者水平, 不妥之处在所难免, 敬请广大读者不吝批评指教.

赵焕光

2016 年 10 月 12 日

目　录

引　子

素数奇趣与猜想

数学是什么？至今还没有令大家满意的答案，数学家仅仅从不同的侧面给予解释. 德国数学家克罗内克 (L. Kronecker, 1823—1891) 曾说过，“*上帝创造了整数，其余一切都是人造的*”. 那么，整数由什么构成？答案是素数. 事实上，初等数论中的算术基本定理告诉我们，每个整数都可以唯一地表示为若干素数的乘积. 这就是说，素数是构成一切整数的基本单元，其作用就相当于化学中的原子，或者说相当于物理中的基本粒子. 因此，有人把素数称作算术中的“原子”.

对数论研究做出杰出贡献的德国大数学家高斯 (C.F.Gauss, 1777—1855) 曾用“*数学是科学的皇后，而数论是数学的皇后*”这句话表达他对数论的钟爱. 在某种意义上说，数论是一门以素数作为其研究对象的学问，作为构筑数论大厦的基石，素数理所当然在数论中起着中心的作用. 远从古希腊开始，人们就对素数着迷，如今，信息保密、网络安全运行都离不开素数. 因此，有人把素数比作数学中美妙的音乐、美丽的女神.

所谓素数，就是指除自身与 1 之外没有其他真因数的正整数. 素数概念清晰易懂，只要学过小学数学就能轻松地描述它. 虽然素数表面上看起来简单朴素，但素数行踪不定，其秉性让人永远捉摸不透. 对数论研究做出很大贡献的瑞士大数学家欧拉 (L.Euler, 1707—1783) 曾说过：“*一直以来，数学总是在孜孜不倦地寻找素数规律，但是很难成功. 我们可以把素数看作人类思维无法渗透的奥秘*”. 越是难以征服的东西，越能激发人们的好奇心！从公元前到现在的 2400 多年间，世界各国的数学家义无反顾地追寻素数奥秘，如同飞蛾扑火，前赴后继. 沿途众多大学者创造出许多关于素数的美丽故事，同时提出许多至今悬而未决的猜想，诸如哥德巴赫猜想、孪生素数猜想、回文素数猜想、梅森素数猜想等. 接下来，我们将对这几个著名猜想作简单介绍.

0.1 哥德巴赫猜想

算术基本定理告诉我们, 素数的重要性就体现在所有整数都可表示成素因数的乘积. 因此, 在谈论素数的时候, 乘法便是理所当然的操作. 那么对加法来说, 是否也有相类似的结果呢? 这是到目前为止没有获得彻底解决的世界难题.

1742 年, 德国业余数学家哥德巴赫 (C. Goldbach, 1690—1764) 在和他的好朋友 —— 大数学家欧拉的几次通信中, 首先提出了关于素数之和的两个推测:

(A) 每一个不小于 6 的偶数都是两个奇素数之和;

(B) 每一个不小于 9 的奇数都是三个奇素数之和.

这就是著名的哥德巴赫猜想. 我们把猜想 (A) 称为 "关于偶数的哥德巴赫猜想", 把猜想 (B) 称为 "关于奇数的哥德巴赫猜想". 由于

$$2n+1=2(n-1)+3,$$

所以, 从猜想 (A) 的正确性立即推出猜想 (B) 的正确性. 反之, 则推不出.

欧拉虽然没有能够证明这两个猜想, 但是对它们的正确性是深信不疑的. 1742 年 6 月 30 日, 在给哥德巴赫的一封信中他写道: 我认为这是一个肯定的定理, 尽管我还不能证明出来.

然而, 辗转几个世纪, 一直没有人证明它. 1920 年挪威数学家布朗建议将证明分成若干步骤, 就是先证明任何充分大的偶数都可以表示成两个正整数之和, 简称 "$a+b$", 其中一个正整数的素因子个数都不超过 a, 另一个素因子个数都不超过 b. 先对比较大的 a 和 b 证明, 然后逐步缩小, 如果最终缩小到 "$1+1$", 那么就证明了哥德巴赫猜想.

中国数学家在攻克这个世界著名猜想的征途上成就非凡. 1956 年, 中国数学家王元证明了命题 "$3+4$", 由此开启了中国数学家在哥德巴赫猜想 "$a+b$" 研究上的先河. 其后, 王元和另一位中国数学家潘承洞又得到了若干重要的结果, 使得我国在哥德巴赫猜想方面的研究达到了国际先进水平. 1966 年, 陈景润宣布证明了命题 "$1+2$"; 1973 年, 他发表了 "$1+2$" 的全部证明. 所谓 "$1+2$", 就是指所有充分大的整数都能表示成一个素数与一个至多两个素数乘积之数的和. 到目前为止, 陈景润的成果仍然是最好的.

0.2 孪生素数猜想

所谓孪生素数 (prime twins), 就是指差为 2 的素数对. 例如, 前几对孪生素数分别是 $(3,5)$, $(5,7)$, $(11,13)$, $(17,19)$, $(29,31)$, $(41,43)$, $(59,61)$ 等.

一般说来，若 p 与 $p+2$ 都是素数，则称 $(p, p+2)$ 为孪生素数. 到目前为止，已知最大的孪生素数对为：$2003663613 \cdot 2^{195000} \pm 1$. 这两个数都有 10 万多位，这是在 2001 年由一批数学家通过国际合作，在许多台计算机上运行他们的程序所得到的结果.

关于孪生素数有一个著名猜想：*存在无穷多对孪生素数*. 这个猜想至今没有被证明. 数学史家没有弄清楚何时何地何人首先提出孪生素数猜想，然而可以肯定的事情是，法国数学家德波利尼亚克 (Depolignac, 1817—1890) 于 1849 年提出了更一般的猜想：

对任意自然数 k，存在无穷多个素数对 $(p, p+2k)$.

这就是说，任意偶数都是无穷多对相邻素数的间隔. 特别地，当 $k=1$ 时，这个猜想就是著名的孪生素数猜想.

中国数学家陈景润在 1966 年所做的“$1+2$”的证明工作中可推出，存在无穷多个素数 p，使得 $p+2$ 的素因子不超过 2 个.

1982 年毕业于北京大学数学系的张益唐在美国沉默 20 多年后，一鸣惊人于 2013 年 4 月，向美国顶级数学杂志《数学年刊》(*Annals of Mathematics*) 提交了题为《素数间的有界距离》的文章. 文章中证明了：

存在无穷多个素数对 (p, q)，其中每一对中的两个素数之差，即 p 和 q 的距离，不超过 7000 万.

由此推出，存在无穷多个素数对 (p, q)，以及一个不超过 7000 万的正偶数，使得 $p-q=h$.

张益唐的工作在解决孪生素数猜想这一超越一百多年的数论难题的道路上前进了一大步，这是值得所有华人骄傲的智力极限挑战.

有两项与孪生素数猜想有关的工作值得介绍. 一项工作是于 1919 年，布伦 (V.Brun, 1885—1978) 证明了：

全体孪生素数的倒数之和收敛.

这个结果能说明孪生素数很稀疏，但无法说明该级数只有有限项.

另一项工作是于 1949 年，克利门特 (P.A.Clement) 给出了判定孪生素数的充要条件：

$$(n, n+2)\text{为孪生素数对当且仅当 } 4[(n-1)!+1]+n \equiv 0(\bmod(n^2+2n)).$$

此外，孪生素数还有多种推广，其推广形式之一就是所谓素数等差数列，即全部由素数组成的等差数列. 例如，$3, 5, 7$; $3, 7, 11$; $3, 11, 19$ 等都是 3 项素数等差数列. 又如 $61, 67, 73, 79$ 是公差为 6 的 4 项素数等差数列，而 $5, 11, 17, 23, 29$ 则是公差为

6 的 5 项素数等差数列. 通常把素数等差数列中的元素个数称为长度.

2007 年, 波兰数学家 Wroblewski 找到了长度为 24 的等差数列

$$468395662504823 + 45872132836530n \quad (0 \leqslant n \leqslant 23).$$

这是到目前为止所能找到的长度最长的素数等差数列.

2004 年, 华裔澳大利亚数学家陶哲轩 (Terence Tao, 1975—) 和英国数学家格林 (Green, 1977—) 利用分析中的遍历理论和组合中的拉姆齐理论证明了:

存在无穷多个任意长度的素数等差数列.

这是一项非常了不起的成就. 因为此前, 即使长度为 3 的素数等差数列, 人们也无法判定是否有无穷多项. 正是因为这项成就作为基础, 陶哲轩获得 2006 年度菲尔兹奖 (数学最高奖).

0.3 回文素数猜想

所谓回文素数就是指正读与反读都是同一个数的素数. 回文素数不算很多, 在 1000 以内只有下列 16 个:

$$11, 101, 131, 151, 181, 191, 313, 353, 373, 383, 727, 757, 787, 797, 919, 929.$$

1000 以上的回文素数非常稀少, "物以稀为贵", 人们用手工计算很难寻找, 数学家借助计算机找到数量不少的回文素数. 在寻找极大回文素数方面, 数学家杜勒讷 (H.Dubner) 一直保持着创纪录的成绩. 下面这些奇特的大回文素数就都是他发现的:

(1) 仅由 0 和 1 组成的一个大回文素数是这样的: $1(0)_{2415}(1)_9(0)_{2415}1$, 式中 $(0)_{2415}$ 表示连续 2415 个 "0", $(1)_9$ 表示连续 9 个 "1", 所以这个回文素数共有 4841 位, 是杜勒讷 1989 年发现的.

(2) 同年, 杜勒讷还发现了仅由一个数字 2, 其余全是 9 所组成的回文素数:

$$(9)_{2874}2(9)_{2874}.$$

这个回文素数有 5749 位.

(3) 一个超过 1 万位的回文素数:

$$10^{11310} + 4661664 \times 10^{5652} + 1,$$

这个数实际上是 4661664 前后各持有 5652 个 0, 首尾为 1, 所以共有 11311 位. 这个回文素数的独特之处不但在于它极大, 还在于它的位数 11311 本身也是一个回文

素数. 如果把 11311 的位数 5 也看成是一个回文素数, 那么可以把这个回文素数叫成 "三重回文素数".

(4) 目前已知的最大回文素数如下:

$$10^{11810}+1465641\times 10^{5902}+1,$$

这个回文素数共有 11811 个数位.

是否存在无穷多个回文素数? 这是至今还没有被解决的著名猜想.

加拿大数学家格里奇曼 (N.Gridgeman) 在研究回文素数时发现了这一个奇异的现象, 即在奇数位的回文素数中常常出现仅数字差 1, 而两侧数字都相同的素数对, 他把这样的素数对叫做回文素数对. 例如, 在最前面的 47 个回文素数中, 就有近一半即 22 个组成回文素数对:

$$(181,191),(373,383),(787,797),(919,929),(10501,10601),(11311,11411),$$

$$(12721,12821),(13831,13931),(15451,15551),(16561,16661),(30103,30203).$$

目前已知的最大的回文素数对如下:

$$\left(\underbrace{11\cdots 1}_{45个1}4\underbrace{11\cdots 1}_{45个1},\underbrace{11\cdots 1}_{45个1}5\underbrace{11\cdots 1}_{45个1}\right).$$

是否存在无穷多对回文素数对? 也是至今没有获得解决的猜想.

0.4 梅森素数的故事

法国业余数学家梅森 (M.Mersenne, 1588—1648) 的职业是一位神父, 但他酷爱数学, 数学是他的第一业余爱好. 在数论中因发现以他的名字而命名的素数表达式而闻名. 梅森花了四年多的时间研究并检验形如 $2^n-1(n=1,2,\cdots)$ 的整数是否为素数, 直至 $2^{257}-1$ 的全部整数, 并于 1644 年在他的《物理数学随感》一书中写道:

"总结前人的工作和我个人的研究, 可以得到结论: 在 $n\leqslant 257$ 的数中, 除了当 $n=2,3,5,7,13,17,19$ 时, 2^n-1 是素数外, 猜想 $n=31,67,127$ 和 257 时, 2^n-1 也是素数. 而 $n<257$ 其他数值, 2^n-1 都是合数."

梅森提出的这一大胆猜想, 大大缩短了人们寻觅最大素数的验证范围. 因此, 人们便将形如 2^n-1(n 是素数) 的素数命名为 "梅森素数" 或 "梅森素数猜想", 并且用他名字的头一个字母记梅森素数为 $M_n=2^n-1$, 这就是梅森素数的来历.

梅森素数的验证工作是十分艰辛的，其中前 7 个 M_n(即 $n=2,3,5,7,13,17,19$) 是素数已为前人所知，而其后 n 个数的验证异常困难，无法断定真伪.

下面我们按时间的先后顺序，讲述梅森素数的精彩故事.

1772 年大数学家欧拉在双目失明的情况下，凭心算证明了 M_{31} 是素数，即找到了第 8 个梅森素数.

1876 年法国数学家卢卡斯 (E.Lucas, 1842—1891) 证明了 M_{127} 是素数.

1883 年佩乌森 (J.pervusin) 证明了 M_{61} 是素数，这是梅森漏掉的一个素数.

1903 年，堪称梅森素数研究史上的奇迹发生了. 在美国纽约市一次数学学术报告会上，美国数学家科尔 (Koler) 作了一次不讲话的学术报告. 他默默走上讲台，一言不发，在黑板上写出

$$M_{67}=2^{67}-1=147573952588676412927=193707721\times 761838257287.$$

他没有说一句话又回到自己的座位上，会场顿时响起暴风雨般的祝贺掌声，因为他已证明了 M_{67} 是一个合数，而否定梅森说的 M_{67} 是素数的猜想. 据说获得这一结论，花了科尔三年中全部星期天的时间.

从此以后，人们不再盲从，开始重新审查梅森的结果.

1911 年和 1914 年鲍尔斯 (R.E.Powers) 和福克贝尔古 (E.Fauquembergue) 分别独立找到了梅森漏掉的另外两个素数 M_{89} 和 M_{107}.

1922 年数学家克赖奇克 (M.Kraitchik) 验证了 M_{257} 不是素数，但他当时没有给出这一合数的因子，直到 20 世纪 80 年代人们才知道它有 3 个素因子. 按顺序来排，当年梅森给出的 M_{127} 应该是第 12 个梅森素数. 在电子计算机发明前，人们也只找到这 12 个梅森素数. 电子计算机的应用大大加快了寻找梅森素数的步伐.

1952 年数学家鲁宾逊 (R.M.Robinson) 等在洛杉矶使用 SWAC 型计算机在短短几小时之内就找到了 5 个梅森素数，其中的 n 分别为 521, 607, 1279, 2203, 2281. 此后，随着计算机性能和计算程序的改进，新的梅森素数不断出现. 需要注意的是，新的梅森素数也往往是新的最大素数.

1963 年美国伊利诺伊大学数学系的吉利斯 (D.Gillies) 使用 ILLIAC 型计算机找到第 21—23 个梅森素数，其中第 23 个梅森素数的 $n=11213$. 该系为纪念这一突出成就，在它寄出的每个信封上都印有 "$2^{11213}-1$ 是素数" 的字样.

1971 年 3 月 4 日晚，美国哥伦比亚广播公司中断了正常节目播放，发布了塔克曼 (B.Tuckerman) 使用 IBM360-91 型计算机找到新的梅森素数 M_{19937} 的消息，IBM 公司当仁不让，将 "$2^{19937}-1$ 是素数" 的字样印到了它的办公信封上. 数学家利用各种最新计算机，不停息不知疲倦地在巨大的天文数字运算中，继续寻觅梅森素数.

1982 年到 1985 年的三年里, 英国数学家史诺云斯基 (D.Slowirski) 用运算速度最快的计算机分别求得三个梅森素数: M_{86243}, M_{132049} 和 M_{216091}.

1985 年美国休斯敦一家技术公司的研究人员发现 M_{216091} 是一个 65050 位的素数.

1988 年又有数学家发现史诺云斯基漏掉的梅森素数 M_{110503}.

1992 年 3 月到 1995 年, 史诺云斯基又发现第 32—34 三个梅森素数: M_{756839}(有 227832 位), M_{859433}(有 258716 位) 和 $M_{1257787}$(有 378632 位). 最后一个是当时宣布发现的最大一个素数. 若把这个数字印成书, 可有 200 多页, 真是一个布满数字的天书.

在因特网在全世界掀起热潮与广泛应用之际, 寻找梅森素数的工作又开始进入另一波高峰.

1996 年, 美国一位退休的计算机程序员, 创建了一个网民志愿者组织, 缩写名为 "GIMPS"(意为 "全球因特网梅森素数大搜索"), 利用因特网上极为丰富的资源, 来寻找梅森素数, 开展一场科学史上的人民战争. 这个组织动员了很多的数学爱好者, 将网上几万、几十万台计算机联合起来, 共同协作, 搞大兵团寻找梅森素数. 组织者公布寻找梅森素数的程序、方法等. 该年的 11 月 13 日, 作为当时的 700 多名志愿者之一, 年仅 29 岁的巴黎程序员, 经过 88 个小时的运算以后, 找到了第 35 个梅森素数, 即 $M_{1398269}$, 该数有 420921 位, 打印出来有 225 页之多.

时光像急流电飞逝, 参与向科学进军这一行动的网民成员迅速增加, 到 1997 年 8 月增至 2000 多人. 8 月 24 日, 从英国传来喜讯, 38 岁的信息技术主管, 用时 15 天找到了第 36 个梅森素数 $M_{2976221}$.

1998 年 1 月 27 日, 又传来了好消息. 美国加利福尼亚大学年仅 19 岁的大学生克拉克森 (L.Clarkson) 发现了第 37 个梅森素数 $M_{3021377}$, 该数有 909526 位. 克拉克森是 4000 多名志愿者中的幸运者, 他利用空闲时间, 经过 46 个日日夜夜的运算, 电脑屏幕上突然出现一行文字 "你找到了一个新的梅森素数! ", 让这位年轻人高兴地跳起来.

成就感像磁铁般地吸引着网民志愿者, 1999 年会员猛增到 12600 人, 参与计算机达 21500 台. 在美国工作的一位印度人, 在该年 6 月 1 日, 用 21 天的时间找到了第 38 个梅森素数 $M_{6972593}$, 位数达 2098960 位, 首次超过百万位大关. 由此, 他获得美国电子前沿基金会 5 万美元奖金, 成为历史上第一位因寻找到较大梅森素数而得奖的获奖人.

2001 年 11 月 14 日, 惊人的喜讯又传来, 一位 20 岁的加拿大青年, 白天上学, 晚上参加就业培训, 他利用闲暇时间与另一个人寻找, 用时 45 天, 终于找到了第 39 个梅森素数 $M_{13466917}$, 该数共有 4053846 位. 当时参与的计算机已超过 205000 台, 他是 13 万名志愿者中的幸运者.

美国人和德国人又相继在 2003—2006 年先后发现了 5 个更大的梅森素数, n 的值分别为 20996011, 24036583, 25964951, 30402457 和 32582657, 位数分别达到 6320430, 7235733, 7816230, 9152052 和 9808358 位. 至此, 共发现了 44 个梅森素数.

2008 年 8 月 23 日, 美国加利福尼亚大学洛杉矶分校以计算机专家史密斯 (E.Smith) 为首的专家组用 75 台计算机同时联网运行, 发现了第 47 个梅森素数 (第 45, 46 个的发现反在其后), 这距第 44 个梅森素数的发现已时隔两年之久. 这个梅森素数的 $n = 43112609$, 共有 12978189 位数! 如果用普通字号将它连续写下来, 长度可超过 50 公里! 这也是在加利福尼亚大学洛杉矶分校发现的第 8 个梅森素数.

2008 年 9 月 6 日德国一化学公司的电子工程师埃尔费尼希 (H.M.Elvenich) 发现了一个新的梅森素数 $M_{37156667}$, 该数字有 11185272 位数. 有趣的是, 它比早发现的那个要小一点 (这也是史无前例的).

2009 年斯特林莫 (O.M.Strindmo) 发现新的梅森素数 $M_{42643801}$, 仍比史密斯发现的要小. 这 3 个新发现的梅森素数也是首次突破 1000 万位的素数.

目前最大的梅森素数是 2016 年 1 月由美国密苏里州立大学柯蒂斯库珀 (Curtis Cooper) 通过大互联网梅森素数搜索 (GIMPS) 分布式计算项目发现的, 这是第 49 个梅森素数 $M_{74207281}$, 为 GIMPS 项目诞生 20 周年献礼. $M_{74207281}$ 这个超大素数有 22338618 位, 是目前已知的最大素数, 诞生自一台 Intel17-4790CPU 电脑. 这是库珀教授协同沃尔特曼 (Woltman)、库罗夫斯基 (Kurowski) 等第四次通过 GIMPS 项目发现的新的梅森素数, 刷新了他自己的记录. 他上次发现的第 48 个梅森素数 $M_{57885161}$ 是在 2013 年 1 月, 有 17425170 位.

不过人们仍不能保证寻找梅森素数是按由小到大的顺序, 而只能说已经找到了 49 个梅森素数.

人们为什么要投入那么多的精力研究梅森素数? 这是因为信息安全与密码学中需要大素数, 而到目前为止, 最大的素数都是从梅森素数中找到的, 科学家利用计算机寻找梅森素数并非仅仅是一种计算机游戏, 这项工作也不但是在信息科学与密码学等应用学科有广泛应用, 而且也是综合评判计算机软硬件水平的重要方式.

梅森素数研究任重而道远, 是否存在无穷多个梅森素数? 是否有无穷多个 M_n 是合数? 到目前为止仍是悬而未决的数论难题之一.

第 1 章

整除理论

大家知道, 整数对于加法、减法、乘法运算是封闭的, 这就是说, 整数加 (减) 整数、整数乘整数, 其结果仍然是整数. 但是整数除以整数就未必能得到整数, 于是就产生了研究整数理论的一个基本问题: 一个整数能否被另一个整数整除的问题.

研究整除问题的数学理论, 称其为整除理论. 整除理论是初等数论的理论基础, 可以说初等数论中所研究的问题大部分都与整除有关. 本章介绍整除的基本理论, 主要内容包括: 整除概念与判定、最大公因数与最小公倍数及整数分解与素数分布.

1.1 整除概念与判定

整除是初等数论最核心的概念, 带余除法是初等数论中最重要的数学方法. 因此, 学习数论得从整除与带余除法开始.

1.1.1 整除与带余除法

定义 1.1.1 设 a, b 是给定的两个整数, 且 $b \neq 0$. 如果存在整数 q 使得 $a = qb$, 那么就说 b 整除 a, 记作 $b|a$. 此时我们把 b 叫做 a 的因数 (也可称约数或除数), a 叫做 b 的倍数. 否则, 就说 b 不整除 a. 如果 $a = qb$, 而且 $b \neq \pm a$, $b \neq \pm 1$, 则称 b 为 a 的真因数 (也称真约数或真除数).

相关链接 利用整除的定义及整数的加减与乘法运算的基本性质不难推出整除具有下述基本性质:

(i) (传递性) 若 $b|a$, $c|b$, 则 $c|a$;

(ii) (线性) 若 $b|a$, $b|c$, 则对任何整数 k 及 l 都有 $b|(ka + lc)$;

(iii) (可乘性) 若 $b|a$, 且 $c \neq 0$, 则 $bc|ac$;

(iv) (压缩性) 若 $b|a$, $a \neq 0$, 则 $|b| \leqslant |a|$;

(v) (等同性) 若 $b|a$, $a|b$, 且 $a > 0$, $b > 0$, 则 $a = b$;

(vi) (等价性)　若 $a=qb+c$, 且 $b\neq 0$, 则 $b|a$ 当且仅当 $b|c$.

在讨论整除时, 下述关于整数的因数配对性性质经常被用到.

命题 1.1.1 (因数配对性)　(1) 设整数 $a\neq 0$. 若 $d_1,d_2,\cdots,d_m$ 是它的全体因数, 则 $a/d_1, a/d_2,\cdots,a/d_m$ 也是它的全体因数.

(2) 若正整数 a 的全体正因数为 $d_1,d_2,\cdots,d_m$, 且 $d_1<d_2<\cdots<d_m$, 则

$$a=d_i\cdot d_{m+1-i},\quad 1\leqslant i\leqslant m.$$

证　(1) 当 $d_i|a$ 时, a/d_i 也是整数, 由 $a=d_i(a/d_i)$ 可知 a/d_i 也是 a 的因数, 而且当 $d_i\neq d_j$ 时必有 $a/d_i\neq a/d_j$, 这样, $a/d_1,a/d_2,\cdots,a/d_m$ 也是 a 的 m 个两两不同的因数. 因为 a 的因数的个数是确定的, 故结论 (1) 成立.

(2) 易见由 $1=d_1<d_2<\cdots<d_m=a$, 可得

$$1=\frac{a}{d_m}<\frac{a}{d_{m-1}}<\cdots<\frac{a}{d_1}=a.$$

于是有

$$\frac{a}{d_m}=d_1,\frac{a}{d_{m-1}}=d_2,\ldots,\frac{a}{d_1}=d_m,$$

即 $a=d_i\cdot d_{m+1-i}(1\leqslant i\leqslant m)$ 成立.

接下来, 我们介绍整除的基本定理, 也称带余除法, 它是初等数论中最重要、最基本、最常用的工具.

定理 1.1.1 (带余除法)　设 a, b 是两个给定的整数, 且 $b>0$, 则存在唯一的整数 q 和 r 使得

$$a=bq+r,\quad 0\leqslant r<b.$$

证　记 $[x]$ 为不超过 x 的最大整数. 显然有

$$[x]\leqslant x<[x]+1.$$

若记 $\{x\}=x-[x]$, 则有 $0\leqslant\{x\}<1$. 特别地, 对给定的整数 a, b(其中 $b>0$) 有

$$0\leqslant\left\{\frac{a}{b}\right\}<1.$$

若令 $q=\left[\frac{a}{b}\right]$, $r=b\left\{\frac{a}{b}\right\}$, 则有

$$a=bq+r,\quad 0\leqslant r<b.$$

证毕.

评注　关于实数取整, 我们将在 1.3 节详细介绍. 由整数的离散性, 易见 $r<b$ 等价于 $r\leqslant b-1$. 因此, 余数 r 共有 b 种可能的取值:

$$0,1,\cdots,b-1.$$

若 $r=0$, 即为前面所说的 $b|a$. 带余除法的核心或者说着眼点就是关于余数 r 的不等式:

$$0 \leqslant r \leqslant b-1.$$

1.1.2 奇数与偶数

考察一个整数能否被 2 整除, 这是最简单的整除问题, 由此派生出整数奇偶性讨论. 这种最简单的整除关系在初等数论中经常起着很重要的作用, 因而不可忽略.

定义 1.1.2 凡能被 2 整除的整数统称为偶数; 不能被 2 整除的整数称为奇数. 偶数可以表示为 $2k$(其中 k 为整数) 的形式, 奇数可以表示为 $2k\pm1$ 的形式 (其中 k 为整数).

相关链接 下述关于整数奇偶性的简单性质常常被用到:

(i) 奇数 $\neq$ 偶数;

(ii) 奇数与偶数的和为奇数, 偶数的和为偶数; 奇数个整数的和为奇数, 偶数个奇数的和为偶数;

(iii) 两个整数的和与差具有相同的奇偶性;

(iv) 乘积为奇数的充要条件是各个因数都为奇数, 偶数乘以任何整数的积都是偶数;

(v) n 个偶数的积是 2^n 的倍数;

(vi) 奇数与偶数是相间排列的, 即两个连续整数中必有一奇一偶;

(vii) 如果任取整数列的一个连续片断, 那么其中所含的奇数与偶数的个数或者相等, 或者相差 1;

(viii) $(-1)^k=1$ 的充要条件是 k 为偶数, $(-1)^k=-1$ 的充要条件是 k 为奇数;

(ix) 偶数的平方必被 4 整除, 奇数的平方必可写成 $8m+1$ 的形式.

例 1.1.1 试问是否存在 100 个正奇数, 使得它们的倒数和等于 1?

解 不存在. 若存在 100 个正奇数 $a_1,a_2,\cdots,a_{100}$, 其倒数之和为 1, 即

$$\frac{1}{a_1}+\frac{1}{a_2}+\cdots+\frac{1}{a_{100}}=1,$$

两边同时乘以 $a_1a_2\cdots a_{100}$ 得

$$a_2a_3\cdots a_{100}+a_1a_3\cdots a_{100}+\cdots+a_1a_2\cdots a_{99}=a_1a_2\cdots a_{100}.$$

等式左边是 100 个奇数的和, 因而为偶数, 而右边是奇数, 矛盾!

例 1.1.2 设 $x_i(i=1,2,\cdots,n)$ 都取值 1 或 -1, 而且

$$x_1x_2x_3x_4+x_2x_3x_4x_5+\cdots+x_{n-3}x_{n-2}x_{n-1}x_n+x_{n-2}x_{n-1}x_nx_1=0,$$

求证: $4|n$.

证 等式左边各项的值也都取值 1 或 -1, 其和为 0, 必定 $+1$, -1 各半. 因此 n 必为偶数, 即 $n=2m$.

另一方面, 上述左边各项相乘的结果是 $(-1)^m$(因为有 m 个 -1), 但每个 x_1, $x_2,\cdots,x_n$ 在乘积中都出现 4 次, 因此有 $(x_1x_2\cdots x_n)^4=1$, 于是 $(-1)^m=1$, 从而 $m=2k$, 即 $n=4k$.

1.1.3 整除判定

整除概念建立之后, 接下来很自然要考察整除判定有哪些可操作的具体方法. 下面介绍几种最常用的整除判定方法.

1. 定义法

直接利用定义：$b|a \Leftrightarrow a=qb$. 这就是说, 通过数的相关运算, 具体找出 q 或论证 q 的存在. 运用定义法时经常要用到下述两个因数分解公式：

(i) 当 n 为正整数时, $a^n-b^n=(a-b)(a^{n-1}+a^{n-2}b+\cdots+ab^{n-2}+b^{n-1})$;

(ii) 当 n 为正奇数时, $a^n+b^n=(a+b)(a^{n-1}-a^{n-2}b+\cdots-ab^{n-2}+b^{n-1})$.

2. 等价法

前面介绍的整除基本性质 (vi) , 结合数的运算式的添拆项等基本技巧可形成操作性很强的实用判别法. 下面将举例说明.

3. 分类法

对带余除法中的余数进行分类讨论, 称其为分类法 (其本质就是第 2 章要介绍的同余法). 分类法结合抽屉原理 (即若把 $n+1$ 个元素或更多的元素放在 n 个抽屉中, 则在其中某一个抽屉里至多要放入 2 个元素), 可形成威力很强的整除判别方法, 下面将举例说明.

4. 比较法

利用后面介绍的算术基本定理, 对所给整数的标准分解式中的相同的素因数幂进行比较, 可获得一种有效的整数整除判别法 (1.3 节介绍). 这种判别方法特别适用于对大整数的整除判别.

此外, 还可以利用数学归纳法或组合数学方法证明整除问题, 这里不再介绍.

例 1.1.3 证明下述命题：

(1) 如果一个整数的末三位数与末三位数之前的数字组成的数的差能被 7 或 11 或 13 整除, 那么这个数就能被 7 或 11 或 13 整除.

(2) $7|\overline{a_na_{n-1}\cdots a_1} \Leftrightarrow 7|(\overline{a_na_{n-1}\cdots a_2}-2a_1)$.

证 (1) 由 $\overline{a_na_{n-1}\cdots a_2a_1a_0}=\overline{a_na_{n-1}\cdots a_3}\times 1001-(\overline{a_na_{n-1}\cdots a_3}-\overline{a_2a_1a_0})$ 及 $1001=7\times 11\times 13$ 可得.

(2) 由 $\overline{a_na_{n-1}\cdots a_1}=\overline{a_na_{n-1}\cdots a_2}\times(10-3)+3(\overline{a_na_{n-1}\cdots a_2}-2a_1)+7a_1$ 可得.

例 1.1.4 设 k 为正奇数. 求证: 对任何正整数 n, $n+2$ 都不能整除

$$S(n,k)=1^k+2^k+\cdots+n^k.$$

证 $n=1$ 显然. 首先通过简单的配对有

$$2S(n,k)=2+(2^k+n^k)+(3^k+(n-1)^k)+\cdots+(n^k+2^k), \tag{1.1.1}$$

由 k 是奇数可得 $i^k+(n+2-i)^k$ 被 $i+(n+2-i)=n+2$ 整除 $(i=2,\cdots,n)$.

若 $(n+2)|S(n,k)$, 则必有 $(n+2)|2S(n,k)$, 从而由式 (1.1.1) 有

$$(n+2)|2=2S(n,k)-[(2^k+n^k)+(3^k+(n-1)^k+\cdots+(n^k+2^k))].$$

矛盾! 从而 $n+2$ 不能整除 $S(n,k)$.

例 1.1.5 设 $F_n=2^{2^n}+1(n\geqslant 1)$, 称其为费马数列. 求证: 当 $n>1$ 时 $F_n|(2^{F_n}-2)$.

证 显然当 $n>1$ 时有 $n+1<2^n$, 故 $2^{n+1}|2^{2^n}$. 设 $2^{2^n}=k\cdot 2^{n+1}$(k 为正整数), 于是有

$$\begin{aligned}2^{F_n}-2&=2^{2^{2^n}+1}-2=2(2^{k\cdot 2^{n+1}}-1)\\&=2[(2^{2^{n+1}})^k-1]=2(2^{2^{n+1}}-1)[(2^{2^{n+1}})^{k-1}+\cdots+1],\end{aligned} \tag{1.1.2}$$

而 $2^{2^{n+1}}-1=(2^{2^n})^2-1=(2^{2^n}+1)(2^{2^n}-1)=F_n(2^{2^n}-1)$. 由此及式 (1.1.2) 得 $F_n|(2^{F_n}-2)$.

例 1.1.6 设 m,n 是正整数, 且 $m>2$. 求证: 2^n+1 不能被 2^m-1 整除.

证 (1) 若 $m=n$, 显然成立.

(2) 若 $n<m$, 则由 $2^n+1\leqslant 2^{m-1}+1<2^m-1$ 可知结论成立.

(3) 若 $n>m$, 可设 $n=mq+r$, $0\leqslant r<m$, 易见 $q\geqslant 1$. 由

$$2^n+1=(2^{mq}-1)\cdot 2^r+2^r+1=(2^m-1)(2^{m(q-1)}+\cdots+2^m+1)\cdot 2^r+2^r+1$$

及 (2), 利用整除判别法可知 2^n+1 不能被 2^m-1 整除.

例 1.1.7 求证: 任何 n 个连续整数中有且仅有一个是 n 的倍数.

证 设 n 个连续整数为

$$a,a+1,a+2,\cdots,a+(n-1).$$

令 $a = kn + r, 0 \leqslant r \leqslant n-1$. 若 $r = 0$, 则 a 是 n 的倍数.

若 $r \geqslant 1$, 令 $s = n - r$, 则有 $1 \leqslant s \leqslant n-1$, 于是有

$$a + s = kn + r + s = (k+1)n.$$

例 1.1.8 试问在 $1, 2, 3, \cdots, 2015$ 这 2015 个整数中至多能够选出多少个数, 使得在它们当中任意挑选两个 x 及 y 都有 $x - y$ 不整除 $x + y$.

分析 首先, 任何两个相邻的数至多只能选一个 (因为它们的差整除它们的和), 因此所选出的数不超出总数的一半. 其次, 任何两个相差为 2 的数不能同时入选, 因为这个数的和必被 2 整除. 这样我们有理由考虑在两数相差 3 的倍数的子集中挑选.

解 令 $A_0 = \{3k|k = 1, 2, \cdots, 671\}$, $A_1 = \{3k+1|k = 0, 1, \cdots, 671\}$, $A_2 = \{3k+2|k = 0, 1, \cdots, 671\}$, 显然 A_1 或 A_2 两个数集中的任何两个数的差都不能整除它们的和.

另一方面, 任取 673 个数中必有两个数 a 与 b 的差小于 3(否则最大的数至少是 2017). 前面已经分析, 它们相差 1 或相差 2 都不能同时入选. 因此, 至多只能挑出 672 个数满足题目的要求.

1.1.4 整除概念基础训练与拓展

说明 凡不带 * 的题都为基础训练题, 带有 * 的题为拓展题. 后面各个章节都是如此, 不再另作说明.

1. 证明: 若 $(m-p)|(mn+pq)$, 则 $(m-p)|(mq+np)$.

2. 能否将 $\{1, 2, \cdots, 972\}$ 分为 12 个互不相交的子集, 每个子集含 81 个元素, 并且各个子集的元素的和相等? 如果能, 怎么分?

3. 设 n 为正偶数, 试证: $(2^n - 1) \nmid (3^n - 1)$.

*4. $n > 0, a \geqslant 2$, 证明: n^a 能够表示成 n 个连续的奇数的和.

5. 证明: 没有一个形如 2^n(n 为任意自然数) 的数可以表示成 2 个或 2 个以上连续自然数之和.

*6. 已知 a, b, c 是正整数, 若 $30|(a+b+c)$, 则 $30|(a^5+b^5+c^5)$.

*7. 证明: 对任意整数 $x, x^2 + 5x + 16$ 都不能被 169 整除 (意大利 1990 年数学竞赛).

8. 证明: 若 a 被 9 整除的余数是 3,4,5 或 6, 则方程 $x^3 + y^3 = a$ 没有整数解.

9. 已知 n 是奇数, $a_1, a_2, \cdots, a_n$ 是 1, 2, 3, $\cdots$, n 的一个排列. 证明: $(a_1 - 1)(a_2 - 2)\cdots(a_n - n)$ 是偶数.

10. 设 a,b,c 都是奇数, 证明方程 $ax^2 + bx + c = 0$ 没有有理数根.

*11. 已知 p 是大于 1 的整数, 求证: $3^p + 1$ 不可能被 2^p 整除.

*12. 设 n 是大于 1 的自然数, 证明 $1+\frac{1}{2}+\frac{1}{3}+\cdots+\frac{1}{n}$ 不是整数.

13. 求最大的正整数 x, 使得对每一个正整数 y, 都有 x 能整除 $7^y+12y-1$.

14. 桌子上有一堆石子共 1001 粒, 第一步扔掉一粒石子并将余下的石子分成两堆, 以后的每一步, 都从某个石子数目多的一堆扔掉一粒石子并将余下的石子分成两堆, 试问, 能否在若干步之后, 桌子上的每一堆中都刚好有 3 粒石子?

*15. 证明: 从 1, 2, $\cdots$, 100 中任意选取 51 个数, 其中必有一个数是另一个数的倍数.

*16. 求 k 的最大值, 使 3^{11} 可以表示为 k 个连续正整数之和.

1.2　最大公因数与最小公倍数

最大公因数与最小公倍数也是初等数论中的重要概念, 它们在同余理论、同余方程与不定方程中都扮演着重要的角色.

1.2.1　最大公因数

定义 1.2.1　设 $a_1,\cdots,a_n$ 是不全为零的整数. 若 d 是每个 $a_i(1\leqslant i\leqslant n)$ 的因数, 则称 d 为 $\{a_i\}_{i=1}^n$ 的公因数 ($|d|\leqslant\min\limits_{a_i\neq 0}\{|a_i|\}$), $\{a_i\}_{i=1}^n$ 的公因数中的最大的数称为最大公因数 (或最大公约数), 记作 $(a_1,a_2,\cdots,a_n)$. 若 $(a_1,a_2,\cdots,a_n)=1$, 则称 $\{a_i\}_{i=1}^n$ 互素 (或互质). 若 $(a_i,a_j)=1$ $(i\neq j,\ i,j=1,2,\cdots,n)$, 则称 $\{a_i\}_{i=1}^n$ 两两互素.

评注　最大公因数是算术中求最简分数 (既约分数) 的理论基础, 在初等数论中有很重要的地位. 互素的概念, 特别是两数互素的概念在初等数论中经常要被涉及. 易见若 $\{a_i\}_{i=1}^n$ 两两互素, 则 $\{a_i\}_{i=1}^n$ 互素. 反之不真, 例如, $(3,5,10)=1$, 但 $(5,10)=5$.

相关链接　由定义可直接推出最大公因数具有下述基本性质:

(i) $(a_1,a_2,\cdots,a_n)=(|a_1|,|a_2|,\cdots,|a_n|)$;

(ii) $(a,b)=(b,a)$;

(iii) 若$a\neq 0$, 则 $(a,1)=1$, $(a,0)=|a|$, $(a,a)=|a|$;

(iv) 若$b|a$, 则 $(b,a)=|b|$.

评注　掌握这些基本性质, 将给讨论最大公因数的深入性质带来方便. 由于 a_i 与 $-a_i$ 的因数相同, 故在讨论最大公因数时为了避免区分正负整数的麻烦, 可以只讨论 a_i 均大于零的情形.

例 1.2.1　求证: 当 $n\neq m$ 时有 $(F_n,F_m)=1$, 其中 $F_n=2^{2^n}+1(n\geqslant 0)$ 为费马数列.

证 由 $1\cdot F_0F_1\cdots F_{n-1}=(2^{2^0}-1)(2^{2^0}+1)(2^{2^1}+1)\cdots(2^{2^{n-1}}+1)=2^{2^n}-1=F_n-2$ 可知

$$F_n=F_0F_1\cdots F_{n-1}+2.$$

设 $m<n$ 且 $(F_n,F_m)=\delta$, 则 $\delta|2=F_n-F_0F_1\cdots F_{n-1}$, 于是有 $\delta=1$ 或 $\delta=2$, 显然 F_n 是奇数, 因此 $\delta=1$.

后面的定理 1.2.5 将会告诉我们, 求 n 个数的最大公因数最终要归结到求两个数的最大公因数. 因此, 通常只讨论两个数的最大公因数的性质. 我们首先建立最大公因数的分离性定理.

定理 1.2.1 (分离性) 设 a, b, q, r 为整数, 且 a, b 不全为 0. 若 $a=bq+r$, 则 $(a,b)=(b,r)$, 其实也可写作

$$(bq+r,b)=(b,r).$$

证 令 $d=(a,b)$, $d'=(b,r)$, 由 $d|a$, $d|b$ 可得 $d|(a-bq)=r$, 因此 d 是 b, r 的公因数, 从而 $d\leqslant d'$. 反之, 由 $d'|b$, $d'|r$ 可得 $d|(bq+r)$, 故 $d|a$. 因此 $d'\leqslant d$. 于是有 $d=d'$, 即 $(a,b)=(b,r)$.

评注 这里的论证方法是证明两个最大公因数相等的常用方法. 所谓分离性, 就是指求两个数的最大公因数时, 把其中一个数的倍数从另一个数中分离出去, 这样就可以化繁为简, 它是讨论最大公因数时最常用的性质. 由定理 1.2.1 不难直接得出下述推论.

推论 1.2.1 若 a, b 不同时为 0, 则对任何 x 都有

$$(a,b)=(a,b-ax)=(a-bx,b).$$

例 1.2.2 对任何整数 m 都有

(1) $(18m+5,12m+3)=(6m+2,12m+3)=(6m+2,-1)=1$;

(2) $(4m+5,2m+1)=(3,2m+1)=\begin{cases}3, & m=3k+1,\\ 1, & m=3k \text{ 或 } 3k+2.\end{cases}$

在定理 1.2.1 的基础上, 我们建立下述求最大公因数的辗转相除法.

定理 1.2.2 (辗转相除法) 设 a, b 是任意的正整数, 若

$$\begin{aligned} a&=bq_1+r_1, \quad 0<r_1<b,\\ b&=r_1q_2+r_2, \quad 0<r_2<r_1,\\ r_1&=r_2q_3+r_3, \quad 0<r_3<r_2,\\ &\vdots \end{aligned}$$

$$r_{n-2} = r_{n-1}q_n + r_n, \quad 0 < r_n < r_{n-1},$$
$$r_{n-1} = r_n q_n,$$

则 $(a,b) = r_n$.

证 $(a,b) = (b,r_1) = (r_1,r_2) = (r_2,r_3) = \cdots = (r_{n-1},r_n) = r_n$.

评注 辗转相除法也称欧几里得算法，它最先由古希腊数学家欧几里得(Euclid, 约公元前 330—公元前 275) 于公元前 3 世纪提出的, 提供了一种求两个正数的最大公因数的有效方法. 在辗转相除法的基础上, 可建立最大公因数的线性表示定理.

定理 1.2.3 (线性表示) 若整数 a, b 不全为零, 则存在整数 s, t 使得

$$sa + tb = (a,b). \tag{1.2.1}$$

证 只需考虑 a, b 是正整数的情形, 此时只需对辗转相除法的过程逆推之即得.

推论 1.2.2 若整数 a, b 不全为零, 则 $(a,b) = 1$ 当且仅当存在整数 s, t 使得

$$sa + tb = 1. \tag{1.2.2}$$

评注 最大公因数的线性表示定理及其推论在最大公因数理论研究中经常被用到, 它是同余理论及求解二元一次不定方程的理论基础.

例 1.2.3 求 $(963, 657)$; 并求 s, t 使得

$$963s + 657t = (963, 657).$$

解 由辗转相除法得

$$963 = 657 \times 1 + 306,$$
$$657 = 306 \times 2 + 45,$$
$$306 = 45 \times 6 + 36,$$
$$45 = 36 \times 1 + 9,$$
$$36 = 9 \times 4,$$

故 $(963, 657) = 9$.

上述过程逆推之, 得

$$(963, 657) = 9 = 45 - 36 \times 1 = 45 - (306 - 45 \times 6) \times 1$$
$$= 45 \times 7 - 306 = (657 - 306 \times 2) \times 7 - 306$$

$$= 306 \times (-15) + 657 \times 7$$
$$= (963 - 657 \times 1) \times (-15) + 657 \times 7$$
$$= (-15) \times 963 + 22 \times 657.$$

取 $s = -15, t = 22$ 即得

$$963s + 657t = (963, 657).$$

例 1.2.4 设 a, m, n 都是正整数, 求证:

$$(a^m - 1, a^n - 1) = a^{(m,n)} - 1.$$

证 当 $m = n$ 时显然, 不妨设 $m > n$ 且 $m = qn + r, 0 \leqslant r < n$, 则由

$$\begin{aligned} a^m - 1 &= a^{qn+r} - 1 = a^{qn} \cdot a^r - 1 = a^r(a^{qn} - 1) + a^r - 1 \\ &= a^r \cdot (a^n - 1)(a^{n(q-1)} + \cdots + a^n + 1) + a^r - 1 \end{aligned}$$

可得 $(a^m - 1, a^n - 1) = (a^n - 1, a^r - 1)$.

若 $r = 0$, 则 $(m, n) = n, (a^m - 1, a^n - 1) = (a^n - 1, 0) = a^n - 1 = a^{(m,n)} - 1$, 结论成立.

若 $r \neq 0$, 不妨设

$$\begin{aligned} n &= q_1 r + r_1, \quad 0 < r_1 < r, \\ r &= q_2 r_1 + r_2, \quad 0 < r_2 < r_1, \\ r_1 &= q_3 r_2 + r_3, \quad 0 < r_3 < r_2, \\ &\vdots \\ r_{k-2} &= q_k r_1 + r_k, \quad 0 < r_k < r_{k-1}, \\ r_{k-1} &= q_{k+1} r_k, \end{aligned}$$

于是有

$$(m, n) = (n, r) = (r, r_1) = (r_1, r_2) = \cdots = (r_{k-1}, r_k) = r_k,$$

而且有

$$(a^n - 1, a^r - 1) = (a^r - 1, a^{r_1} - 1) = \cdots = (a^{r_{k-1}} - 1, a^{r_k} - 1) = a^{r_k} - 1 = a^{(m,n)} - 1.$$

定理 1.2.4 (等价性) 若 a, b 是不全为 0 的整数, d 是正整数, 则 $d = (a, b)$ 当且仅当下述 (i) , (ii) 同时成立:

(i) $d|a$, $d|b$; (ii) 若整数 $c|a$ 且 $c|b$, 则 $c|d$.

证 “$\Leftarrow$” 由 (i) d 是 a, b 的公因数, 由 (ii) 表明 a, b 的任何公因数满足 $|c| \leqslant d$, 因此 d 是最大公因数.

“$\Rightarrow$”(i) 显然, (ii) 由定理 1.2.3 中的式 (1.2.1) 及整除的线性表示即得.

评注 定理 1.2.4 刻画了最大公因数的本质属性: **公因数必定是最大公因数的因数**. 所谓“最大”的含义实际上不是指通常意义下的“大小”, 而是指它一定是任一公因数的倍数, 即指公因数在整除意义下的“最大”.

定理 1.2.5 (化归性) 若 $\{a_i\}_{i=1}^n$ 是 n 个不全为 0 的整数, 则

(1) $(a_1, a_2, \cdots, a_n) = ((a_1, a_2), a_3, \cdots, a_n)$;

(2) $(a_1, a_2, \cdots, a_n) = ((a_1, a_2, \cdots, a_i), (a_{i+1}, \cdots, a_n))(2 \leqslant i \leqslant n-1)$.

证 (1) 与 (2) 类似可证, 这里仅证 (2) .

记 $d_n = (a_1, a_2, \cdots, a_n)$, $d_n' = ((a_1, a_2, \cdots, a_i), (a_{i+1}, \cdots, a_n))$, 由 $d_n|a_i(i = 1, 2, \cdots, n)$ 及定理 1.2.4 可知

$$d_n|(a_1, a_2, \cdots, a_i), \quad d_n|(a_{i+1}, \cdots, a_n), \quad d_n|d_n';$$

由 $d_n'|(a_1, a_2, \cdots, a_i)$, $d_n'|(a_{i+1}, \cdots, a_n)$ 及 $(a_1, a_2, \cdots, a_i)|a_j(1 \leqslant j \leqslant i)$, $(a_{i+1}, \cdots, a_n)|a_j(i+1 \leqslant j \leqslant n)$ 可得 $d_n'|a_j(1 \leqslant j \leqslant n)$, 再由定理 1.2.4 可知 $d_n'|d_n$.

综上所述可得 $d_n' = d_n$.

推论 1.2.3 若 $\{a_i\}_{i=1}^n$ 是 n 个不全为 0 的整数, 而且

$$(a_1, a_2) = d_2, (d_2, a_3) = d_3, \cdots, (d_{n-1}, a_n) = d_n,$$

则有 $d_n = (a_1, a_2, \cdots, a_n)$.

评注 证明利用定理 1.2.5(1) 即得. 定理 1.2.5(1) 即推论 1.2.3 告诉我们, 求 n 个数的最大公因数, 可依次化归为求两个数的最大公因数. 定理 1.2.5(2) 则表明, 求 n 个数的最大公因数可以将这 n 个数任意划分为两组, 分别求出每组的最大公因数, 然后再求两个组的最大公因数的公因数, 即得原来欲求的 n 个数的最大公因数.

推论 1.2.4 设 $\{a_i\}_{i=1}^n$ 是 n 个不全为 0 的整数, 则存在整数 $s_i(1 \leqslant i \leqslant n)$ 使得

$$s_1a_1 + s_2a_2 + \cdots + s_na_n = (a_1, a_2, \cdots, a_n).$$

证 由定理 1.2.3, 定理 1.2.5 及数学归纳法可证之.

定理 1.2.6 (最优性) 若 a, b 是不全为 0 的整数, 则

$$(a, b) = \min\{ax + by | x, y \text{ 为整数, 且 } ax + by > 0\},$$

其中 min 表示最小值.

证 令 $d=\min\{ax+by|x,y$ 为整数, 且 $ax+by>0\}$, 由定理 1.2.3 可知 $d\leqslant(a,b)$.

另一方面, 由 min 的定义, 必存在 s, t 使得 $d=sa+tb$, 由 $(a,b)|a$, $(a,b)|b$ 可得 $(a,b)|d$, 于是有 $(a,b)\leqslant d$, 因此 $d=(a,b)$.

定理 1.2.7 (齐性) 设 a, b 为任意两个不全为 0 的整数. 下述命题成立:

(1) 若 m 是正整数, 则 $(ma,mb)=m(a,b)$;

(2) 若 δ 是 a, b 的公因数, 则

$$\left(\frac{a}{\delta},\frac{b}{\delta}\right)=\frac{(a,b)}{|\delta|},\quad \text{特别地}\ \left(\frac{a}{(a,b)},\frac{b}{(a,b)}\right)=1.$$

证 (1) 由定理 1.2.6 有

$$(a,b)=\min\{ax+by|x,y\text{为整数},ax+by>0\},$$

$$(ma,mb)=\min\{m(ax+by)|x,y\text{为整数},m(ax+by)>0\}.$$

易见 $\{m(ax+by)|x,y$ 为整数, $m(ax+by)>0\}=m\{ax+by|x,y$ 为整数, $ax+by>0\}$.

因此 (1) 得证.

(2) 由 (1) 得

$$|\delta|\left(\frac{a}{\delta},\frac{b}{\delta}\right)=|\delta|\left(\left|\frac{a}{\delta}\right|,\left|\frac{b}{\delta}\right|\right)=(|a|,|b|)=(a,b).$$

评注 由定理 1.2.7(2) 可导出数论问题解决的简化方法. 即由两个不全为 0 而且不互素的整数 a, b, 可产生一对互素的整数 $\dfrac{a}{(a,b)}$, $\dfrac{b}{(a,b)}$, 从而可将不互素的两整数相关问题化归为两互素整数的相关问题, 从而达到简化问题求解的目的.

推论 1.2.5 设 a, b 为不全为 0 的整数, d 为正数, 则

$$d=(a,b)\Leftrightarrow\left(\frac{a}{d},\frac{b}{d}\right)=1.$$

证 由 $d\left(\dfrac{a}{d},\dfrac{b}{d}\right)=\left(d\cdot\dfrac{a}{d},d\cdot\dfrac{b}{d}\right)=(a,b)$ 可推得.

推论 1.2.6 设 a, b, c 为不全为 0 的整数. 若 $(a,b)=1$, 则

(1) $(a,bc)=(a,c)$;

(2) $(ab,c)=(a,c)(b,c)$.

证 由定理 1.2.7 及定理 1.2.5 可得

$$(a,c)=(a,b)(a,c)=(a(a,b),c(a,b))=(a,(ac,bc))=(a,ac,bc)$$

$$= ((a, ac), bc) = (a, bc).$$

(2) 同理可证.

评注 利用推论 1.2.6(1) 可派生出一种求最大公因数的方法, 可称其为消去法, 即把互素的因数消去. 例如, $(20, 973 \times 15) = (20, 15) = 5$.

定理 1.2.8 (互素性) 设 a, b, c 为不全为 0 的整数, 且 $(a, b) = 1$. 下述命题成立:

(1) 若 $a|bc$, 则 $a|c$;

(2) 若 $a|c$, $b|c$, 则 $ab|c$.

证 (1) 由推论 1.2.2, 存在 s, t 使得 $sa + tb = 1$, 于是有

$$sac + tbc = c, \tag{1.2.3}$$

由 $a|bc$ 及 $a|ac$ 得 $a|c$.

(2) 由 $b|c$ 及 $a|c$ 得 $ab|ac$, $ab|bc$, 再由 (1.2.3) 可知 $ab|c$.

评注 整除互素性在对整数整除判别中经常被用到, 务必高度重视.

推论 1.2.7 若 $(a_i, b_j) = 1 (1 \leqslant i \leqslant n, 1 \leqslant j \leqslant m)$, 则

$$(a_1 a_2, \cdots, a_n, b_1, b_2, \cdots, b_m) = 1.$$

特别地, 当 $(a, b) = 1$ 时, 对任意正整数 n 与 m 都有 $(a^n, b^m) = 1$.

证 由推论 1.2.6(1) 得

$$(a_i, b_1, b_2, \cdots, b_m) = (a_i, b_2, \cdots, b_m) = \cdots = (a_i, b_m) = 1 \quad (1 \leqslant i \leqslant n),$$

$$\begin{aligned}(a_1, a_2, \cdots, a_n, b_1, b_2, \cdots, b_m) &= (a_2, a_3, \cdots, a_n, b_1, b_2, \cdots, b_m) = \cdots \\ &= (a_n, b_1, b_2, \cdots, b_m) = 1.\end{aligned}$$

推论 1.2.8 若 a, b 是不全为 0 的整数, n 是正整数, 则

$$(a^n, b^n) = (a, b)^n.$$

证 由 $\left(\dfrac{a}{(a,b)}, \dfrac{b}{(a,b)}\right) = 1$ 及推论 1.2.7 得

$$\left(\left(\frac{a}{(a,b)}\right)^n, \left(\frac{b}{(a,b)}\right)^n\right) = 1,$$

由此及定理 1.2.7 可得

$$(a^n, b^n) = \left(\frac{(a,b)^n a^n}{(a,b)^n}, \frac{(a,b)^n b^n}{(a,b)^n}\right) = (a,b)^n \left(\left(\frac{a}{(a,b)}\right)^n, \left(\frac{b}{(a,b)}\right)^n\right) = (a,b)^n.$$

例 1.2.5 设 k 为正奇数, n 为任意正整数. 求证:

$$S(n,1)=(1+2+\cdots+n)|(1^k+2^k+\cdots+n^k)=S(n,k).$$

证 由 $S(n,1)=n(n+1)/2$ 及 $(n,n+1)=1$, 由整除的定义及定理 1.2.8 可知需证结论等价于

$$n|2S(n,k),\quad (n+1)|2S(n,k).$$

由 $2S(n,k)=[1^k+(n-1)^k]+[2^k+(n-2)^k]+\cdots+[(n-1)^k+1^k]+2n^k$ 及 k 为奇数, 可得 $n|2S(n,k)$. 同理利用配对法可证 $(n+1)|2S(n,k)$.

例 1.2.6 设 m, n 是正整数, 而且 $mn|(m^2+n^2)$. 求证: $m=n$.

证 设 $(m,n)=d$, $m_1=m/d$, $n_1=n/d$, 则 $(m_1,n_1)=1$. 由条件得 $m_1n_1|(m_1^2+n_1^2)$.

由此得 $m_1|(m_1^2+n_1^2)$, 从而 $m_1|n_1^2$, 因此 $m_1=(m_1,n_1^2)=(m_1,n_1)=1$. 同理可证 $n_1=1$, 从而有 $m=n$.

例 1.2.7 设想有一只青蛙在平面直角坐标系上从某正整点 (a,b)(即 a, b 为正整数) 开始, 按照下述两种方式从一个整点跳跃到另一个正整点:

(i) 从任意正整点 (a,b)(即 a, b 为正整数) 跳到 $(2a,b)$ 或 $(a,2b)$;

(ii) 对于任意正整点 (a,b), 若 $a>b$, 则只能跳到 $(a-b,b)$; 若 $a<b$, 则只能从 (a,b) 跳到 $(a,b-a)$.

(1) 试用最大公因数的理论推导出青蛙跳跃的规律;

(2) 试问能否从点 $(1,1)$ 出发跳跃到 $(3,5)$, $(12,66)$, $(100,6)$, $(100,5)$ 这些点?

解 (1) 由关于最大公因数的推论 1.2.1 可得

$$(a,b)=(a-b,b)=(a,b-a).$$

这里的 (a,b) 既表示整点对, 又表示最大公因数. 因此按照跳跃方式 (ii) , 每次跳动都不改变所得整点的最大公因数.

反复运用 2 试除可得

$$a=2^na_1,\quad b=2^mb_1,$$

其中 a_1, b_1 是奇数.

于是当 $n=m$ 时, 由定理 1.2.7 及推论 1.2.6(1) 有

$$(2a,b)=2^n(2a_1,b_1)=2^n(a_1,b_1)=(2^na_1,2^nb_1)=(a,b),$$

同理可得 $(a,2b)=(a,b)$.

这就是说, 按照方式 (i) 跳跃, 没有改变相应正整点的最大公因数的值.

当 $n>m$ 时, 与上所述同理可推得

$$\begin{aligned}&(a,b)=(2^na_1,2^mb_1)=2^m(2^{n-m}a_1,b_1)=2^m(a_1,b_1),\\&(2a,b)=2^m(2^{n-m+1}a_1,b_1)=2^m(a_1,b_1)=(a,b),\\&(a,2b)=(2^na_1,2^{m+1}b_1)=2^{m+1}(2^{n-m-1}a_1,b_1)=2^{m+1}(a_1,b_1)=2(a,b).\end{aligned}$$

$n<m$ 同理可讨论. 这就是说, 按照方式 (i) 跳跃, 每次跳跃后的新整点的最大公因数或者不改变, 或者是前一个点的最大公因数的 2 倍.

(2) 由 $(1,1)=1$ 及 $(3,5)=1$ 可知能从 $(1,1)$ 跳到 $(3,5)$, 其跳跃路径为

$$(1,1)\to(2,1)\to(4,1)\to(3,1)\to(3,2)\to(3,4)\to(3,8)\to(3,5).$$

由 $(100,6)=2(50,3)=2\times 1$, 可知从 $(1,1)$ 可跳到 $(100,6)$, 其跳跃路径为

$$(1,1)\to(1,2)\to(1,4)\to(1,3)\to(1,6)\to(2,6)\to(4,6)\to(8,6)\to(16,6)\to$$

(10,6)→ (20,6) → (40,6) → (80,6) → (160,6) →(前面的数反复减 10 次 6) → $(100,6)$.

由 $(12,60)=(4\times 3,4\times 3\times 5)=4\times 3$ 及 $(100,5)=(20\times 5,5)=5$ 可知从 $(1,1)$ 开始跳不能跳到 $(12,60)$, 也不能跳到 $(100,5)$.

1.2.2 最小公倍数

定义 1.2.2 设 $a_1,a_2,\cdots,a_n$ 为非零整数. 若 $a_i|d(1\leqslant i\leqslant n)$, 则称 d 为 $a_1,a_2,\cdots,a_n$ 的公倍数 ($|d|\geqslant\max\limits_{1\leqslant i\leqslant n}\{|a_i|\}$). $a_1,a_2,\cdots,a_n$ 中的正的公倍数中的最小者称为最小公倍数, 记作 $[a_1,a_2,\cdots,a_n]$.

备注 从定义出发不难推出非零整数的最小公倍数具有下述基本性质:

(i) $[a,1]=|a|$, $[a,a]=|a|$;

(ii) $[a,b]=[b,a]$;

(iii) $[a_1,a_2,\cdots,a_n]=[|a_1|,|a_2|,\cdots,|a_n|]$;

(iv) 若 $a|b$, 则 $[a,b]=|b|$.

从上述 (iii), 求非零整数 $a_1,a_2,\cdots,a_n$ 的最小公倍数时, 可视 $a_1,a_2,\cdots,a_n$ 都是正整数, 从而简化问题求解 (论证) 过程.

定理 1.2.9 (公倍数表示定理) 非零整数 a, b 的任意公倍数 m 可表示为

$$m=\frac{ab}{(a,b)}t,\quad 其中\ t\ 为整数.$$

特别地, 对于正整数 a,b, 取 $t=1$ 即得

$$[a,b]=\frac{ab}{(a,b)}.$$

证 若 $a|m$, $b|m$, 则存在 s, k 使 $m=ak=bs$, 记 $a_1=\dfrac{a}{(a,b)}$, $b_1=\dfrac{b}{(a,b)}$, 则有 $(a_1,b_1)=1$ 而且 $a_1k=b_1s$, 由定理 1.2.4 可得 $a_1|s$, 于是有整数 t 使得 $s=a_1t$, 这样就有

$$m=bs=ba_1t=\frac{ab}{(a,b)}t.$$

显然 $\dfrac{ab}{(a,b)}t$ 是 a, b 的公倍数. 因此定理结论成立.

评注 定理 1.2.9 建立了最大公因数与最小公倍数之间的内在联系. 因此, 求最小公倍数的问题可转化为求最大公因数的问题.

推论 1.2.9 若 a, b 是正整数, m 是正数, 则

$$[ma,mb]=m[a,b].$$

证 利用 $[a,b]=\dfrac{ab}{(a,b)}$ 及定理 1.2.7 可证之.

推论 1.2.10 若 a, b 是任意正整数, m 是 a, b 的正公倍数, 则

(1) $[a,b]|m$;

(2) $\left(\dfrac{m}{a},\dfrac{m}{b}\right)=\dfrac{m}{[a,b]}$;

(3) $\left[\dfrac{m}{a},\dfrac{m}{b}\right]=\dfrac{m}{(a,b)}$.

证 (1) 由定理 1.2.9 直接可得.

(2) 设 $m=\dfrac{ab}{(a,b)}t$, 则由定理 1.2.7 可得

$$\left(\frac{m}{a},\frac{m}{b}\right)=\left(\frac{b}{(a,b)}t,\frac{a}{(a,b)}t\right)=\left(\frac{a}{(a,b)},\frac{b}{(a,b)}\right)t=t=\frac{m}{[a,b]}.$$

(3) 由 $[a,b]=\dfrac{ab}{(a,b)}$ 及 (2) 可得.

评注 推论 1.2.10(1) 刻画了最小公倍数的本质属性: 公倍数一定是最小公倍数的倍数. 最小的含义实际上也不是指数的 “大小”, 而是指它是任一公倍数的因数, 是公倍数在整除意义下的 “最小”. 有了定理 1.2.9, 求最小公倍数的问题可转化求最大公因数的问题. 类似于定理 1.2.5, 关于最小公倍数我们可以建立类似的化归定理.

定理 1.2.10 设 $a_1,a_2,\cdots,a_n$ 是非零整数. 下述结论成立:

(1) $[a_1,a_2,\cdots,a_n]=[[a_1,a_2],a_3,\cdots,a_n]$;

(2) $[a_1,a_2,\cdots,a_n]=[[a_1,a_2,\cdots,a_i],[a_{i+1},\cdots,a_n]](2\leqslant i\leqslant n-1)$.

证 略.

例 1.2.8 求最小正整数, 使得它除以 $2,3,4,\cdots,10$ 之后的余数分别是 $1,2,3,\cdots,9$.

解 设所求之数为 M, 则 $M+1$ 必定是 $2,3,4,\cdots,10$ 的最小公倍数, 由定理 1.2.10 可得

$$\begin{aligned}M+1&=[2,3,4,\cdots,9,10]=[[2,4,8],[3,6],[5,10,7,9]]\\&=[8,6,10,7,9]=[[8,10],[6,9],7]\\&=[40,18,7]=[2[20,9],7]=2520,\end{aligned}$$

因此 $M=2519$.

例 1.2.9 设 a, b, c 是正整数. 求证:

$$[a,b,c](ab,bc,ca)=abc.$$

证 由定理 1.2.10 及定理 1.2.9 可得

$$\begin{aligned}[a,b,c]&=[[a,b],c]=\left[\frac{ab}{(a,b)},c\right]\\&=\frac{\dfrac{ab}{(a,b)}c}{\left(\dfrac{ab}{(a,b)},c\right)}=\frac{abc}{((a,b),(a,b)c)}=\frac{abc}{(ab,bc,ca)}.\end{aligned}$$

由此结论得证.

1.2.3 最大公因数基础训练与拓展

1. 求: (1) (5767,4453); (2) (3141,1592); (3) (136,221,391).

2. Fibonacci 数列定义如下:

$$f_1=f_2=1,\quad f_n=f_{n-1}+f_{n-2}\quad(n\geqslant 3).$$

求证: $\forall n\geqslant 1$, $(f_n,f_{n+1})=1$.

3.(1) 证明: 对于所有 $n>0$, 有 $(n,n+1)=1$.

(2) 当 $n>0$ 时, $(n,n+2)$ 可取什么值?

(3) 当 $n>k>0$ 时, $(n,n+k)$ 可取什么值?

4. 求证: 若 $(a,b)=1$, 则

(1) $(a\pm b,ab)=1$;

(2) $(a+b,a-b)=1$ 或 $(a+b,a-b)=2$.

5. 正整数 a 和 b 互素, 证明: $a+b$ 与 a^2+b^2 的最大公因数等于 1 或 2.

6. 若 $(a,b)=1, c|a+b$, 则 $(c,a)=(c,b)=1$.

7. 设 $n\geqslant 2$, $d=(a_1,a_2,\cdots,a_n)$, α 是 d 的因数, 而且 $\alpha<d$. 求证: 不存在 $k_1,k_2,\cdots,k_n$ 使得 $\alpha=k_1a_1+k_2a_2+\cdots+k_na_n$.

8. 两数之和是 432, 它们的最大公因数是 36, 求此两数.

9. 设 $a,b,c\in\mathbf{N}, c$ 无平方因子, $a^2|b^2c$, 证明: $a|b$.

10. 已知 n 为正整数, 且 $(3n+1)|(n^2+9)$, 求 n 的值.

11. 证明: 如果 a,b 是正整数, 那么数列 $a,2a,3a,\cdots,ba$ 中能被 b 整除的项的个数等于 (a,b).

12. 已知 $ad-bc=1$, 证明: $(a+b,c+d)=1$.

*13. 证明: 3 个连续正整数的积不是平方数.

*14. 已知一个角的度数为 $\dfrac{180^\circ}{n}$, 其中 n 是不被 3 整除的正整数. 证明: 这个角可以用圆规与直尺三等分.

15. 设 $a_nx^n+a_{n-1}x^{n-1}+\cdots+a_1x+a_0$ 是一个整系数多项式, 且 a_0,a_n 都不是零, 则整系数多项式的有理根只能是以 a_0 的因数作分子, 以 a_n 的因数作分母的既约分数, 并由此推出 $\sqrt{2}$ 不是有理数.

*16. 在 m 个盒子中放若干个硬币, 然后以下述方式往这些盒子里继续放硬币: 每一次在 $n(n<m)$ 个盒子中各放一个硬币. 证明: 若 $(m,n)=1$, 那么无论开始时每个盒子中有多少硬币, 经过若干次放硬币后, 总可使所有盒子含有同样数量的硬币.

*17. 设 m,n 都是正整数, m 是奇数, 证明: $(2^m-1,2^n+1)=1$.

18. 设 a,b 是正整数, 证明: $(a+b)[a,b]=a[b,a+b]$.

19. 设 a,b 是正整数, 证明: 若 $[a,b]=(a,b)$, 则 $a=b$.

20. 设 n 是正整数, 证明: $[a^n,b^n]=[a,b]^n$.

21. 两数之和为 667, 它们的最小公倍数除以最大公因数所得的商等于 120, 求这两数.

22. 证明: 正整数 $a_1,a_2,\cdots,a_n$ 两两互素的充分必要条件是 $[a_1,a_2,\cdots,a_n]=a_1a_2\cdots a_n$.

23. 设 $[r,s]$ 表示正整数 r 和 s 的最小公倍数, 求有序三元正整数组 (a,b,c) 的个数, 其中, $[a,b]=1000,[b,c]=2000,[c,a]=2000$.

*24. 对怎样的 $n\in\mathbf{N}^*(n\geqslant 3)$, 存在 n 个连续正整数, 使得其中最大的数是其余 $n-1$ 个数的最小公倍数的因数?

1.3 整数分解与素数分布

德国伟大数学家高斯在其名著《算术探索 (*Disquisitiones Arithmeticae*)》(1801) 中写道:

“把素数和合数区分开来与把合数分解出素因子是算术中最重要和有益的问题之一 …… 科学本身的自尊要求人们采用一切可能的手段来探索解决这个如此精奥和著名的问题.”

由此可见, 素数分布与整数分解这两项工作有何等重要! 实情却是素数判别很难, 整数分解更是难上加难. 本节介绍有关整数分解、素数分布的常识.

1.3.1 素数与合数概念及特征

定义 1.3.1 设 a 为大于 1 的整数. 若 a 的正因数只有 1 和 a 自身, 则称 a 为素数 (也称质数); 若 a 有正的真因数, 则称 a 为合数.

评注 由定义可知, a 为合数当且仅当 $a = bc$, 其中 $1 < b, c < a$. 数 1(称之为单位) 不是合数, 而且也不能归入素数的队伍 (否则后面的算术基本定理不成立). 于是

$$\text{正整数集} = \{1\} \cup \text{合数集} \cup \text{素数集}.$$

定理 1.3.1 (素数整除特征) 设 p 是任给素数. 下述命题成立:

(1) 对任一整数 a, 有 $(a, p) = 1$ 或 $p|a$;

(2) 若 $p|ab$, 则 $p|a$ 或 $p|b$;

(3) 若 $p|a_1a_2\cdots a_n$, 则存在 i 使得 $p|a_i$; 特别地, 若 $p|a^n (n \geqslant 1)$, 则 $p|a$.

证 (1) 因 $(a, p)|p$, 于是只有 $(a, p) = 1$ 或 $(a, p) = p$, $p|a$.

(2) 若 p 不整除 a 且 p 不整除 b, 则由 (1) 有 $(p, a) = 1$, $(p, b) = 1$, 于是由最大公因数的性质得 $(p, ab) = (p, b) = 1$, 这与条件 $p|ab$ 矛盾!

(3) 是 (2) 的推广.

命题 1.3.1 若 $a > 1$ 且 $a^n - 1$ 是素数, 则 $a = 2$ 且 n 是素数.

证 若 $a > 2$, 则由

$$a^n - 1 = (a-1)(a^{n-1} + a^{n-2} + \cdots + 1)$$

可知 $a^n - 1$ 是合数, 故 $a = 2$.

若 n 是合数, 设 $n = ab(a > 1, b > 1)$, 于是由

$$2^{ab} - 1 = (2^a - 1)(2^{a(b-1)} + 2^{a(b-2)} + \cdots + 1)$$

及 $2^a - 1 > 1$ 可知 $2^n - 1$ 是合数, 故当 $2^n - 1$ 是素数时, n 必为素数.

推论 1.3.1 若 2^n-1 是素数, 则 n 必是素数.

定义 1.3.2 若 n 是素数, 则称 $M_n=2^n-1$ 为梅森数; 若 M_n 是素数, 则称 M_n 是梅森素数.

例 1.3.1 设 $n\geqslant 3$ 是整数. 求证: M_n 与 M_n+2 两者中至多只有一个素数.

证 由 $(2^n,3)=1$, 必有 $2^n=3k+1$ 或 $2^n=3k-1(k\geqslant 3)$.

若 $2^n=3k+1$, 则 $2^n-1=3k$ 是合数;

若 $2^n=3k-1$, 则 $2^n+1=3k$ 是合数.

评注 关于梅森素数的精彩故事在引子中已作介绍.

定理 1.3.2 (素因数的极小性) 如果 a 是合数, q 是它的除 1 之外的最小正因数, 那么 q 必是素数而且 $q\leqslant\sqrt{a}$.

证 若 q 不是素数, 则有 $q=e_1e_2(1<e_1<e_2<q)$, 由 $q|a$ 可得 $e_1|a$, 这与 q 是最小正因数矛盾. 再由 q 是 a 的正因素, 可设 $a=bq$, 又因 q 是 a 的最小正因数, 故 $b\geqslant q$, 从而 $a\geqslant q^2$, 即 $q\leqslant\sqrt{a}$.

由定理 1.3.2 我们可获得下述推论.

推论 1.3.2 (素数鉴别) 若 a 是大于 1 的整数, 则 a 是素数当且仅当对任意满足 $1<p<\sqrt{a}$ 的素数 p 都有 p 不整除 a.

评注 基于推论 1.3.1, 我们可用试除法判断不太大的整数 a 是否为素数, 例如, 取 $a=101$, 不超过 $\sqrt{101}$ 的素数只有 2, 3, 5, 7, 这几个数都不能整除 101, 因此 101 是素数.

例 1.3.2 求证: 任何素数除以 30 所得的大于 1 的余数必是素数.

证 由带余除法, 设 $p=30q+r$, $0\leqslant r<30$, 由 $5^2<30<6^2$ 可知不超过 $\sqrt{30}$ 的素数有 2, 3, 5. 若 r 能被 2, 3, 5 中某一数整除, 则 p 也能被 2, 3, 5 中的某一个数整除, 这与 p 是素数矛盾! 从而由推论 1.3.2 可知 r 是素数.

历史聚焦 在历史上, 哥德巴赫在写给欧拉的一封信中曾指出: "若 n 是大于 1 的自然数, 则 $4n^4+1$ 是合数." 法国著名女数学家苏菲亚 · 热尔曼 (Sophie Germain, 1776—1831) 发现类似的命题:

若 $n>1$ 是自然数, 则 n^4+4 是合数.

在此基础再作推广, 可得到下述命题.

命题 1.3.2 存在无穷多个正整数 a, 使得 $n^4+a(n=1,2,\cdots)$ 都是合数.

证 令 $a=4k^4(k=2,3,\cdots)$, 则对任意正整数 n, 都有

$$n^4+4k^4=(n^2+2k^2)^2-(2nk)^2=(n^2+2k^2+2nk)(n^2+2k^2-2nk),$$

$$n^2+2k^2-2nk=(n-k)^2+k^2\geqslant k^2>1.$$

因此对任意的 $k=2,3,\cdots$, $n^4+a(n\geqslant 1)$ 都是合数.

例 1.3.3 设 a, b 是整数, 而且 $9|(a^2+ab+b^2)$. 求证: $3|(a,b)$.

证 由 $9|(a^2+ab+b^2)$ 得 $9|((a-b)^2+3ab)$, 因此 $3|((a-b)^2+3ab)$, 于是有 $3|(a-b)^2$, 再由 3 是素数可得 $3|(a-b)$, 即 $9|(a-b)^2$, 又得 $9|3ab$, 即 $3|ab$, 因此又有 $3|a$ 或 $3|b$. 若 $3|a$, 由 $3|(a-b)$ 得 $3|b$; 若 $3|b$, 同样有 $3|a$. 因此有 $3|a$ 且 $3|b$, 故由最大公因数的性质有 $3|(a,b)$.

相关链接 埃拉托色尼筛法.

公元前 250 年, 古埃及数学家埃拉托色尼 (Eratosthenes, 公元前 275— 公元前 193) 基于推论 1.3.2 发明了一种求出所有不大于整数 a 的素数的“过筛”方法, 并造出了世界上第一张素数表, 后人称其为埃拉托色尼筛法. 该方法的实质就是把不超过 a 的合数都“筛”去. 具体做法如下:

假设 a 是任意给定的正整数, 把 1 到 a 的正整数按照从小到大的顺序写作:

$$1,2,3,4,5,6,7,\cdots,a.$$

因为 1 不是素数, 首先把 1 划去; 剩下的第一个数是 2, 保留 2, 但划去 2 的所有其他倍数; 下一个剩下的数是 3, 保留 3, 划去 3 的所有其他倍数; 第 3 个剩下的数是 5, 保留 5, 划去 5 的所有其他倍数; …… 继续这个过程直到不大于 $\sqrt{a}$ 的最大素数. 易见, 当把所有不大于 $\sqrt{a}$ 的素数的所有倍数划去后, 剩下的数就是所有不大于 a 的素数. 这是因为, 根据推论 1.3.2, 划去的数都不是素数, 而所有剩下的数都没有小于它们自身的因数, 因此由推论 1.3.2 知, 留下的这些数都是素数.

下面以 $a=48$ 为例, 说明如何运用埃拉托色尼筛法求出所有 48 以内的素数.

由 $\sqrt{a}<7$, 在下面的表中划去所有小于 7 的素数 (即 2, 3, 5) 的大于自身的倍数:

1	2	3	<u>4</u>	5	<u>6</u>	7	<u>8</u>	<u>9</u>	<u>10</u>	11	<u>12</u>
13	<u>14</u>	<u>15</u>	<u>16</u>	17	<u>18</u>	19	<u>20</u>	<u>21</u>	<u>22</u>	23	<u>24</u>
<u>25</u>	<u>26</u>	<u>27</u>	<u>28</u>	29	<u>30</u>	31	<u>32</u>	<u>33</u>	<u>34</u>	<u>35</u>	<u>36</u>
37	<u>38</u>	<u>39</u>	<u>40</u>	41	<u>42</u>	43	<u>44</u>	<u>45</u>	<u>46</u>	47	<u>48</u>

剩下的数中 2, 3, 5, 7, 11, 13, 17, 19, 23, 29, 31, 37, 41, 43, 47 就是所有不大于 48 的素数.

评注 从理论上讲, 利用埃拉托色尼筛法可求出不超过任何固定正整数的所有素数, 然而工作效率却是非常低的. 对于不是很大的数, 比如说不超过 10 位的数, 埃拉托色尼筛法在计算机上可以工作得很好; 对于较大的数, 比如说 $a=10^{128}+1$, 如果 a 是素数, 则需要检查 $\sqrt{a}\approx 10^{64}$ 个可能的因数才能终止. 这完全不现实, 因为假设我们每秒钟能验证 10^9(10 亿) 个可能的因数, 也将耗时大约 3×10^{48} 年!

为了实际应用的需要, 人们还是利用埃拉托色尼筛法, 制作了各种不超过某个足够大的正整数 n 的所有素数表供查用.

1.3.2 算术基本定理

本段介绍开启数论殿堂之门的金钥匙, 即算术基本定理.

定理 1.3.3 (算术基本定理) 任何大于 1 的正整数都可以唯一地表示为

$$n=p_1^{\alpha_1}p_2^{\alpha_2}\cdots p_n^{\alpha_n}, \tag{1.3.1}$$

其中 $p_1,p_2,\cdots,p_n$ 是素数, $p_1<p_2<\cdots<p_n$, 且 $\alpha_1,\alpha_2,\cdots,\alpha_n$ 是正整数.

证 *存在性* 首先证明任何大于 1 的正整数都可以表示成素数之积, 即

$$n=p_1p_2\cdots p_m, \tag{1.3.2}$$

其中 $p_i(1\leqslant i\leqslant m)$ 是素数.

现对 n 进行归纳. 若 $n=2$ 时, 式 (1.3.2) 显然成立. 假设式 (1.3.2) 对小于 n 的任何正整数成立, 若 n 是素数, 式 (1.3.2) 已经成立; 若 n 是合数, 则有 $n=ab(1<a,b<n)$. 由归纳假设 a 与 b 都可以分解为有限个素数之积, 从而 n 也可以分解为有限个素数之积.

适当调整式 (1.3.2) 中的素数的顺序, 并将其相同的素因数的乘积写成该素数的方幂的乘积, n 即可表示为式 (1.3.1).

唯一性 假设存在 n, 有两种素因数分解方式, 即

$$n=p_1p_2\cdots p_n=q_1q_2\cdots q_m, \tag{1.3.3}$$

其中 $p_1\leqslant p_2\leqslant\cdots\leqslant p_n$, $q_1\leqslant q_2\leqslant\cdots\leqslant q_m$.

由定理 1.3.1, 必存在某个 $q_j(1\leqslant j\leqslant m)$ 使得 $p_1|q_j$, 由于 p_1 与 q_j 都是素数, 故 $p_1=q_j$; 同理必有某个 $p_i(1\leqslant i\leqslant n)$ 使得 $q_1=p_i$. 于是有

$$q_j=p_1\leqslant p_i=q_1\leqslant q_j=p_1,$$

从而有 $p_1=q_1$. 这样式 (1.3.3) 可写成

$$p_2p_3\cdots p_n=q_2q_3\cdots q_m.$$

同理可得 $p_2=q_2,\cdots,p_n=q_m$, 而且 $n=m$.

评注 实际上, 定理 1.3.3 由两部分组成, 第一部分是整数素因数分解的存在性, 这一部分的论证基于素因数的极小性 (即定理 1.3.2); 第二部分是整数素因数分解的唯一性, 这一部分的证明基于素数的整除特征 (即定理 1.3.1(3), 其实就是之(2)). 在不少数论著作中, 仅把整数素因数分解唯一性, 称为算术基本定理.

算术基本定理的现代表达形式是高斯在《算术探索》中首先提出, 同时给出完整的证明. 这条定理是数论的基础, 因为探究整数的许多性质都得基于这个定理.

它在数论中的地位, 可与微积分基本定理在微积分中的地位相提并论. 算术基本定理保证正整数分解为素因数之积的可能 (存在) 与无歧义 (唯一), 从而保证所有数论问题求解的可能和无歧义.

相关链接 算术基本定理的等价形式.

首先, 利用数学分析中的极限方法可以证明算术基本定理等价于下述著名的欧拉恒等式:

$$\prod_p\left(1-\frac{1}{p^s}\right)^{-1}=\sum_{n=1}^{\infty}\frac{1}{n^s}\quad(s>1),$$

其中, 等式左边对所有素数求连乘积, 右边是收敛的正项级数. 该恒等式在解析数论研究中起着非常重要的作用, 其证明这里略.

其实, 算术基本定理中的唯一性还与素数整除特征等价. 下面我们用反证法证明由算术基本定理的唯一性可推出定理 1.3.1(2) .

若不然, 则存在素数 p_0 及正整数 a_1, a_2 使得 $p_0|a_1a_2$, 但 p_0 不整除 a_1, 而且不整除 a_2. 显然有 $a_1\geqslant 2$, $a_2\geqslant 2$, 而且 $a_1a_2/p_0\geqslant 2$(不然有 $p_0=a_1a_2$). 不妨设

$$a_1=p_{11}p_{12}\cdots p_{1r},\quad a_2=p_{21}p_{22}\cdots p_{2s},\quad a_1a_2/p_0=p_1p_2\cdots p_t,$$

其中 $p_{1i}, p_{2j}, p_k(1\leqslant i\leqslant r,\ 1\leqslant j\leqslant s,\ 1\leqslant k\leqslant t)$ 都是素数. 由 p_0 不整除 a_1 可知 $p_0\neq p_{1i}\ (1\leqslant i\leqslant r)$, 由 p_0 不整除 a_2 可知 $p_0\neq p_{2j}(1\leqslant j\leqslant s)$. 这样整数 a_1a_2 就有两种不同的素因数分解式:

$$a_1a_2=p_{11}p_{12}\cdots p_{1r}p_{21}p_{22}\cdots p_{2s}\text{与}a_1a_2=p_0p_1p_2\cdots p_t,$$

这与算术基本定理的唯一性矛盾!

定义 1.3.3 整数 n 的分解式 (1.3.1) 称为 n 的标准分解式.

评注 有时为了使用方便, 整数 n 的分解式通常也可以写作

$$n=p_1^{\alpha_1}p_2^{\alpha_2}\cdots p_n^{\alpha_n},$$

其中 $p_i(1\leqslant i\leqslant n)$ 是素数, 且 $p_1<p_2<\cdots<p_n$, $\alpha_i(1\leqslant i\leqslant n)$ 是非负整数.

下面我们以推论的形式介绍算术基本定理的若干重要应用.

推论 1.3.3 (整除判别) 设大于 1 的整数 n 的标准分解式为 (1.3.1), d 为正整数, 则

$$d|n\Leftrightarrow d=p_1^{\beta_1}p_2^{\beta_2}\cdots p_t^{\beta_t}\quad(0\leqslant\beta_i\leqslant\alpha_i, i=1,2,\cdots,t).$$

证 只需证 "⇒". 设 p 为 d 的任一素因数, 则由 $p|d$ 及 $d|n$ 可知 p 亦是 n 的素因数, 因此 p 必为某个 p_i, 可设 d 的标准分解式为

$$d=p_1^{\beta_1}p_2^{\beta_2}\cdots p_t^{\beta_t},$$

其中 $\beta_i > 0, i = 1, 2, \cdots, t$.

下证 $\beta_i \leqslant \alpha_i(1 \leqslant i \leqslant t)$. 首先证 $\beta_1 \leqslant \alpha_1$. 若 $\beta_1 > \alpha_1$, 则由 $p_1^{\beta_1}|d$ 及 $d|n$ 得

$$p_1^{\beta_1}|p_1^{\alpha_1}p_2^{\alpha_2}\cdots p_n^{\alpha_t},$$

于是有 $p_1^{\beta_1-\alpha_1}|p_2^{\alpha_2}\cdots p_n^{\alpha_t}$.

这样有 $p_1|p_2^{\alpha_2}\cdots p_n^{\alpha_t}$. 由定理 1.3.1(3) 可知 p_1 必须与 $p_2\cdots p_n$ 中的某一个数相同, 矛盾! 因此 $\beta_1 \leqslant \alpha_1$. 同理可证 $\beta_i \leqslant \alpha_i(2 \leqslant i \leqslant t)$.

推论 1.3.4 设 m 与 n 是任意两个正整数, 其标准分解式为

$$m = p_1^{\alpha_1}p_2^{\alpha_2}\cdots p_s^{\alpha_s}, \quad \alpha_i \geqslant 0 \quad (i = 1, 2, \cdots, s),$$

$$n = p_1^{\beta_1}p_2^{\beta_2}\cdots p_s^{\beta_s}, \quad \beta_i \geqslant 0 \quad (i = 1, 2, \cdots, s).$$

记 $\gamma_i = \min\{\alpha_i, \beta_i\}$, $\delta_i = \max\{\alpha_i, \beta_i\}$, 则有

$$(m, n) = p_1^{\gamma_1}p_2^{\gamma_2}\cdots p_s^{\gamma_s}, \quad [m, n] = p_1^{\delta_1}p_2^{\delta_2}\cdots p_s^{\delta_s}.$$

进而有 $(a, b)[a, b] = ab$.

评注 整数的标准分解式是证明与最大公因数及最小公倍数相关的等式的有效工具.

推论 1.3.5 设 a, b, c, n 都是正整数. 若 $(a, b) = 1$, 且 $ab = c^n$, 则存在 u, v 使得

$$a = u^n, \quad b = v^n, \quad c = uv, \quad (u, v) = 1.$$

证 给出 a, b, c 的标准素因数分解式, 再由定理 1.3.1 即得.

评注 推论 1.3.5 在讨论二次不定方程求解时将被多次引用.

推论 1.3.6 若 a, b 是整数, 且若 $a^2|b^2$, 则 $a|b$.

证 不妨设 $a = p_1^{\alpha_1}p_2^{\alpha_2}\cdots p_k^{\alpha_k}$, $b = p_1^{\beta_1}p_2^{\beta_2}\cdots p_k^{\beta_k}$, 其中 $p_1 < p_2 < \cdots < p_k$, $\alpha_i \geqslant 0$, $\beta_i \geqslant 0(1 \leqslant i \leqslant k)$. 由 $a^2|b^2$, 存在整数 q 使得 $b^2 = qa^2$, 从而有

$$p_1^{2\beta_1}p_2^{2\beta_2}\cdots p_k^{2\beta_k} = p_1^{2\alpha_1}p_2^{2\alpha_2}\cdots p_k^{2\alpha_k}q,$$

由互素性可知 $2\alpha_i \leqslant 2\beta_i(1 \leqslant i \leqslant k)$, 即 $\alpha_i \leqslant \beta_i(1 \leqslant i \leqslant k)$, 故 $a|b$.

推论 1.3.7 若 n 是正整数, 则 $2^n + 1$ 是素数的必要条件是 $n = 2^m$, 其中 m 为非负整数.

证 当 $n > 1$ 时, 并假设 $n \neq 2^m$, 由算术基本定理可知, n 必有奇素因数 p, 令 $n = pq$, 其中 q 是正整数. 这样有

$$2^n + 1 = (2^q)^p + 1 = (2^q + 1)[(2^q)^{p-1} - (2^q)^{p-2} + \cdots - 2^q + 1].$$

显然 $1 < 2^q+1 < 2^n+1$, 这样 2^q+1 是 2^n+1 的真因数. 故 2^n+1 不是素数, 矛盾!

相关链接 费马数 $(F_n = 2^{2^n}+1)$ 的故事.

从命题 1.3.3 中, 我们已经看到, 如果 2^n+1 是素数, 那么必定存在 m 使得

$$2^n+1 = 2^{2^m}+1.$$

法国著名业余数学家费马 (Pierre de Fermat, 1601—1665) 在 1640 年写给另一位法国业余数学家梅森的信中说"我已经发现形如 $2^{2^n}+1$ 的数永远是素数". 但他也坦白地承认自己无法证明它. 直到 1732 年, 欧拉发现这个素数公式有问题.

$$F_0 = 3, \quad F_1 = 5, \quad F_2 = 17, \quad F_3 = 257, \quad F_4 = 65537$$

的确都是素数, 但 F_5 却是合数, 即

$$F_5 = 4294967297 = 641 \times 6700417.$$

时间过了 100 多年, 即 1800 年, 时年 82 岁高龄的兰德里 (F.Landy) 经过艰苦的努力, 计算出 F_6 可以分解为两个素因数的乘积:

$$F_6 = 2^{2^6}+1 = 274177 \times 67280421310721.$$

借助计算机, 数学家陆续发现了更多的 F_n 是合数. 到目前为止, 已经找出 80 多个 n 使得 F_n 均为合数. 相反地, 除了费马发现的 F_0, F_1, F_2, F_3, F_4 这 5 个素数之外却没有发现任何新的素数. 基于这种状况, 有数学家提出下述猜想:

使 F_n 为合数的 n 有无限多个, 或许使 F_n 为素数的 n 仅仅就是费马所指出的那 5 个.

这是至今没有解决的数论难题之一.

1.3.3 两种初等整数分解方法

算术基本定理告诉我们, 每个大于 1 的整数都可以唯一地表示为若干素数之积. 费马曾经说过"全部数论问题就在于以何种方式来把正整数分解为素因数". 由此可见, 探寻素因数的分解方式有何等重要! 然而在实践中, 如何将一个给定很大的正整数, 分解成具体的素因数之积呢? 却是一个非常困难的问题. 可以说到目前为止, 数学家还没有找到真正有效的素因数分解方法. 下面介绍两种最简单的初等整数分解方法, 它们仅仅适用于不太大的整数.

1. 试除法

假设我们想将 a 写成一些素数之积, 那么先用小于 $\sqrt{a}$ 的素数去试除 a, 直到找到一个素因数 p, 然后对 $a/p(< a)$ 做同样的事情, 直到发现 a 的所有因数. 如果

要采用这种方法, 那么事先必须有一个素数表. 事实上, 只要构造了 a 以内的素数表, 那么就可以利用它分解 a^2 以内的所有整数. 当然, 试除法也可用于发现较大整数的一些小素因数.

这里我们就以试除法分解 $a = 9361$ 为例给予说明. 经过试除得知, $2, 3, 5, 7$ 均不能整除 9361, 整除 9361 的最小数是 11, 其商为 851. 因为 $(29)^2 < \sqrt{851} < (30)^2$, $11 < 29$, 故暂时无法确定 851 是否是素数. 继续用不小于 11 的素数试除 851, 结果是 $23|851$, 其商为 37. 因为 $\sqrt{37} < 23$, 所以 37 必是素数. 于是

$$9361 = 11 \times 23 \times 37.$$

2. **费马分解法**

费马分解法仅对奇数 a 考虑. 该方法的实质就是利用平方差公式

$$m^2 - n^2 = (m+n)(m-n)$$

作因数分解. 具体做法如下:

找一个不小于 a 的最小平方数 s^2, 检查 $s^2 - a$ 是否为平方数, 如果有 t 使得 $s^2 - a = t^2$, 那么就有

$$a = s^2 - t^2 = (s+t)(s-t).$$

不然, 再找下一个 $s+1$, 重复这样的过程, 该过程必进行有限次即终止. 这是因为有 $\left(\dfrac{a+1}{2}\right)^2$ 可以满足条件, 即

$$\left(\frac{a+1}{2}\right)^2 - a = \left(\frac{a-1}{2}\right)^2,$$

此时给平凡分解 $a = a \cdot 1$. 我们知道素数只有这种分解方式.

实际上, 给定整数 a, 如果只有上述这种分解方式, 也就是说上述过程直到 $\left(\dfrac{a+1}{2}\right)^2$ 才终止, 那么 a 必定是素数, 即有下述命题.

命题 1.3.3 若对于任何 $s \in [\sqrt{a}, (a+1)/2]$ 都有 $s^2 - a$ 不是平方数, 则 a 必定是素数.

证 若不然, 设 $a = mn(1 < m, n < a)$, 易见 m, n 都是奇数, 而且

$$a = \left(\frac{m+n}{2}\right)^2 - \left(\frac{m-n}{2}\right)^2.$$

令 $s = \dfrac{m+n}{2}$, 易见 $s \geqslant \sqrt{a}$, 再由 $n - 1 < m(n-1)$ 可知

$$s < \frac{mn+1}{2} = \frac{a+1}{2},$$

而且有

$$s^2-a=\left(\frac{m-n}{2}\right)^2,$$

这与假设矛盾, 命题得证.

这里我们用费马分解法分解 $a=145$ 为例予以说明. 易见第一个大于 145 的平方数是 $13^2=169$, 依次用 $13^2, 14^2, 15^2, 16^2$ 试算, 直到试算到 17^2 才有

$$17^2-145=144=12^2,$$

于是有

$$145=17^2-12^2=5\times 29.$$

评注 从上述推导过程中, 我们不难发现, 当 a 有两个大小很相近的因数时, 费马分解法是很有效的, 但两个素因数的差很大时, 就有可能要验证多个 s^2-a(s 在 $[\sqrt{a},(a+1)/2)$ 中取值) 是否为平方数, 因此有可能非常低效.

1.3.4 $n!$ 素因数分解

在实践中, 求一个较大正整数的标准分解式, 往往需要进行相当冗长的计算. 对 $n!$ 的标准素因数分解, 法国数学家勒让德 (A. M. Legendre, 1752—1833) 在 1808 年发现了一个通用的计算公式. 为此需要先介绍取整函数 $[x]$ 的概念与基本性质, 取整函数在数论中经常被应用. 取整符号由高斯首先引进, 因此有时也称高斯符号或高斯函数.

定义 1.3.4 设 x 是实数, 用 $[x]$ 表示不超过 x 的最大整数, 称为 x 的整数部分; 并称 $\{x\}=x-[x]$ 为 x 的小数部分.

命题 1.3.4 (取整函数的性质) 设 x, y 是实数. 下列结论成立:

(1) $[x]\leqslant x<[x]+1,\ 0\leqslant\{x\}<1$;

(2) 若 $x\leqslant y$, 则 $[x]\leqslant[y]$;

(3) 若 $x=m+r$, 其中 m 为整数, $0\leqslant r<1$, 则 $[x]=m,\ \{x\}=r$;

(4) 若 m 是整数, 则 $[x+m]=[x]+m,\ \{x+m\}=\{x\}$;

(5) $[-x]=\begin{cases}-[x], & x\text{为整数},\\ -[x]-1, & x\text{不是整数},\end{cases}\quad \{-x\}=\begin{cases}0, & x\text{为整数},\\ 1-\{x\}, & x\text{不是整数};\end{cases}$

(6) $[x]+[y]\leqslant[x+y]\leqslant[x]+[y]+1$, 其中等号有且仅有一个成立;

(7) $[2x]+[2y]\geqslant[x]+[x+y]+[y]$;

(8) 若 m 是正整数, 则有 $\left[\frac{[x]}{m}\right]=\left[\frac{x}{m}\right]$;

(9) 若 a 和 N 是正整数, 则正整数集 $\{1,2,\cdots,N\}$ 中被 a 整除的正整数的个数是 $[N/a]$.

证 (1)—(4) 由定义可得. 把 $x=[x]+\{x\}$ 代入 (5), 再由 (4) 即得 (5).

(6) 利用

$$[x+y]=[[x]+[y]+\{x\}+\{y\}]=[x]+[y]+[\{x\}+\{y\}]$$

及 $0\leqslant\{x\}+\{y\}<2$ 即得.

(7) 利用

$$[2x]+[2y]=[2[x]+\{2x\}]+[2[y]+\{2y\}]=2[x]+2[y]+[\{2x\}]+[\{2y\}]$$

及

$$[x]+[x+y]+[y]=2([x]+[y])+[\{x+y\}]$$

可见当 $[\{x+y\}]=0$ 时, (7) 成立; 当 $[\{x+y\}]=1$ 时, 则必有 $[\{2x\}]=1$ 或 $[\{2y\}]=1$.

(8) 由带余除法, 存在整数 q, r 使得

$$[x]=qm+r,\quad 0\leqslant r<m,$$

即 $\dfrac{[x]}{m}=q+\dfrac{r}{m}$, $0\leqslant\dfrac{r}{m}<1$, 于是有 $\left[\dfrac{[x]}{m}\right]=q$, 另一方面有

$$\frac{x}{m}=\frac{[x]}{m}+\frac{\{x\}}{m}=q+\frac{\{x\}+r}{m},$$

注意到 $0\leqslant\{x\}+r<1+r\leqslant m$, 故有 $[x/m]=q$.

(9) 被 a 整除的正整数是 $a,2a,3a,\cdots$, 设 $\{1,2,\cdots,N\}$ 中被 a 整除的正整数为 k, 那么必有 $kx\leqslant N<(k+1)a$, 即 $k\leqslant N/a<k+1$. 因此有 $k=[N/a]$.

例 1.3.4 设正整数 a, b 互素. 求证:

$$\left[\frac{a}{b}\right]+\left[\frac{2a}{b}\right]+\cdots+\left[\frac{(b-1)a}{b}\right]=\frac{(a-1)(b-1)}{2}. \tag{1.3.4}$$

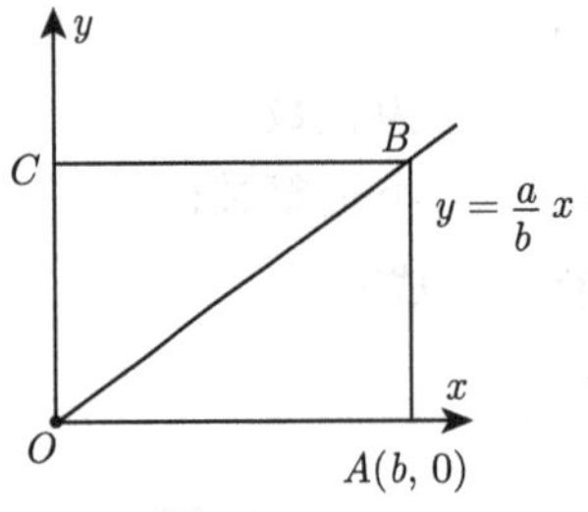

图1.3.1

证 考虑矩形 $OABC$ 内整点个数, 这里 O 为原点, A 为点 $(b,0)$, B 在直线 $y=\dfrac{a}{b}x$ 上 (图 1.3.1). 由于对称性, $\triangle OAB$ 与 $\triangle OBC$ 内部的整点数一样多.

由于 a,b 互素, 线段 OB 内部没有整点. 矩形 $OABC$ 内部的整点共有 $(a-1)(b-1)$ 个, 故 $\triangle OAB$ 内部的整点共有 $(a-1)(b-1)/2$ 个.

另一方面, 每条直线 $x=j(1\leqslant j\leqslant b-1)$ 上有 $\left[\dfrac{ja}{b}\right]$ 个整点在 $\triangle OAB$ 内部, 故式 (1.3.4) 左边刚好是 $\triangle OAB$ 内部的整点个数.

评注 例 1.3.4 的证明方法将在第 3 章中的高斯二次互反律再次被用到.

引理 1.3.1 (勒让德) 设 p 为素数, 若在 $n!$ 中所含 p 的最高幂记作 $p(n!)$, 则有

$$p(n!)=\sum_{i=1}^{\infty}\left[\frac{n}{p^i}\right].$$

评注 这里实际上是有限和, 因为当 $p^m>n$ 时有 $\left[\frac{n}{p^m}\right]=0$.

证 从 1 到 n 这些数内, p 的倍数是 $p,2p,\cdots,\left[\frac{n}{p}\right]p$, 共有 $\left[\frac{n}{p}\right]$ 个. 因为这是不大于 n 的全体 p 的倍数, 故 p 在 $n!$ 内的最高幂等于 p 在

$$p\cdot 2p\cdot\cdots\cdot\left[\frac{n}{p}\right]p=\left[\frac{n}{p}\right]!p^{\left[\frac{n}{p}\right]}$$

这个数内的最高幂.

在从 1 到 $\left[\frac{n}{p}\right]$ 这些数内, p 的倍数是

$$p,2p,\cdots,\left[\left[\frac{m}{p}\right]\div p\right]p,$$

共有 $\left[\left[\frac{m}{p}\right]\div p\right]=\left[\frac{m}{p^2}\right]$ 个, 故 p 在 $\left[\frac{n}{p}\right]!$ 内的最高幂等于 p 在

$$p\cdot 2p\cdot\cdots\cdot\left[\frac{n}{p^2}\right]p=\left[\frac{n}{p^2}\right]!p^{\left[\frac{n}{p^2}\right]}$$

这个数内的最高幂, 故 p 在 $\left[\frac{n}{p}\right]!p^{\left[\frac{n}{p}\right]}$ 内也就是在 $n!$ 内的最高幂等于 p 在 $\left[\frac{n}{p^2}\right]!\cdot p^{\left[\frac{n}{p}\right]+\left[\frac{n}{p^2}\right]}$ 这个数内的最高幂.

同理, p 在 $\left[\frac{n}{p^2}\right]!$ 的最高幂等于 p 在 $\left[\frac{n}{p^3}\right]!p^{\left[\frac{n}{p^3}\right]}$ 这个数内的最高幂, 故 p 在 $n!$ 内的最高幂等于 p 在 $\left[\frac{n}{p^3}\right]!p^{\left[\frac{n}{p}\right]+\left[\frac{n}{p^2}\right]+\left[\frac{n}{p^3}\right]}$ 这个数内的最高幂.

这样一直下去, 必有 m 使得 $p^m>n$, 故得

$$\left[\frac{n}{p^m}\right]=0,\quad \left[\frac{n}{p^n}\right]!=0!=1,$$

于是 p 在 $n!$ 内的最高幂是 $0!p^{\left[\frac{n}{p}\right]+\left[\frac{n}{p^2}\right]+\cdots+\left[\frac{n}{p^m}\right]}$. 因此有

$$p(n!)=\sum_{i=1}^{\infty}\left[\frac{n}{p^i}\right].$$

定理 1.3.4(勒让德)　若 n 是正整数, 则

$$n!=\prod_{p\leqslant n}p^{p(n!)}.$$

这里连乘号表示对所有不超过 n 的素数求积. $p(n!)=\sum\limits_{i=1}^{\infty}\left[\dfrac{n}{p^i}\right]$.

评注　证明由算术基本定理及引理 1.3.1 直接可得. 算术基本定理给出的整数标准分解形式仅停留在理论上存在的层面上, 而这里的 $n!$ 的标准分解式却给出了具体的分解方法, 下面举例说明.

例 1.3.5　求 20! 的标准素因数分解式; 进一步问 20! 的十进位表示式中末尾有多少个 0?

解　$2(20!)=\left[\dfrac{20}{2}\right]+\left[\dfrac{20}{4}\right]+\left[\dfrac{20}{8}\right]+\left[\dfrac{20}{16}\right]=10+5+2+1=18,$

$$3(20!)=\left[\frac{20}{3}\right]+\left[\frac{20}{9}\right]=6+2=8,$$

$$5(20!)=\left[\frac{20}{5}\right]=4,\quad 7(20!)=\left[\frac{20}{7}\right]=2,\quad 11(20!)=\left[\frac{20}{11}\right]=1,$$

$$13(20!)=\left[\frac{20}{13}\right]=1,\quad 17(20!)=\left[\frac{20}{17}\right]=1,\quad 19(20!)=\left[\frac{20}{19}\right]=1.$$

故有 $20!=2^{18}\cdot 3^8\cdot 5^4\cdot 7^2\cdot 11\cdot 13\cdot 17\cdot 19$.

显然 20! 十进位表示式中末尾 0 的个数由 5 的最高次幂 4 所决定, 因此末尾有 4 个 0.

命题 1.3.5　n 个连续整数的乘积必被 $n!$ 整除.

证　设 n 个连续整数为

$$a,a+1,a+2,\cdots,a+(n-1).$$

再设 p 是不超过 n 的素数, 则在

$$a,a+1,\cdots,a+(p-1)$$

这 p 个数中至少有一个被 p 整除, 于是 n 个数的乘积 $a\cdot(a+1)\cdot(a+2)\cdot\cdots\cdot(a+(n-1))$

中至少有 $\left[\frac{n}{p}\right]$ 个数被 p 整除, 至少有 $\left[\frac{n}{p^2}\right]$ 个数被 p^2 整除, $\cdots$ 故 p 在

$$a\cdot(a+1)\cdot(a+2)\cdot\cdots\cdot(a+(n-1))$$

中的最高幂不小于 $p(n!)$, 于是分母中的素因数 p 都可以约去. 由 p 的任意性, 命题 1.3.5 得证.

命题 1.3.6 若 n 是正整数且 $1\leqslant k\leqslant n-1$, 则组合数

$$\mathrm{C}_n^k=\frac{n!}{k!(n-k)!}$$

是整数. 进一步, 若 n 是素数, 则 $n|\mathrm{C}_n^k(1\leqslant k\leqslant n-1)$.

证 对任意素数 p, 由取整函数的性质有

$$\left[\frac{n}{p^r}\right]=\left[\frac{k+(n-k)}{p^r}\right]\geqslant\left[\frac{k}{p^r}\right]+\left[\frac{n-k}{p^r}\right],$$

于是有

$$\sum_{i=1}^{\infty}\left[\frac{n}{p^i}\right]\geqslant\sum_{i=1}^{\infty}\left[\frac{k}{p^i}\right]+\sum_{i=1}^{\infty}\left[\frac{n-k}{p^i}\right],$$

由定理 1.3.5 可知 C_n^k 是整数.

若 n 是素数, 则对于 $1\leqslant k\leqslant n-1$ 有 $(n,k!)=1$, $(n,(n-k)!)=1$, 于是 $(n,k!(n-k)!)=1$, 再由 $k!(n-k)!|n(n-1)!$ 可知

$$k!(n-k)!|(n-1)!,$$

故 $n|\mathrm{C}_n^k$. 命题 1.3.6 证.

1.3.5 整数分解正因数定理与完全数

定义 1.3.5 设 a 是正整数, 用 $\tau(a)$ 表示 a 的所有正因数的个数, 并称之为 a 的正因数个数函数; 用 $\sigma(a)$ 表示 a 的所有正因数的和, 并称其为 a 的正因数和函数; 用 $\pi(a)$ 表示 a 的所有正因数的积, 并称其为 a 的正因数积函数.

定理 1.3.5 设 a 是大于 1 的整数. 若 a 的标准素因数分解式为

$$a=p_1^{\alpha_1}p_2^{\alpha_2}\cdots p_n^{\alpha_n},$$

其中 $\alpha_i>0(i=1,2,\cdots,n)$, 且 $p_1<p_2<\cdots<p_n$, 则有

(1) $\tau(a)=\prod\limits_{i=1}^{n}(\alpha_i+1)$;

(2) $\sigma(a)=\prod_{i=1}^{n}\frac{p_i^{\alpha_i+1}-1}{p_i-1}$;

(3) $\pi(a)=a^{\frac{1}{2}\tau(a)}$.

证 (1) 由推论 1.3.3, $d|a$ 当且仅当 $d=p_1^{\beta_1}p_2^{\beta_2}\cdots p_n^{\beta_n}$, 其中 $0\leqslant\beta_i\leqslant\alpha_i(i=1,2,\cdots,n)$. 于是每个 β_i 都有 α_i+1 种可能 $(i=1,2,\cdots,n)$, 故 d 共有 $(\alpha_1+1)(\alpha_2+1)\cdots(\alpha_n+1)$ 个形式, 即 (1) 成立.

(2) 若把 $(1+p_1+p_1^2+\cdots+p_1^{\alpha_1})(1+p_2+\cdots+p_2^{\alpha_2})\cdots(1+p_n+\cdots+p_n^{\alpha_n})$ 展开, 则出现的都是 a 的正因数, a 的全体正因数都能出现, 而且每个正因数只出现一次, 故

$$\begin{aligned}\sigma(a)&=\sigma(p_1^{\alpha_1}p_2^{\alpha_2}\cdots p_n^{\alpha_n})\\&=\frac{p_1^{\alpha_1+1}-1}{p_1-1}\cdot\frac{p_2^{\alpha_2+1}-1}{p_2-1}\cdot\cdots\cdot\frac{p_n^{\alpha_n+1}-1}{p_n-1}=\prod_{i=1}^{n}\frac{p_i^{\alpha_i+1}-1}{p_i-1}.\end{aligned}$$

(3) 设 $a_1,a_2,\cdots,a_{\tau(a)}$ 是 a 的所有正因数, 则 $\frac{a}{a_1},\frac{a}{a_2},\cdots,\frac{a}{a_{\tau(a)}}$ 也是 a 的所有正因数, 于是有

$$[\pi(a)]^2=(a_1a_2\cdots a_{\tau(a)})\left(\frac{a}{a_1}\cdot\frac{a}{a_2}\cdot\cdots\cdot\frac{a}{a_{\tau(a)}}\right)=a^{\tau(a)}.$$

推论 1.3.8 若 a, b 都是大于 1 的整数, 且 $(a,b)=1$, 则

$$\tau(a,b)=\tau(a)\tau(b),\quad \sigma(ab)=\sigma(a)\sigma(b).$$

例 1.3.6 设 a 是大于 1 的整数. 求证:

$$\sum_{d|a}\frac{1}{d}=\frac{\sigma(a)}{a}.$$

证

$$\sum_{d|a}\frac{1}{d}=\sum_{d|a}\frac{1}{(a/d)}=\frac{1}{a}\sum_{d|a}d=\frac{\sigma(a)}{a}.$$

定义 1.3.6 若正整数 a 的所有真因数之和等于 a 本身, 或者等价地说 $\sigma(a)=2a$, 则称 a 为完全数.

历史聚焦 研究数学的先驱毕达哥拉斯 (Pythagoras, 约公元前 580— 公元前 501) 首先发现 6 的真因数之和等于 6 后, 十分感兴趣地说: "6 象征着完满的婚姻以及健康和美丽, 因为它的部分是完整的, 并且其和等于自身."

历史上最早有文字记载完全数的是古希腊哲学家柏拉图 (Plato, 约公元前 430—公元前 349) 在他的《共和国》(又译为《理想国》) 一书中提出了完全数的概念.

约公元前 300 年, 古希腊几何学大师欧几里得 (Euclid, 约公元前 325 年 — 公元前 265 年), 在他的巨著《几何原本》中有这样一段话: “在自然数中, 恰好等于其全部真因子 (包括 1) 的数叫做全完数.”《几何原本》第九章最后一个命题首次给出了寻找完全数的方法, 即下述命题.

命题 1.3.7 (欧几里得) 若 n 是大于 1 的整数, 且 2^n-1 是素数, 则 $a=2^{n-1}(2^n-1)$ 是完全数.

证 因 2^n-1 是素数, 故有

$$\sigma(a)=(2^{n-1})(\sigma(2^n-1))=(2^n-1)((2^n-1)+1)=2^n(2^n-1)=2a.$$

命题 1.3.8 (欧拉) 若 a 是一个偶完全数, 则它的形式一定是 $2^{n-1}(2^n-1)$, 并且 2^n-1 是素数.

证 因 a 是偶数, 由算术基本定理可设

$$a=2^{n-1}u,\quad 其中n>1, u是奇数.$$

又因为它是完全数, 故有

$$2^n u=2a=\sigma(a)=\sigma(2^{n-1})\sigma(u)=(2^n-1)\sigma(u),$$

于是有

$$\sigma(u)=\frac{2^n u}{2^n-1}=u+\frac{u}{2^n-1}.$$

因为 $\sigma(u)$ 与 u 都是整数, 故 $\frac{u}{2^n-1}$ 是整数, 因为 $n>1$, 故 $2^n-1>1$. 从而 2^n-1 是 u 的大于 1 的因数, 而 $\frac{u}{2^n-1}$ 是小于 u 的因数, 也就是 u 的真因数. 既然 $\sigma(u)$ 等于 u 加上 u 的一个真因数, 那么只有 u 本身是素数, 而这个真因数就是 1, 即 $\frac{u}{2^n-1}=1$, 故 $u=2^n-1$ 是素数. 命题得证.

评注 人们很自然要问, 是否存在奇完全数? 这是至今未获解答的数论难题之一. 命题 1.3.7 是欧拉于 1730 年证明的, 有了命题 1.3.6 与命题 1.3.7, 找偶完全数的问题就归结为找梅森素数 $M_n=2^n-1$ 的问题.

1.3.6 素数分布及素数定理

素数在自然数中的分布很奇妙, 可以说没有特定的分布规律就是最大的规律. 从公元三世纪至今, 素数分布规律研究激发了众多数学家的好奇心. 早在两千多年前, 古希腊数学家欧几里得在其名著《几何原本》中给出素数有无穷多个的扼要陈述及其优美的证明.

定理 1.3.6 (欧几里得)　素数有无限多个.

证　假设全体素数只有有限个, 设为 $\{p_1, p_2, \cdots, p_n\}$, 其中 $p_1 < p_2 < \cdots < p_n$. 令

$$p_n\# = p_1 p_2 \cdots p_n,$$

这里的 $p_n\#$ 表示所有不超过 p_n 的素数的乘积.

若 $p_n\# + 1$ 本身不是素数, 则由定理 1.3.2, $p_n\# + 1$ 必有最小素因数 p. 显然 p 不在 $\{p_1, p_2, \cdots, p_n\}$ 中, 不然

$$p | (p_n\# + 1 - p_n\#) = 1,$$

这与假设矛盾! 定理得证.

评注　欧几里得定理的证明方法非常巧妙, 虽寥寥数笔, 仅仅依赖于给出的几个素数, 就能构造出新的素数, 堪称构造性证明的典范. 人们评价该证明是数学美最佳的例证, 人们又称赞欧几里得的证法还妙在它仅向人们宣称有某一珍宝存在, 但却没有泄露它在什么地方. 因此, 该定理的证明方法一直被历代数学家所推崇.

欧几里得的素数无穷多定理, 对于数论这门学科的整个结构来说是至关重要的. 如果说数论这座大厦是素数这些原料构筑而成的话, 那么欧几里得定理告诉我们, 有源源不断的原材料可让人们去做这项工作. 因此, 有数学史书中评论, 欧几里得是对数论作出最初贡献的人.

数学史学家还公认, 欧几里得的素数无限多定理是数论早期铺垫的三大基石之一, 另外两大基石分别是寻找素数的埃拉托色尼筛法与欧几里得求最大公因数的辗转相除法 (各半块), 以及中国南北朝时期 (公元 420 至 589 年) 的中国剩余定理.

相关链接　欧几里得定理题外曲.

与欧几里得的证明相媲美, 哥德巴赫在 1730 年与德国数学家库默尔 (Kummer, 1810—1893) 又分别给出像珍珠那样圆润、光滑而且有简洁美的漂亮证明. 这里予以介绍.

哥德巴赫的证明　易见费马数 $F_n = 2^{2^n} + 1 (n = 0, 1, 2, \cdots)$ 都大于 1, 由例 1.2.1 可知它们两两互素, 即 $(F_n, F_m) = 1 (n \neq m)$. 若 F_n 本身不是素数, 由定理 1.3.2 可知, 每个 F_n 至少有一个素因数, 互素的整数的素因数必不相同, 故素数有无穷多个.

库尔默的证明　假设全体素数只有有限个, 记作 $p_1 < p_2 < \cdots < p_n$. 显然 $p_n! - 1 > 1$, 从而 $p_n! - 1$ 有最小素因数 p, 这里必有 $p > p_n$. 否则

$$p | (p_n! - (p_n! - 1)) = 1$$

矛盾! 从而素数有无穷多个.

上述证明中的 $p_n\#+1$ 可以用 $p_n\#-1$ 代替, 甚至还可以用更一般的 $kp_n\#\pm1$(其中 k 为正整数) 代替, 所给出的证明与欧几里得证法没有根本的区别.

关于 $p_n\#\pm1$ 型素数, 下列两个问题至今均不知道答案:

(1) 是否有无穷多素数 p, 使得 $p\#+1$ 为素数?

(2) 是否有无穷多素数 p, 使得 $p\#+1$ 为合数?

Caldwell 和 Gallot(2002) 对于所有 $p<120000$ 进行试验, 发现当且仅当

$$p=2,3,5,7,11,31,379,1019,1021,2657,3229,4547,4787,$$

$$11549,13649,18523,23801,24029,42209$$

时, $p\#+1$ 为素数.

他们还指出, 对于 $p<120000$, 当且仅当

$$p=3,5,11,13,41,89,317,991,1873,2053,2377,4093,4583,6569,13033,16877$$

时, $p\#-1$ 为素数.

此外, 剑桥大学的人类学家福蒂恩 (Futihr) 还发现了下面有趣的一些事实, 并提出下述猜想:

若 $p_n\#+1$ 相继的下一个素数为 p, 则 $F_n=p-p_n\#$ 也是素数.

目前已经知道,

$$F_1=5-2=3,\quad F_2=11-6=5,\quad F_3=37-30=7,\quad F_4=223-210=13,$$

接下来,

$$F_5=23,\quad F_6=17,\quad F_7=19,\quad F_8=23,\quad F_9=37,\quad F_{10}=61,\quad F_{11}=67,$$
$$F_{12}=61,\quad F_{13}=71,\quad F_{14}=47,\quad F_{15}=107,\quad F_{16}=59,\quad F_{17}=61,$$
$$F_{18}=109,\quad F_{19}=89,\quad F_{20}=103,\quad F_{21}=79,\cdots.$$

再接下去情况如何? 人们却既未能给出肯定的答案, 也未能给出反例来推翻这个猜想.

基于定理 1.3.5 的证明方法, 容易给出第 n 个素数 P_n 大小的一个很弱的上界估计以及素数的个数 $\pi(N)$(即不超过 N 的素数的个数) 的一个很弱的下界估计.

命题 1.3.9 (1) 若 $p_1,p_2,\cdots,p_n,\cdots$ 按素数从小到大依次排列, 则

$$p_n\leqslant 2^{2^{n-1}},\quad n=1,2,\cdots. \tag{1.3.5}$$

(2) 若 N 为不小于 2 的正整数, 则

$$\pi(N)>\log_2\log_2 N. \tag{1.3.6}$$

证 (1) 由定理 1.3.5 的证明可知, 当 $n>1$ 时有

$$p_n \leqslant p_1 p_2 \cdots p_{n-1}+1. \tag{1.3.7}$$

现用数学归纳法证明 $p_n \leqslant 2^{2^{n-1}}$.

当 $n=1$ 时, 显然 $p_1 \leqslant 2$. 假设 $n \leqslant k$ 时式 (1.3.5) 成立, 由式 (1.3.7) 及归纳假设有

$$p_{k+1} \leqslant p_1 p_2 \cdots p_k+1 \leqslant 2^{2^0} \cdot 2^{2^1} \cdot \cdots \cdot 2^{2^{k-1}}+1=2^{2^k-1}+1<2^{2^k},$$

从而 (1) 得证.

(2) 对于任何 $N \geqslant 2$, 必有唯一的正整数 $n(=[\log_2 \log_2 N]-1)$ 使得

$$2^{2^{n-1}} \leqslant N \leqslant 2^{2^n},$$

因而由 (1) 有 $\pi(N) \geqslant \pi(2^{2^{n-1}}) \geqslant n$. 再由 $N<2^{2^n}$ 有 $\log_2 \log_2 N<n$, 这样就有式 (1.3.6) 成立. 证毕.

素数能以某种规律或者某种可见的模式出现吗? 历史上, 曾经有不少数学家企图去寻找一个能产生所有素数的简单数学公式, 也曾经有不少数学家企图去寻找求前 n 个自然数中所有素数个数的数学公式. 屡遭失败之后, 人们转而去寻求素数在整数中平均分布的信息. 数学家在这条道路上获得了巨大成功, 其成果就是下面要介绍的素数定理.

定理 1.3.7 (素数定理) 若设 $\pi(n)$ 是不超过 n 的素数的个数, 则有

$$\lim_{n \to \infty} \frac{\pi(n) \ln n}{n}=1. \tag{1.3.8}$$

素数定理表明, 当 n 超过正无穷大时, $\pi(n)$ 与 $n/\ln n$ 的比值趋近于 1. 从表 1.3.1 可看到这种变化趋势的大概.

表 1.3.1 素数分布趋势表

x	$\pi(x)$	$x/\ln x$	$\pi(x)/(x/\ln x)$
10^3	168	144.8	1.160
10^4	1229	1085.7	1.132
10^5	9592	8685.9	1.104
10^6	78498	72382.4	1.085
10^7	664579	620420.7	1.071
10^8	5761455	5428681.0	1.061
10^9	50847534	48254942.4	1.054
10^{10}	455052512	434294481.9	1.048
10^{11}	4118054813	3948131663.7	1.043
10^{12}	37607912018	36191206825.3	1.039
10^{13}	346065536839	334072678387.1	1.036
10^{14}	3204941750802	3102103442166.0	1.033

评注 素数定理堪称整个数学学科中最壮观的成果之一, 它指明了素数在全体正整数中平均分布的宏观分布规律. 该规律能用对数函数来描述, 这是一个很引人注目的发现. 因为, 两个似乎完全无关的数学概念在事实上竟有如此紧密的联系, 这是很令人惊奇的! 素数定理的一个直接推论是素数之间的平均间隔趋于无穷大(或者说素数在整数中的密度趋于零). 素数定理可运用解析数论的方法或组合数学的方法论证, 难度相当高, 这里略.

素数定理不仅仅是关于素数个数的一个理论结果, 它在数学和计算机科学中也有很大的应用价值. 例如, 人们利用素数定理可以完成以下工作:

(1) 估计出随机选取的一个整数 a 是素数的概率是 $1/\ln a$. 例如, 一个不超过 10^{1000} 的数是素数的概率大约是 $1/\ln 10^{1000}\approx 1/2302$.

(2) 估计利用试除法进行素性测试时需要的计算步骤. 在测试 a 是否是素数时, 试除法中最多需要试除 $\pi(\sqrt{a})$ 个素数. 对于充分大的 a, 有

$$\pi(\sqrt{a})\approx\frac{\sqrt{a}}{\ln\sqrt{a}}=\frac{2\sqrt{a}}{\ln a}.$$

如果小于 $\sqrt{a}$ 的素数表是已知的, 且假设一台计算机执行一次除法需要 $\dfrac{\ln a}{10^6}$ 秒, 那么这台计算机检查 a 是否为素数需要大约 $\dfrac{2\sqrt{a}}{\ln a}\cdot\dfrac{\ln a}{10^6}=\dfrac{2\sqrt{a}}{10^6}$ 秒. 而直接使用这种方法验证一个 30 位的素数将需要 63 年时间.

相关链接 素数定理的历史概况.

1808 年, 法国大数学家勒让德建议当 N 非常大时

$$\pi(N)\sim\frac{N}{\ln N+B},$$

其中 $B=-1.08366$ 被称为勒让德常数. 可惜这个公式在相应的级数展开式中仅第一项正确.

1792 年, 当数学王子高斯刚满 15 岁时, 就猜测当 N 非常大时, $\pi(N)$ 和 $N/\ln(N)$ 差不多大; 更确切地说, 当 N 充分大时, $\pi(N)$ 和 $N/\ln(N)$ 之比接近于 1. 用极限的语言来说就是上面的式 (1.3.8), 这个猜想被叫做素数定理.

1850 年, 俄罗斯数学先驱切比雪夫证明: 存在两个正数 a 和 b, 使不等式

$$a\leqslant\frac{\pi(N)}{(N/\ln N)}\leqslant b$$

成立, 其中 $N\geqslant 2$. 这为证明素数定理迈进了一大步 (切比雪夫在证明中用到了微积分).

1859 年 8 月, 发生了革命性的变化, 时年 32 岁的德国数学家黎曼 (G.F.B. Riemann, 1826—1866) 向柏林科学院提交了一篇 8 页纸的论文, 题为“论不超过一

个给定值的素数的个数". 在这篇论文中, 他把素数个数和所谓的 ζ 函数建立了联系, 这一联系推动了解析数论的发展. 文章中提出的黎曼猜想 (即关于 ζ 函数零点分布的猜想) 给数学家带来了比素数分布更大的挑战. 时至今日, 在经历了 150 多年的认真研究和极力探索后, 这个猜想仍然悬而未决. 虽然黎曼没有给出关于 $\pi(N)$ 的具体结果, 但他为在黑暗里奋斗的素数分布研究指明了方向.

1896 年, 法国数学家阿达马 (J.S.Hadamard) 和比利时数学家 C.de la Vallée-Poussin 沿着黎曼所指明的方向, 分别独立地利用黎曼 ζ 函数给出了素数定理的证明.

1949 年, 时隔差不多半个世纪, 挪威数学家 A.Selberg 和匈牙利数学家 P. Erdös 也分别独立给出了素数证明的初等证明. 这些所谓的初等证明其实是非常复杂的.

接下来, 我们再介绍几个关于素数分布局部 "规律" 的命题.

命题 1.3.10 对任意正整数 n, 必存在 n 个相继的合数.

证 考虑 n 个连续的整数:

$$(n+1)!+2,(n+1)!+3,\cdots,(n+1)!+(n+1).$$

显然 2 整除第 1 个数, 3 整除第 2 个数, $\cdots, n+1$ 整除最后一个数. 证毕.

命题 1.3.11 任给自然数 n, 都存在相继的 n 个自然数, 使得它们中间恰有一个素数.

证 $n=1$ 显然. 不妨设 $n\geqslant 2$, 由命题 1.3.10, 必存在大于 $n!+1$ 的素数, 设其最小者为 p. 由于

$$n!+2,n!+3,\cdots,n!+n$$

是 $n-1$ 个合数, 故 $p>n!+n$, 即 $p-(n-1)>n!+1$.

注意到 p 的定义, 下面相继的自然数

$$n!+2,n!+3,\cdots,p-1$$

都是合数, 于是其中的一段

$$p-(n-1),p-(n-2),\cdots,p-1$$

是相继的 $n-1$ 个合数, 该段补上数 p, 即得相继的 n 个自然数, 其中恰巧有一个素数. 证毕.

命题 1.3.12 任给自然数 n, 都存在 n 个相继的自然数, 使得它们都不是素数的整数幂.

证 令 $N=((n+1)!)^2$, 则对于下述 n 个相继的自然数

$$N+2,N+3,\cdots,N+(n+1).$$

当 $0 \leqslant k \leqslant n+1$ 时, 显然有 $k|(N+k)$.

若有 $N+k=p^m$(其中 p 是素数, m 是整数), 由 $N+k=qk$(q 为整数) 可知 $k=p^r(1 \leqslant r<m)$, 注意到 $2 \leqslant p^r \leqslant n+1$, 故有 $p^{2r}|N$, 从而有 $p^{r+1}|N$. 再由 $r<m$, 可得 $p^{r+1}|p^m$. 这样有

$$p^{r+1}|(p^m-N)=k.$$

这与 $k=p^r$ 矛盾! 这就证明了相继的 n 个数 $N+2, N+3, \cdots, N+(n+1)$ 都不是素数的整数幂.

1.3.7 整数分解基础训练与拓展

1. 已知 $n>7$, 在序列 2, 3, $\cdots$, n 中, 除了 p=2, 3, 5, 7(不大于 11 的全部质数) 外, 把每一个 p 的倍数全部划去之后, 如果剩下的正好就是 2, 3, $\cdots$, n 中的全部质数. 求 n 的最大值.

2. 判别 32993 是否为质数?

3. 若质数 $p \geqslant 5$, 且 $2p+1$ 是质数, 则 $4p+1$ 是合数.

4. 对于任意的整数 $n>1$, 证明: 总可以找到 n 个连续的合数.

5. (1) 迪波瓦尔 (DeBouvelles) 曾断言: 对所有的 $n \geqslant 1$, $6n+1$ 和 $6n-1$ 中至少有一个是质数. 举例说明他的断言错了.

(2) 证明: 有无穷多个 n 使 $6n+1$ 和 $6n-1$ 同时为合数.

6. 设 p 是合数 n 的最小素因数, 证明: 若 $p>n^{\frac{1}{3}}$, 则 $\dfrac{n}{p}$ 是素数.

7. 求出满足等式 $x^y+1=z$ 的所有质数 x, y, z.

*8. 设 $m=8^n+9n^2$, 当 n =1, 3, 5 时 m 均为质数. 是否对每一个奇数 n, m 均为质数?

9. 证明: 有无穷多个 n, 使 n^2+n+41 (1) 表示合数; (2) 为 43 整除.

*10. 设 p 为奇质数, 证明: 和 $1+\dfrac{1}{2}+\dfrac{1}{3}+\cdots+\dfrac{1}{p-1}=\dfrac{a}{b}$ 的分子 a 是 p 的倍数.

*11. 是否存在质数 p, q, 使得关于 x 的一元二次方程 $px^2-qx+p=0$ 有有理数根? 若存在, 求出全部的质数 p, q; 若不存在, 说明理由.

12. 证明: 形如 $4n-1$ 的素数有无限多个.

*13. 设 a, b 是正整数. 证明: 存在 a_1, a_2, b_1, b_2, 使得 $a=a_1a_2$, $b=b_1b_2$, $(a_2, b_2)=1$, 并且 $[a, b]=a_2b_2$.

14. 试求出所有不超过 1000 的素数 p, 这些 p 使 $2p+1$ 是自然数的方幂.

15. 用算术基本定理证明: lg15 是无理数. 在此基础上, 给出一个更一般的结论. 并运用整除知识, 列举更多的无理数.

16. 写出下列数的标准分解式：(1) 20!; (2) 1158066; (3) 1535625.

17. 求使 12347! 被 35^k 整除的最大的 k 值.

18. 求正整数 $\left[\dfrac{10^{93}}{10^{31}+3}\right]$ 的末两位数字.

19. 设 a, b 是非负整数, 证明：$\dfrac{(2a)!(2b)!}{a!b!(a+b)!}$ 是整数.

*20. 设 n 是任一正整数, 且 $n=a_0+a_1p+a_2p^2+\cdots$, p 是质数, $0 \leqslant a_1 \leqslant p$, 证明：在 $n!$ 的标准分解式中, 质因数 p 的指数是 $h=\dfrac{n-S_n}{p-1}$, 其中 $S_n=a_0+a_1+a_2+\cdots$.

21. 求 $\tau(n)=10$ 的最小正整数 n.

22. 求自然数 n, 使它能被 5 和 49 整除, 并且包括 1 和 n 在内共有 10 个因数.

*23. 如果 p, q 是两个素数, 并且 $q=p+2$, 证明：p^q+q^p 能被 $p+q$ 整除.

24. 证明 Cardano 的结论：若 $p_1, p_2, \cdots, p_k$ 是不同的质数, 则 $\tau(p_1p_2\cdots p_k)-1=1+2+\cdots+2^{k-1}$.

*25. 若 n 为奇数, 问 $x^2-y^2=n$ 有多少组解？

*26. n 为什么数时, $\sigma(n)$ 为奇数？

*27. 设 $a, b \in \mathbf{N}^*$, 已知 a, b 的所有正因数的乘积相等. 问：是否必有 $a=b$？

第 2 章

同 余 理 论

"同余", 顾名思义就是 "余数相同" 的意思. 设 m 是任一给定的正整数, a 是任意正整数, 带余除法告诉我们, 用 m 去除 a, 所得到的余数必为 m 个数 $0,1,2,\cdots,m-1$ 中的一个. 于是, 所有的整数可以按余数是否相同进行分类, 余数相同的分在同一类, 否则分在不同的类, 这样就把无限多个整数分成有限个. 进而研究同一类的数有哪些性质, 不同类的数之间又有哪些关系, 这样就可以达到研究所有整数的目的. 同余理论是初等数论的核心, 同余思想、同余方法可以有效地简化涉及整除性的许多问题, 因此具有很重要的理论价值, 而且还有很广泛的实际应用.

本章介绍同余的基本知识及基本理论, 主要内容包括: 同余概念及应用、剩余系与剩余类及欧拉函数的计算与经典同余定理.

2.1 同余概念及应用

2.1.1 同余概念

定义 2.1.1 设 m 是一个给定的正整数, a 和 b 是整数. 若用 m 分别去除 a 与 b 所得的余数相同, 则称 a 和 b 关于 m 同余, 记作 $a\equiv b(\bmod m)$; 若所得到的余数不相同, 则称 a 和 b 关于模 m 不同余, 即 $a\equiv b(\bmod m)$ 不成立.

例如,

$$24\equiv 9(\bmod 5), 47\equiv 11(\bmod 9), -29\equiv 4(\bmod 11), 365\equiv 5\equiv -7(\bmod 12).$$

评注 在日常生活、功课安排、天文历法、民间游戏中都会出现同余问题. 例如, 2015 年 10 月 1 日是星期四, 那么该月的 8 日、15 日、22 日、29 日都是星期四, 这是因为这几个数分别用 7 除所得的余数相同.

其实, 同余思想的源头可以追溯到古希腊欧几里得的带余除法. 但高斯在《算术探索》中首次用近代的严格观点对同余给出了系统处理, 并创造了被沿用至今的同余符号. 也正是因为同余符号的引进, 人们才可以对带余除法中的余数进行方便的算术运算, 因此同余理论被誉为模算术.

有人说, 一个简单的想法有时会成就一个伟大的天才, 高斯创造了既简单又实用的同余符号就是最佳例证. 高斯的经典著作《算术探索》, 在 1801 年刚出版, 就被欧洲顶尖数学家尊为大师级作品. 拉格朗日 (Lagrange, 1736-1813) 在 1804 年 5 月 31 日写给高斯的一封信中说: 你的《算术探索》已经立即把你提升到了第一流数学家的行列之中.

由定义不难推得下述结论成立:

(1) $a \equiv b(\text{mod } m) \Leftrightarrow m|(a-b)$(即 $a = km + b$);

(2) 若 $a \equiv b(\text{mod } m)$, 则 $(a, m) = (b, m)$;

(3) 同余是一个等价关系, 即

(i) (反身性) $a \equiv a(\text{mod } m)$,

(ii) (对称性) 若 $a \equiv b(\text{mod } m)$, 则 $b \equiv a(\text{mod } m)$,

(iii) (传递性) 若 $a \equiv b(\text{mod } m)$, $b \equiv c(\text{mod } m)$, 则 $a \equiv c(\text{mod } m)$.

例 2.1.1 求证: 任意一个整数至少满足下列 5 个同余式中的一个:

$$x \equiv 0(\text{mod } 2), \quad x \equiv 0(\text{mod } 3), \quad x \equiv 1(\text{mod } 4), \quad x \equiv 5(\text{mod } 6), \quad x \equiv 7(\text{mod } 12).$$

证 显然, 任意偶数满足 $x \equiv 0(\text{ mod } 2)$, 下面考虑奇数情形. 所有奇数按模 12 分为 6 类:

$$12t+1, \quad 12t+3, \quad 12t+5, \quad 12t+7, \quad 12t+9, \quad 12t+11,$$

这里 $t \in \mathbf{Z}$, 其中,

$12t+1$ 满足 $x\equiv1(\text{mod } 4)$, $12t+3$ 满足 $x\equiv0(\text{mod } 3)$, $12t+5$ 满足 $x\equiv1(\text{mod } 4)$, $12t+7$ 满足 $x\equiv7(\text{mod } 12)$, $12t+9$ 满足 $x\equiv0(\text{ mod } 3)$, $12t+11$ 满足 $x\equiv5(\text{mod } 6)$, 因此结论成立.

例 2.1.2 求证: 若 a 是奇数, 则对于任何正整数 n 都有

$$a^{2^n} \equiv 1(\text{mod } 2^{n+2}). \tag{2.1.1}$$

证 用数学归纳法证之. 设 $a = 2k+1$(其中 k 是整数), 当 $n = 1$ 时有

$$a^2 = (2k+1)^2 = 4k(k+1) + 1 \equiv 1(\text{mod } 2^3),$$

即式 (2.1.1) 成立.

假设式 (2.1.1) 对 $n = k$ 成立, 由 $a^{2^k} \equiv 1(\text{mod } 2^{k+2})$ 可设 $a^{2^k} = 1 + q \cdot 2^{k+2}$(其中 q 是整数), 故有

$$a^{2^{k+1}} = (a^{2^k})^2 = (1 + q \cdot 2^{k+2})^2 = 1 + Q \cdot 2^{k+3} \equiv 1(\text{mod } 2^{k+3}),$$

其中 Q 是某个整数. 这说明式 (2.1.1) 对 $n = k+1$ 成立. 命题得证.

2.1.2 同余四则运算

在研究同余式的运算时, 我们很自然地与代数中的等式进行类比, 但需注意类比不是等同, 我们既要找出共同点, 又要找出不同点. 共同点是同余式可以相加、相减、相乘, 这些运算与等式运算一样都成立, 其不同点则体现在除法上, 例如, $22 \equiv -2(\text{mod } 8)$, 但 $11 = -1(\text{mod } 8)$ 不成立, 这就是说消去律不再成立, 应该给予特别的注意.

命题 2.1.1 若 $a \equiv b(\text{mod } m)$, $c \equiv d(\text{mod } m)$, 则

(1) $a + c = b \pm d(\text{mod } m)$;

(2) $a - c \equiv b - d(\text{mod } m)$;

(3) $ac \equiv bc(\text{mod } m)$, 特别地 $ac \equiv bc(\text{mod } m)$.

评注 证明由定义即可推得. 同余加减及数乘运算虽然很简单, 但时常被用到.

推论 2.1.1 若 $a \equiv b(\text{mod } m)$, 则对于任何正整数 n 有 $a^n \equiv b^n(\text{mod } m)$.

证 由 (3) 可得, 或由下述分解式可得

$$a^n - b^n = (a-b)(a^{n-1} + a^{n-2}b + \cdots + b^{n-1}).$$

推论 2.1.2 若 $a \equiv b(\text{mod } m)$, 则对任意整系数多项式

$$f(x) = r_k x^k + r_{k-1}x^{k-1} + \cdots + r_1 x + r_0,$$

其中 r_i 是整数 $(0 \leqslant i \leqslant k)$, 都有

$$f(a) \equiv f(b)(\text{mod } m).$$

例 2.1.3 求证: 形如 $8n+7$ 的任何整数都不能表示成三个平方数之和.

证 若不然, 即存在某个整数 $k = 8n+7$(n 为整数) 可以表示成三个平方数之和, 即

$$k = a^2 + b^2 + c^2.$$

由于 $k \equiv 7(\text{mod } 8)$, 因此也有 $a^2 + b^2 + c^2 \equiv 7(\text{mod } 8)$.

由带余除法, 任一整数 n 都可表示为

$$n = 8m + r, \quad r = 0, 1, \cdots, 7.$$

经简单的计算可得

$$n^2 \equiv 0, 1, 4(\text{mod } 8),$$

由此可知, 对于任何整数 a, b, c 都有

$$a^2+b^2+c^2\equiv 0,1,2,3,4,5,6(\bmod 8).$$

因此 $a^2+b^2+c^2\equiv 7(\bmod 8)$ 不成立. 矛盾!

评注 易见, 若 $a=b$, 则必有 $a\equiv b(\bmod m)$. 因此, 若有 $a\equiv b(\bmod m)$ 不成立, 则必有 $a\neq b$. 这是利用同余证明两数不相等的常用方法.

命题 2.1.2 同余具有下述性质:

(1) 若 k 是正整数, 则 $a\equiv b(\bmod m)\Leftrightarrow ka\equiv kb(\bmod m)$.

(2) 若 $a\equiv b(\bmod m)$, $d|m$ 且 $d>0$, 则 $a\equiv b(\bmod d)$.

(3) $ac\equiv bc(\bmod m)\Leftrightarrow a\equiv b(\bmod (m/(m,c)))$; 特别地, 当 $(c,m)=1$ 时, $a\equiv b(\bmod m)\Leftrightarrow ac\equiv bc(\bmod m)$.

(4) $a\equiv b(\bmod m_i)(i=1,2,\cdots,k)\Leftrightarrow a\equiv b(\bmod [m_1,m_2,\cdots,m_k])$.

证 (1), (2) 显然. (3) 由同余的定义可知

$$ac\equiv bc(\bmod m)\Leftrightarrow \frac{m}{(m,c)}\left|\frac{c}{(m,c)}(a-b)\right.,$$

再由 $\left(\dfrac{m}{(m,c)},\dfrac{c}{(m,c)}\right)=1$ 可得

$$ac\equiv bc(\bmod m)\Leftrightarrow \frac{m}{(m,c)}\left|(a-b)\right..$$

(4) 由最小公倍数的性质可知

$$m_i|(b-a)(i=1,2,\cdots,k)\Leftrightarrow [m_1,m_2,\cdots,m_k]|(b-a).$$

命题 2.1.3 (可逆性) 若 $m\geqslant 1$ 且 $(a,m)=1$, 则存在整数 c 使得

$$ac\equiv 1(\bmod m), \tag{2.1.2}$$

并称 c 是 a 对模 m 的逆, 记作 a^{-1} 或 $a^{-1}(\bmod m)$.

证 因 $(a,m)=1$, 由最大公因数的线性表示定理, 存在整数 x_0, y_0 使得

$$ax_0+my_0=1,$$

取 $c=x_0$, 则得 $ac\equiv 1(\bmod m)$.

评注 这是最大公因数线性表示定理的重要应用之一. 显然 $a^{-1}(\bmod m)$ 不是唯一的. 事实上, 若 $e\equiv a^{-1}(\bmod m)$, 则有 $ae\equiv aa^{-1}\equiv 1(\bmod m)$, 则 e 也是 a 对模 m 的逆, 若 c_1, c_2 都是 a 对模 m 的逆, 则有 $c_1\equiv c_1ac_2\equiv c_2(\bmod m)$. 因此当

我们提到 $a^{-1}(\bmod m)$ 时, 都是指任意取定的满足式 (2.1.2) 的 c. 易见对于 a 对模 m 的逆 a^{-1} 有 $(a^{-1},m)=1$, $(a^{-1})^{-1}\equiv a(\bmod m)$.

例 2.1.4 求模 $p=11$ 的所有元的逆元.

解 由简单计算可得下表

a	1	2	3	4	5	6	7	8	9	10
a^{-1}	1	6	4	3	9	2	8	7	5	10

例 2.1.5 求证: $F_5=2^{2^5}+1\equiv 0(\bmod 641)$.

证 由 $2^6=64$ 得 $2^6\times 10=640\equiv -1(\bmod 641)$. 于是有

$$(2^6\times 10)^5=2^{30}\times 10^5\equiv -1(\bmod 641).$$

由 $(25000-1)\div 641=39$ 可知 $25000\equiv 1(\bmod 641)$. 这样就有

$$\begin{aligned}2^{32}&=2^{30}\times 2^2\equiv 2^{30}\times 2^2\times 25000\equiv 2^{30}\times 10^5\\&\equiv (2^6\times 10)^5\equiv -1(\bmod 641),\end{aligned}$$

即 $2^{2^5}+1\equiv 0(\bmod 641)$.

2.1.3 同余在整除判别中的应用

这里通过举例的方式简介同余在整除判别中的巧妙应用.

例 2.1.6 设 a 的十进制表示为 $a=\overline{a_na_{n-1}\cdots a_1a_0}$(其中 $0\leqslant a_i\leqslant 9$, $1\leqslant i\leqslant n$, 且 $1\leqslant a_n\leqslant 9$), $s(a)=\sum\limits_{i=0}^{n}a_i$, $u(a)=\sum\limits_{i=0}^{n}(-1)^ia_i$. 求证:

(1) $3|a\Leftrightarrow 3|s(a)$; (2) $9|a\Leftrightarrow 9|s(a)$; (3) $11|a\Leftrightarrow 11|u(a)$;

(4) 7(或 11, 或 13)$|a\Leftrightarrow$ 7(或 11, 或 13)$|\overline{a_2a_1a_0}-\overline{a_5a_4a_3}+\cdots$.

证 (1) 由 $10^0\equiv 1, 10^1\equiv 1, \cdots, 10^i\equiv 1(\bmod 3)$ 得

$$a=a_n\times 10^n+a_{n-1}\times 10^{n-1}+\cdots+a_1\times 10+a_0\equiv s(a)(\bmod 3).$$

(2) 与 (3) 只需注意到 $10\equiv 1(\bmod 9)$ 与 $10\equiv -1(\bmod 11)$ 即得.

(4) 注意到 $1001=7\times 11\times 13$ 可得

$$1000\equiv -1(\bmod m),\quad 其中\ m=7,11,13.$$

再由 $a=\overline{a_na_{n-1}\cdots a_1a_0}=\overline{a_2a_1a_0}\times 10^0+\overline{a_5a_4a_3}\times 10^3+\cdots$ 即得.

例 2.1.7 求证下述命题:

(1) $77|(36^{36}+41^{41})$;

(2) $7|(2^n-1)$ 当且仅当 $3|n$;

(3) 对任何正整数 n, (2^n+1) 都不能被 7 整除.

证 (1) 由 $36\equiv 1(\bmod 7)$ 及 $36^5\equiv 3^5\equiv 1(\bmod 11)$ 可知

$$36^5\equiv 1(\bmod [7,11])\equiv 1(\bmod 77).$$

由 $41\equiv -36(\bmod 77)$ 可得

$$36^{36}+41^{41}\equiv 36^{36}+(-36)^{41}\equiv 36^{36}[1-(36)^5]\equiv 0(\bmod 77).$$

(2) 由 $2^3\equiv 1(\bmod 7)$ 可得 $2^{3k}\equiv (2^3)^k\equiv 1(\bmod 7)$, 再由

$$2^{3k+1}-1=2(2^{3k}-1)+1,\quad 2^{3k+2}-1=4(2^{3k}-1)+3$$

就可推知 $7|(2^n-1)$ 当且仅当 $3|n$.

(3) 由 $2^{3k}\equiv 1(\bmod 7)$ 可知

$$2^{3k}+1\equiv 2(\bmod 7),\quad 2^{3k+1}+1\equiv 3(\bmod 7),\quad 2^{3k+2}+1\equiv 5(\bmod 7).$$

因此, 对任何正整数 n, 2^n+1 都不能被 7 整除.

2.1.4 同余在末位数判别中的应用

我们这里也用举例的方式阐述同余在末位数判别中的巧妙应用.

例 2.1.8 求证: 偶完全数以 6 或 8 结尾.

证 我们已经知道偶完全数 n 可以写作

$$n=2^{k-1}(2^k-1),$$

其中 2^k-1 是素数而且 k 也是素数. 若 $k=2$, 则 $n=6$, 结论成立. 因此只需考察 $k>2$ 的情形. 易知奇素数 k 只有 $4m+1$ 或 $4m+3$ 两种形式.

当 $k=4m+1$ 时, 则有

$$n=2^{4m}(2^{4m+1}-1)=2^{8m+1}-2^{4m}=2\cdot 16^{2m}-16^m,$$

借助简单的归纳法可证, 对任何整数 i 都有

$$16^i\equiv 6(\bmod 10),$$

于是有

$$n=2\cdot 16^{2m}-16^m\equiv 2\times 6-6\equiv 6(\bmod 10).$$

当 $k=4m+3$ 时, 则有

$$n=2^{4m+2}(2^{4m+3}-1)=2^{8m+5}-2^{4m+2}=2\cdot 16^{2m+1}-4\cdot 16^{m},$$

于是有

$$n\equiv 2\times 6-4\times 6\equiv -12\equiv 8(\bmod 10).$$ 证毕.

例 2.1.9 试求 $n=7^{7^7}$ 的末位数字.

解 由 $7^1=-3(\bmod 10)$, $7^2\equiv -1(\bmod 10)$ 得 $7^4\equiv 1(\bmod 10)$.

再由 $7^7=(-1)^7=-1\equiv 3(\bmod 4)$ 得 $7^7=4k+3$(k 为整数), 从而有

$$n=7^{7^7}=7^{4k+3}\equiv 7^3\equiv(-3)^3\equiv -7\equiv 3(\bmod 10),$$

即 n 的末位数是 3.

评注 对于很大的 n, 涉及幂 a^n 的模 m 同余的计算时, 如果能找到一个指数 k, 使得 $a^k\equiv 1(\bmod m)$, 常常可使问题简化. 后面的欧拉定理将会告诉我们, 当 $(a,m)=1$ 时, 取 $k=\varphi(m)$(欧拉函数) 可以让我们达到目的. 而对于计算 a^{b^c} 关于模 m 的余数, 往往通过求出较小正整数 $r(r<k)$ 得 $b^c\equiv r(\bmod k)$ 的途径来计算 $a^{b^c}\equiv a^r(\bmod m)$.

例 2.1.10 设 A 是十进制数 4444^{4444} 的各位数字之和, B 是 A 的各位数字之和, 试求 B 的各位数字之和.

解 由 $(4444)^{4444}<(4500)^{4444}=(4.5\times 10^3)^{4444}<\left(10^{\frac{2}{3}+3}\right)^{4444}<10^{16295}$, 故 4444^{4444} 最多只有 16295 位, 从而有

$$A\leqslant 9\times 16295=146655.$$

在不超过 146655 的正整数中, 各位数字之和最大的是 99999, 因而

$$B\leqslant 5\times 9=45.$$

在不超过 45 的正整数中, 各位数字之和最大的是 39, 故 B 的各位数字之和 $s(B)$ 满足

$$1\leqslant s(B)\leqslant 12.$$

由例 2.1.6(2) 可知

$$s(B)\equiv B\equiv s(A)\equiv A\equiv 4444^{4444}(\bmod 9),$$

易见 $4444\equiv 7(\bmod 9)$, $8\equiv -1(\bmod 9)$, 于是有

$$\begin{aligned}s(4444^{4444})&\equiv 4444^{4444}\equiv 7^{4444}\equiv 2^{4444}\equiv 2^{3\times 1481+1}\\&\equiv 2\times 8^{1481}\equiv 2\times(-1)^{1481}\equiv -2\equiv 7(\bmod 9),\end{aligned}$$

从而有 $s(B)=7$.

2.1.5 例说同余实际应用

例 2.1.11 (ISBN 校验码计算) ISBN 是国际标准书号的英文缩写, 它是应图书出版、管理的需要, 并便于国际间出版品的交流与统计所发展的一套国际统一的编号制度, 用以识别出版品所属国别地区或语言、出版机构、书名、版本及装订方式.

2007 年以前, 书号一般由 10 位数字组成, 它们分成四段, 用半字线隔开, 每段都有不同的含义. 第一段是国家代码, 第二段是出版社代码, 第三段是书的代码, 最后一段是校验码. 国家代码以 1 位数居多, 例如, 英语国家是 0 和 1, 2 是法语国家, 3 是德语国家, 4 是日本, 5 是俄语系国家, 7 是中国大陆出版物. 小语种的国家号码一般是多位, 例如, 瑞典是 91, 克罗地亚是 953, 西班牙语国家尚没有统一, 墨西哥是 970, 哥伦比亚是 958. 其中校验码是由前 9 位数字的加权和模 11 确定的, 这里不再介绍.

国际标准化组织规定, 从 2007 年 1 月 1 日起, 国际标准书号升级为 13 位. 现有的出版机构在其出版物前加上一个三位数字的前缀 "978", 新成立的出版机构则加上前缀 "979", 4 位 ~ 13 位与以前一样. 之所以规定新 ISBN 为 13 位, 是为了与国际条形码编码 EAN-UCC 系统接轨, 因为超市中商品的条形码都为 13 位.

设 $a_i(i=1,2,\cdots,13)$ 表示 13 位 ISBN 的各个数码, 校验码 a_{13} 的计算分如下两步进行:

(1) 计算 $s_{12}\equiv[(a_1+a_3+\cdots+a_{11})+3(a_2+a_4+\cdots+a_{12})](\bmod 10)$.

(2) 若 $s_{12}=0$, 则规定 $a_{13}=0$; 若 $s_{12}\neq 0$, 则规定 $a_{13}=10-s_{12}$.

例如, 拙作《人生相遇函数》(科学出版社, 2013) 的 ISBN 是

978-7-03-038876-6.

$$\begin{aligned}s_{12}&\equiv[(9+8+0+0+8+7)+3\times(7+7+3+3+8+6)](\bmod 10)\\&\equiv 134(\bmod 10)\equiv 4(\bmod 10),\\a_{13}&=10-s_{12}=10-4=6.\end{aligned}$$

例 2.1.12 (循环比赛程序表安排) 设有 N 个篮球队进行循环赛, 每个队都要和其他的队进行 $N-1$ 场比赛. 这样, 至少要进行 $(N-1)$ 轮比赛才能使得各个球队之间都进行了比赛. 现在的问题是

(1) 为了实现循环赛, 举行 $(N-1)$ 轮比赛是否足够, 最少要举行多少轮比赛?

(2) 如何安排每一轮各队之间的比赛? 即如何排出比赛程序表?

解 首先, N 个队进行循环赛时, 比赛的总场数为

$$S=(N-1)+(N-2)+\cdots+2+1=\frac{N(N-1)}{2}.$$

其次, 在每一轮比赛中最多安排的比赛场数为

$$l=\begin{cases} N/2, & N\text{是偶数}, \\ (N-1)/2, & N\text{是奇数}. \end{cases}$$

由以上两式立即推出：当 N 是偶数时, 至少举行 $N-1$ 轮比赛; 当 N 是奇数时, 至少举行 N 轮比赛, 这时每轮比赛中必有一队轮空. 这种不一致的情形很容易统一. 当 N 是奇数时, 我们可假想加进一个第 $N+1$ 个队 T, 并按 $N+1$ 个队来安排比赛程序, 凡是在一轮比赛中安排与队 T 进行比赛的队就轮空. 所以, 下面我们总假定参赛的队数 N 是偶数.

现在, 我们用同余理论来安排每轮的比赛程序表. 先对 N 个队进行编号：$x=1,2,\cdots,N$. 在第 r 轮比赛中, 以 x_r 表示与第 x 队进行比赛的队的编号. 这样, 安排比赛程序表就是要确定 $x_r(1\leqslant r\leqslant N-1)$.

同余概念可给我们启示, 若取 x_r 满足 $x+x_r\equiv r(\text{mod } N-1)$, 则有可能帮助我们达到目的. 然而, 有例外的情形需作特别处理. 为了防止自己与自己比赛的局面, 需要作一些细节上的处理. 我们先看 $N=8$ 的比赛程序表 (表 2.1.1).

表 2.1.1　8 人循环比赛程序表

r \ x	1	2	3	4	5	6	7	8
1	7	6	5	8	3	2	1	4
2	8	7	6	5	4	3	2	1
3	2	1	7	6	8	4	3	5
4	3	8	1	7	6	5	4	2
5	4	3	2	1	7	8	5	6
6	5	4	8	2	1	7	7	3
7	6	5	4	3	2	1	8	7

先看第一轮比赛 $(r=1,\ x+x_r=8)$, $x=1$, $x_1=7$; $x=2$, $x_1=6$, $x=3$, $x_1=5$; 但 $x=4$ 时, 若取 x_1 使得 $4+x_1=8$, 只有 $x_1=4$, 显然不能这样安排, 于是取 $x_1=8$. 当然对于 $x=8$, 只能取 $x_1=4$.

再看第二轮比赛 $(r=2,\ x+x_r\equiv 2(\text{ mod } 7))$, 若 $x=1$, 满足 $x+x_2\equiv 2(\text{ mod } 7)$; 只有 $x_2=1$, 显然也只能安排 $x_2=8$, 其他很容易安排.

第三轮比赛 $(r=3,\ x+x_r\equiv 3(\text{mod } 7))$, 在这一轮比赛中, 若 $x=5$, 满足

$$x+x_3\equiv 3(\text{mod } 7),$$

只有 $x_3=5$, 于是就规定此时的 $x_3=8$.

第四轮比赛 $(r=4,\ x+x_r\equiv 4(\text{mod } 7))$, 易见若 $x=2$, 则只有 $x_4=2$ 满足

$$x+x_4\equiv 4(\text{mod } 7),$$

因此应安排 $x_4=8$.

从上述讨论中我们可以看到，碰到自己与自己比赛的情形，就安排该队与第 8 队 (即最后一队) 比赛. 那么什么情况下会发生自己与自己比赛呢？这与轮数的奇偶性有关. 不难发现当 $2|r$ 时，若满足同余要求，则编号为 $r/2$ 队的得与自己比赛；而当 r 不被 2 整除时，若满足同余要求，则编号为 $(r+8-1)/2$ 的队得与自己比赛. 因此需要对这些编号的队伍作特殊处理，即碰到这种情况，就安排该队与编号最后的队比赛.

根据上述具体例子的分析，我们接下来证明按照下面安排方法所确定的 x_r 满足比赛程序安排的要求：

(1) 当 $x\neq N$ 且

$$x\neq\begin{cases}r/2, & r\text{为偶数},\\(r+N-1)/2, & r\text{为奇数}\end{cases}\tag{2.1.3}$$

时，取 x_r 满足

$$\begin{cases}x+x_r\equiv r(\text{mod } N-1),\\1\leqslant x_r\leqslant N-1.\end{cases}\tag{2.1.4}$$

(2) 当 $x=\begin{cases}r/2, & r\text{为偶数},\\(r+N-1)/2, & r\text{为奇数}\end{cases}$ 时，取 $x_r=N$. (2.1.5)

为此，我们需要证明：

(i) 在第 $r(1\leqslant r\leqslant N-1)$ 轮比赛中，按这样的安排，必有 $x_r\neq x$ 且不同的队 $x,x'(x\neq x')$，其对手也是不同的，即 $x_r\neq x'_r$;

(ii) 每一个确定的队 x，在所有这 $N-1$ 轮比赛中的对手是不同的，即当 $r_1\neq r_2$ 时，必有 $x_{r_1}\neq x_{r_2}$.

先来证 (i). 当 x,x' 都不等于 N 且满足式 (2.1.3) 时，x_r,x'_r 由式 (2.1.4) 确定. 若 $x_r=x'_r$，则由式 (2.1.4) 推出 $x\equiv x'(\text{mod } N-1)$. 由此及 $1\leqslant x,x'\leqslant N-1$ 知 $x=x'$，所以不可能. 若 $x_r=x$，则由式 (2.1.4) 知

$$2x=2x_r\equiv r(\text{mod } N-1).$$

由此及 N 是偶数推出必有式 (2.1.5) 成立，这和式 (2.1.3) 矛盾，所以也不可能. 这里附带证明了，这时 x_r 也满足式 (2.1.3)(以 x_r 代 x). 这就证明了除了 $x=N$ 及式 (2.1.5) 确定的一个队 (它显然不等于 N) 之外，在第 r 轮比赛中其他的 $N-2$ 个队恰好两两分组进行比赛. 而由 (2) 可知这两个例外的队恰好是分在一组比赛. 这就证明了 (i).

再来证 (ii). 先对第 N 队来证明. 若 $N_{r_1}=N_{r_2}$, 由 (2) 知

$$N_r=\begin{cases} r/2, & r\text{为偶数}, \\ (r+N-1)/2, & r\text{为奇数}. \end{cases}$$

所以 $2N_r\equiv r(\bmod N-1)$.

故由 $N_{r_1}=N_{r_2}$ 推出 $r_1\equiv r_2(\bmod N-1)$, 即 $r_1=r_2$. 这就证明了结论 (2) 对第 N 队成立.

当 $1\leqslant x\leqslant N-1$ 时, 若 $x_{r_1}=x_{r_2}=N$, 则由已知证明的第 N 队在不同轮的比赛中对手是不同的, 就推出 $r_1=r_2$;

若 $x_{r_1}=x_{r_2}\neq N$, 由 (1) 知式 (2.1.3) 对 $r=r_1$, r_2 均成立, 因此式 (2.1.4) 对 $r=r_1$, r_2 也都成立. 所以推出 $r_1\equiv r_2(\bmod N-1)$, 即 $r_1=r_2$. 证毕.

例 2.1.13 (星期几的计算) 要知道几十天之后的某一天是星期几, 这不难. 因为只要计算一下被 7 除的余数即可. 但是, 要知道几十年后的某一天是星期几, 就比较困难了, 因为在这段时间里有闰年, 而且每个月所含的天数也不一样. 这一节, 就来介绍计算星期几的算法公式.

巧合的是, 按照公历的年月设置, 公元前 1 年 12 月 31 日正好是星期日, 也就是说, 要计算某日是星期几, 只需算出距离公元前 1 年 12 月 31 日的总天数, 然后除以 7 得到的余数正好是星期几 (余数为 0 是星期天, 其余余数是几就是星期几). 那么现在的关键问题就是要知道这些年中有多少个闰年? 这首先需要了解公历的置闰规则.

目前国际通用的公历是教皇格里高利十三 (Gregorian calendar) 实行的. 规定每四年在 2 月底置一个闰日; 但特别规定, 除非能被 400 整除, 否则, 所有的世纪年 (即能被 100 整除的年) 都不设闰日, 即置闰的方法是能被 4 整除的年份在 2 月加一天, 但能被 100 整除的年份不是闰年, 能被 400 整除的年份是闰年, 像 1600, 2000, 2400 年都是闰年, 而 1700, 1800, 1900, 2100 都是平年. 公元前 1 年, 按公历也是闰年. 公历的平年是 365 天, 闰年是 366 天. 因此, 从公元前 1 年 (或公元 0 年)12 月 31 日到年份为 Y 的某一天之间的 $Y-1$ 年中的闰年数为

$$\left[\frac{Y-1}{4}\right]-\left[\frac{Y-1}{100}\right]+\left[\frac{Y-1}{400}\right], \tag{2.1.6}$$

其中 [ ] 表示取整运算, 这样即可算出公元前 1 年 (或公元 0 年)12 月 31 日到这天间隔的天数 (设为 W) 为

$$W=365(Y-1)+\left[\frac{Y-1}{4}\right]-\left[\frac{Y-1}{100}\right]+\left[\frac{Y-1}{400}\right]+D, \tag{2.1.7}$$

其中, $365(Y-1)$ 为按平年计算的天数, D 是要计算的日子在这一年中的累积天数. 这样 W 用 7 除, 余数是几, 这一天就是星期几. 要计算 D 只需记住大月 (1 月, 3

月, 5 月, 7 月, 8 月, 10 月, 12 月) 有 31 天, 小月 (4 月, 6 月, 9 月, 11 月) 有 30 天, 而 2 月份是 28 天 (或 29 天).

例如, 我们来确定 2015 年 10 月 1 日是星期几? 只要将

$$Y = 2015, \quad D = 31 + 28 + 31 + 30 + 31 + 30 + 31 + 31 + 1 = 244$$

代入式 (2.1.6), 即得

$$W = 365 \times (2015 - 1) + \left[\frac{2015-1}{4}\right] - \left[\frac{2015-1}{100}\right] + \left[\frac{2015-1}{400}\right] + 274 = 735872.$$

由于 $735872 \equiv 4 \pmod 7$, 故 2015 年 10 月 1 日是星期四.

评注 公式 (2.1.7) 的特点是容易记忆, 但计算数据太大. 其实, 在实际中只需计算出 7 除 W 的余数即可, 因此可利用同余来化简公式 (2.1.7) 的计算, 易见 $365 \equiv 1 \pmod 7$, 故有

$$365(Y-1) \equiv Y - 1 \pmod 7.$$

对 D 的计算, 显然把每月的天数都减去 7 的 4 倍, 并不影响 W 除以 7 的余数值, 因此只需累计各月天数模 7 的剩余即可, 易见大月的剩余天数是 3, 小月的剩余是 2, 平年的 2 月剩余是 0, 闰年的 2 月剩余是 1. 例如, 我们刚举的例子就可简化计算如下:

$$\begin{aligned} W &\equiv (2015-1) + \left[\frac{2015-1}{4}\right] - \left[\frac{2015-1}{100}\right] + \left[\frac{2015-1}{400}\right] \\ &\quad + 3 + 0 + 3 + 2 + 3 + 2 + 3 + 3 + 2 + 1 \\ &\equiv 2014 + 503 - 20 + 5 + 22 \equiv 2524 \equiv 4 \pmod 7. \end{aligned}$$

此外, 蔡勒 (Zeller) 注意到闰年所增加的一天不在一年的开头, 也不在一年的末尾, 而是在 2 月份的末尾, 所以为了方便计算, 他通过把 1, 2 月看做上一年的 13, 14 月 (比如把 2015 年 1 月 1 日看做 2014 年的 13 月 1 日来计算) 以及对 3, 4, 5, 6, 7 月的剩余天数 3, 2, 3, 2, 3 与 8, 9, 10, 11, 12 月的剩余天数 3, 2, 3, 2, 3 构成的循环, 归纳成取整运算, 推出了如下公式. 称之为蔡勒公式, 即

$$W(N, m, d) = \left[\frac{c}{4}\right] - 2c + y + \left[\frac{y}{4}\right] + \left[\frac{13 \cdot (m+1)}{5}\right] + d - 1, \tag{2.1.8}$$

其中, N 为年份, c 取年份 N 的前两位数, y 取年份 N 的后两位数, m 为月 ($3 \leqslant m \leqslant 14$), 将第 N 年 1, 2 月分别看做上一年的 13, 14 月, d 为日, W 关于模 7 的最小非负剩余就是星期数 (0 为星期日, 其余的数与星期数相同). 蔡勒公式的证明比较复杂, 这里略, 请参考相关数论书籍.

现在我们用蔡勒公式来确定中华人民共和国成立 100 周年纪念日那天 (2049 年 10 月 1 日) 是星期几?

把 $c=20, y=49, m=10, d=1$ 代入式 (2.1.8) 得

$$\begin{aligned} W(2049,10,1) &= \left[\frac{c}{4}\right]-2c+y+\left[\frac{y}{4}\right]+\left[\frac{13\cdot(m+1)}{5}\right]+d-1 \\ &= \left[\frac{20}{4}\right]-2\times 20+49+\left[\frac{49}{4}\right]+\left[\frac{13\times(10+1)}{5}\right]+1-1 \\ &= 5-40+49+12+28\equiv 5(\bmod 7), \end{aligned}$$

即 100 周年国庆是星期五.

2.1.6 同余概念基础训练与拓展

1. 证明: 若 $n\equiv 4(\bmod 9)$, 则 n 不能写为三个整数的立方和.

2. 求证: 三个连续整数的平方和不是立方数.

3. 证明: 数列 11,111,1111, $\cdots$ 中无平方数.

4. 设 $m=d_0+d_1\cdot 3+d_2\cdot 3^2+\cdots+d_n\cdot 3^n$ 为一个正整数的平方, 并且 $d_i\in\{0,1,2\}$, $i=0,1,\cdots,n$. 证明: 至少有一个 $d_i=1$.

5. 已知 $ab\equiv -1(\bmod 24)$, 证明: $24|(a+b)$.

6. 在 3145×92653=291□93685 中, 积有一位数字遗漏, 而其他数字是正确的, 问遗漏的数字是多少?

7. 已知 $99|\overline{141x28y3}$, 求 x, y.

8. 求 $1\times 3\times 5\times\cdots\times 1989$ 的末三位数字.

9. 证明: 当 n 为奇数时, $1947|46^n+296\times 13^n$.

10. 存在末 4 位为 4444 的平方数吗? 存在末三位为 444 的平方数吗?

11. 已知数列 $\{x_n\}: x_1=1, x_2=1, x_n+2x_{n-1}=x_{n+1}$, 数列 $\{y_n\}$: $y_1=7, y_2=17, 2y_n+3y_{n-1}=y_{n+1}$. 证明: 这两个数列没有相同的项.

12. 证明: 对于所有的 a,$a^5\equiv a(\bmod 10)$.

13. 设 p 是素数, a 是整数, 则由 $a^2\equiv 1(\bmod p)$ 可以推出

$$a\equiv 1\ (\bmod p)\ \text{或}\ a\equiv -1\ (\bmod p).$$

14. 若 n 为偶完全数, $n>6$, 证明: $n\equiv 1(\bmod 9)$.

*15. 求最小正整数 a, 使得存在正奇数 n, 满足 $2001|55^n+a\cdot 32^n$.

*16. 设 p 是素数, $1\leqslant k\leqslant p-1$, 试证: $\mathrm{C}_{p-1}^k\equiv(-1)^k(\bmod p)$.

2.2 剩余类与剩余系

我们知道, 同余是整数集上的等价关系, 因此对整数可以按同余关系进行分类.

在同余式的运算中, 两个同余的数所起的作用是一样的, 因此对这些数人们常不加以区别 (在同余的意义下). 这就引入剩余类及其代表 —— 剩余系的概念.

2.2.1 概念及其判别

定义 2.2.1 设 m 为自然数, 称为模, 所有对 m 同余的整数所组成的集合叫做模 m 的一个剩余类 (或同余类), 如果这剩余类中的数和模 m 是互素的, 那么就称该剩余类为模 m 的一个简化 (互素) 剩余类. 模 m 的简化剩余类的个数用 $\varphi(m)$ 记之, 称其为欧拉函数.

评注 欧拉函数 $\varphi(m)$ 的计算将在 2.3 节详细介绍. 由剩余类及互素剩余类的定义可以看出, 全体整数可分为 m 个互不相交的模 m 的剩余类 $K_0, K_1, \cdots, K_{m-1}$, 其中 $K_i(0 \leqslant i \leqslant m-1)$ 由所有形如

$$qm + i \quad (q = 0, \pm 1, \pm 2, \cdots)$$

的整数组成.

全体和 m 互素的整数可分为 $\varphi(m)$ 个互不相交的模 m 的互素剩余类 K_i, 这里 $K_i(0 \leqslant i \leqslant m-1, (i,m)=1)$ 由所有形如

$$qm + i \quad (q = 0, \pm 1, \pm 2, \cdots)$$

的整数组成.

定义 2.2.2 在每一个剩余类 $K_i(0 \leqslant i \leqslant m-1)$ 中任取一数 a_i, 我们把 $a_0, a_1, \cdots, a_{m-1}$ 叫做模 m 的一个完全剩余系, 简称完全系; 在每一个互素剩余类 $K_i(0 \leqslant i \leqslant m-1, (i,m)=1)$ 中任取一数 a_i, 则所有的 $a_i(0 \leqslant i \leqslant m-1)$ 称为模 m 的一个简化 (互素) 剩余系, 简称简化系.

评注 引进完全系与简化系概念的主要目的, 在于给研究带余除法中的余数集合的结构及其特性带来方便. 显然, 任何模都有无穷多个完全系及简化系. 完全系的一般形式为

$$a_i = q_i m + i, \quad 0 \leqslant i \leqslant m-1.$$

它取决于 q_i 的选取. 例如, 取 $q_i = 0$, 得到

$$0, 1, 2, \cdots, m-1,$$

称此为模 m 的最小非负完全系.

若当 $m/2 > i \geqslant 0$ 时, 取 $q_i = 0$, 而当 $m-1 \geqslant i > [m/2]$ 时, 取 $q_i = -1$, 这样得到的完全系叫做模 m 的绝对最小完全系, 此时有

(i) $-\dfrac{m}{2}, -\dfrac{m}{2}+1, \cdots, -1, 0, 1, 2, \cdots, \dfrac{m}{2}-1$(当 m 为偶数);

(ii) $-\frac{m-1}{2},-\frac{m-1}{2}+1,\cdots,-1,0,1,\cdots,\frac{m-1}{2}$(当 m 为奇数).

这两种完全系的取法, 实际上相当于带余除法中余数的不同取法. 这两种取法是最常用的. 当然应分别对具体问题选取适当的剩余系.

简化系的一般形式为

$$a_i=q_im+i,\quad 0\leqslant i\leqslant m-1,\quad (i,m)=1.$$

q_i 可任意选取, $q_i=0$ 是最常用的取法, 此时为

$$i,\quad (i,m)=1,\quad 0\leqslant i\leqslant m-1.$$

当 $m=p$ 为素数时, 最常用的简化系为

$$1,2,\cdots,p-1.$$

由完全系与简化系的定义立即可得下述完全系与简化系的判别定理.

定理 2.2.1 (判别定理) (1)m 个整数组成模 m 的一个完全系的充要条件是这 m 个数两两对模 m 不同余.

(2) $\varphi(m)$ 个整数组成模 m 的一个简化系的充要条件是 $\varphi(m)$ 个数两两对模 m 不同余, 且这 $\varphi(m)$ 个数都与 m 互素.

评注 定理 2.2.1 的证明是很容易的, 只需注意下面的基本事实:

k 样东西放入 k 个盒子中, 而且不能同在一盒子中, 则恰好每个盒子中有一个.

例 2.2.1 设 m 是正偶数, $\{a_1,a_2,\cdots,a_m\}$ 和 $\{b_1,b_2,\cdots,b_m\}$ 都是模 m 的完全系. 求证:

$$\{a_1+b_1,a_2+b_2,\cdots,a_m+b_m\}$$

不是模 m 的完全系.

证 因为 $\{a_1,a_2,\cdots,a_m\}$ 是模 m 的完全系, 所以

$$\sum_{i=1}^{m}a_i\equiv\sum_{i=1}^{m}i=\frac{m(m+1)}{2}\equiv\frac{m}{2}(\bmod m).$$

同理有

$$\sum_{i=1}^{m}b_i\equiv\frac{m}{2}(\bmod m).$$

如果 $\{a_1+b_1,a_2+b_2,\cdots,a_m+b_m\}$ 也是模 m 的完全系, 则同理也有

$$\sum_{i=1}^{m}(a_i+b_i)\equiv\frac{m}{2}(\bmod m).$$

但是

$$\sum_{i=1}^{m}(a_i+b_i)=\sum_{i=1}^{m}a_i+\sum_{i=1}^{m}b_i\equiv\frac{m}{2}+\frac{m}{2}=m\equiv 0(\mathrm{mod}\ m),$$

所以 $\frac{m}{2}\equiv 0(\mathrm{mod}\ m)$, 矛盾! 故 $\{a_1+b_1,a_2+b_2,\cdots,a_m+b_m\}$ 不是模 m 的完全系.

2.2.2 剩余系构造

定理 2.2.2 (1) 设 m 为自然数, a, b 为任意数, $(a,m)=1$, 则当 x 通过 m 的完全系时, $ax+b$ 亦通过 m 的一个完全系;

(2) 设 m 为自然数, a, b 为任意整数, $(a,m)=1$, 则当 x 通过 m 的简化系时, $ax+bm$ 亦通过 m 的一个简化系.

特别地, x 和 $m-x$ 同时通过模 m 的简化系.

证 (1) 只要证明

$$ax_0+b,ax_1+b,\cdots,ax_{m-1}+b$$

对模 m 两两不同余. 设 $i\neq j$, 若

$$ax_i+b\equiv ax_j+b(\mathrm{mod}\ m).$$

由 $(a,m)=1$, 故

$$x_i\equiv x_j(\mathrm{mod}\ m).$$

因为 $i\neq j$, 所以上式与 $x_i(0\leqslant i\leqslant m-1)$ 为完全系的假设相矛盾.

(2) 设 $x_1,x_2,\cdots,x_{\varphi(m)}$ 为模 m 的一个简化系, 要证明

$$ax_1+bm,ax_2+bm,\cdots,ax_{\varphi(m)}+bm$$

亦为模 m 的一个简化系. 设 $1\leqslant i\leqslant\varphi(m)$, 则

$$(ax_i+bm,m)=(ax_i,m)=(x_i,m)=1.$$

再设 $i\neq j$, 且有

$$ax_i+bm\equiv ax_j+bm(\mathrm{mod}\ m),$$

则由于 $(a,m)=1$, 可推出

$$x_i\equiv x_j(\mathrm{mod}\ m).$$

定理得证.

定理 2.2.3 设 $m=m_1m_2$, $(m_1,m_2)=1$. 当 $x_i^{(1)}(0\leqslant i\leqslant m_1-1)$ 遍历模 m_1 的完全 (简化) 剩余系, $x_j^{(2)}(0\leqslant j\leqslant m_2-1)$ 遍历模 m_2 的完全 (简化) 系时, $x_{ij}=m_2x_i^{(1)}+m_1x_j^{(2)}$ 遍历模 m 的完全 (简化) 系.

证 首先证明当 $x_i^{(1)}(0\leqslant i\leqslant m_1-1)$, $x_j^{(2)}(0\leqslant j\leqslant m_2-1)$ 分别为模 m_1,m_2 的完全系时,

$$x_{ij}=m_2x_i^{(1)}+m_1x_j^{(2)},\quad 0\leqslant i<m_1,\ 0\leqslant j<m_2$$

构成模 m 的完全系.

显然 x_{ij} 共有 $m=m_1m_2$ 个数, 因此只要证明它们两两对模 m 不同余即可. 若

$$m_2x_{i_1}^{(1)}+m_1x_{j_1}^{(2)}\equiv x_{i_1j_1}\equiv x_{i_2j_2}\equiv m_2x_{i_2}^{(1)}+m_1x_{j_2}^{(2)}(\mathrm{mod}\ m_1m_2),$$

则

$$x_{i_1j_1}\equiv x_{i_2j_2}(\mathrm{mod}\ m_1),\quad x_{i_1j_1}\equiv x_{i_2j_2}(\mathrm{mod}\ m_2).$$

从而

$$m_2x_{i_1}^{(1)}\equiv m_2x_{i_2}^{(1)}(\mathrm{mod}\ m_1),\quad m_1x_{j_1}^{(2)}\equiv m_1x_{j_2}^{(2)}(\mathrm{mod}\ m_2).$$

由 $(m_1,m_2)=1$ 知,

$$x_{i_1}^{(1)}\equiv x_{i_2}^{(1)}(\mathrm{mod}\ m_1),\quad x_{j_1}^{(2)}\equiv x_{j_2}^{(2)}(\mathrm{mod}\ m_2).$$

这就证明了 m_1m_2 个 x_{ij} 两两不同余, 是模 m 的完全系.

下面证明 $x_i^{(1)}$, $x_j^{(2)}$ 分别遍历 m_1, m_2 的简化系时, x_{ij} 是模 m 的简化系.

由以上证明知 x_{ij} 两两不同余, 只要证明 $(x_{ij},m)=1$ 当且仅当

$$(x_i^{(1)},m_1)=(x_j^{(2)},m_2)=1.$$

由于 $(m_1,m_2)=1$, 所以 $(x_{ij},m)=1$ 当且仅当

$$(m_2x_i^{(1)}+m_1x_j^{(2)},m_1)=1,\quad (m_2x_i^{(1)}+m_1x_j^{(2)},m_2)=1,$$

当且仅当 $(x_i^{(1)},m_1)=(x_j^{(2)},m_2)=1$. 定理得证.

推论 2.2.1 设 $m=m_1\cdots m_k$, 且 $m_1,\cdots,m_k$ 两两既约. 再设 $m=m_jM_j$, $1\leqslant j\leqslant k$ 及

$$x=M_1x^{(1)}+\cdots+M_kx^{(k)},$$

那么 x 遍历模 m 的完全 (简化) 系的充要条件是 $x^{(1)},\cdots,x^{(k)}$ 分别遍历 $m_1,\cdots,m_k$ 的完全 (简化) 系.

证 由定理 2.2.3 及数学归纳法可得.

定理 2.2.4 设 $m=m_1m_2$, $x_i^{(1)}$, $1\leqslant i\leqslant m_1$ 是模 m_1 的完全系, $x_j^{(2)}$, $1\leqslant j\leqslant m_2$ 是模 m_2 的完全系, 那么 $x_{ij}=x_i^{(1)}+m_1x_j^{(2)}$ 是模 m 的完全系.

一般地, 若 $m=m_1\cdots m_k$, $x=x^{(1)}+m_1x^{(2)}+\cdots+m_1m_2\cdots m_{k-1}x^{(k)}$, 则当 $x^{(1)},\cdots,x^{(k)}$ 分别遍历 $m_1,\cdots,m_k$ 的完全系时, x 遍历模 m 的完全系.

特别地, 当 $x^{(1)},x^{(2)},\cdots,x^{(k)}$ 跑遍模 n 的完全系时,

$$x=x^{(1)}+nx^{(2)}+n^2x^{(3)}+\cdots+n^{k-1}x^{(k)}$$

跑遍模 n^k 的完全系.

证 我们先证明 $k=2$ 时, 定理成立. 此时, x_{ij} 共有 $m=m_1m_2$ 个, 因此只需证明它们两两不同余即可. 若

$$x_{i_1}^{(1)}+m_1x_{j_1}^{(2)}\equiv x_{i_1j_1}\equiv x_{i_2j_2}\equiv x_{i_2}^{(1)}+m_1x_{j_2}^{(2)}(\text{mod } m_1m_2),$$

则必有 $x_{i_1}^{(1)}=x_{i_2}^{(1)}(\text{mod } m_1)$, 因为 $x_{i_1}^{(1)}$, $x_{i_2}^{(1)}$ 在同一个模 m_1 的完全系中取值, 所以 $x_{i_1}^{(1)}=x_{i_2}^{(1)}$, 再由上式得

$$m_1x_{j_1}^{(2)}\equiv m_1x_{j_2}^{(2)}(\text{mod } m_1m_2),$$

即 $x_{j_1}^{(2)}\equiv x_{j_2}^{(2)}(\text{mod } m_2)$, 同理有 $x_{j_1}^{(2)}=x_{j_2}^{(2)}$, 这就证明了定理前半部分.

假设 $k=n(n\geqslant 2)$ 时, 定理成立, 当 $k=n+1$ 时, $m=m_1\cdots m_nm_{n+1}$,

$$\bar{x}^{(n)}=x^{(1)}+m_1x^{(2)}+\cdots+m_1m_2\cdots m_{n-1}x^{(n)},$$

由前半部分证明知

$$x=\bar{x}^{(n)}+m_1\cdots m_{n-1}m_nx^{(n+1)}.$$

由以上两式就可得到所要结论.

评注 定理 2.2.3 与定理 2.2.4 表明大模的完全 (简化) 系, 可以某种形式表为两个较小的模的完全 (简化) 系的组合. 实际上, 后面我们还将看到大模的完全 (简化) 系的构造可以进一步通过模的素分解及模的素数幂的原根来构造.

例 2.2.2 设模 $m=5\times 7$, 试构造模 m 的简化系和完全系.

解 令 $m_1=5$, $m_2=7$, $(5,7)=1$, 则 $M_1=7$, $M_2=5$, 当 $x^{(1)}$, $x^{(2)}$ 分别遍历 5 和 7 的完全 (简化) 系时,

$$x=M_1x^{(1)}+M_2x^{(2)}=7x^{(1)}+5x^{(2)}$$

遍历 35 的完全 (简化) 系. 表 2.2.1 展示了模 35 的完全系, 其中除去下划线所标识的元素后, 剩下的元素构成模 35 的简化系.

表 2.2.1

$x^{(1)}$ \ $x^{(2)}$	-3	-2	-1	0	1	2	3
-2	-29	-24	-19	$\underline{-14}$	-9	-4	1
-1	-22	-17	-12	$\underline{-7}$	-2	3	8
0	$\underline{-15}$	$\underline{-10}$	$\underline{-5}$	$\underline{0}$	$\underline{5}$	$\underline{10}$	$\underline{15}$
1	-8	-3	29	$\underline{7}$	12	17	22
2	-1	4	9	$\underline{14}$	19	24	29

例 2.2.3 设 $A=\{x_1,x_2,\cdots,x_m\}$ 是模 m 的一个完全系, 以 $\{x\}$ 表示 x 的小数部分. 求证: 若 $(a,m)=1$, 则

$$\sum_{i=1}^{m}\left\{\frac{ax_i+b}{m}\right\}=\frac{1}{2}(m-1).$$

证 因为 $(a,m)=1$, 易知 $\{ax_1+b,ax_2+b,\cdots,ax_m+b\}$ 也是模 m 的一个完全系, 可设 $ax_i+b=km+j(0\leqslant j\leqslant m-1)$, 从而

$$\sum_{i=1}^{m}\left\{\frac{ax_i+b}{m}\right\}=\sum_{j=0}^{m-1}\left\{k+\frac{j}{m}\right\}=\sum_{j=1}^{m-1}\left\{\frac{j}{m}\right\}=\sum_{j=1}^{m-1}\frac{j}{m}=\frac{1}{m}\cdot\frac{m(m-1)}{2}=\frac{m-1}{2}.$$

例 2.2.4 设 m 是大于 1 的整数, 整数 a 满足 $(a,m)=1$. 求证: 当 x 取遍模 m 的简化系时有

$$\sum_{x}\left\{\frac{ax}{m}\right\}=\frac{\varphi(m)}{2}.$$

证 设 $x_1,x_2,\cdots,x_{\varphi(m)}$ 是模 m 的简化系, 由 $(a,m)=1$ 得 $ax_1,ax_2,\cdots,ax_{\varphi(m)}$ 也是模 m 的简化系. 设 $r_1,r_2,\cdots,r_m$ 是模 m 的最小正简化系, 于是有

$$\sum_{x}\left\{\frac{ax}{m}\right\}=\sum_{x}\left\{\frac{ma_i+r_i}{m}\right\}=\sum_{i=1}^{\varphi(m)}\left\{\frac{r_i}{m}\right\}=\sum_{i=1}^{n}\frac{r_i}{m}.$$

又模 m 的最小正简化系中, r_i 与 $m-r_i$ 是成对出现, 故有

$$2\sum_{i=1}^{\varphi(m)}\frac{r_i}{m}=\sum_{i=1}^{\varphi(m)}\frac{r_i}{m}+\sum_{i=1}^{\varphi(m)}\frac{m-r_i}{m}=\sum_{i=1}^{\varphi(m)}1=\varphi(m).$$

例 2.2.5 若 p 是奇素数, m 是任一正整数且满足 $2^m\equiv 1(\mathrm{mod}\ p)$ 不成立, 求证:

$$1^m+2^m+\cdots+(p-1)^m\equiv 0(\mathrm{mod}\ p).$$

证　因 p 是素数, 故 $1,2,\cdots,p-1$ 是模 p 的简化系, 又 $(2,p)=1$, 从而由定理 2.2.2 知

$$2\times 1,2\times 2,\cdots,2\times(p-1)$$

也是 p 的简化系, 因此得

$$1^m+2^m+\cdots+(p-1)^m\equiv(2\times 1)^m+(2\times 2)^m+\cdots+(2\times(p-1))^m(\bmod p),$$

于是有

$$(2^m-1)(1^m+2^m+\cdots+(p-1)^m)\equiv 0(\bmod p).$$

此即 $p|(2^m-1)(1^m+2^m+\cdots+(p-1)^m)$, 但 p 不整除 (2^m-1), 所以必有

$$p|(1^m+2^m+\cdots+(p-1)^m),$$

于是 $1^m+2^m+\cdots+(p-1)^m\equiv 0(\bmod p)$. 证毕.

2.2.3　威尔逊定理与素数判别

接下来, 利用简化系的特性建立一个素数判别依据, 即威尔逊定理.

引理 2.2.1　设 $p\geqslant 5$ 是素数. 若 $a\in\{2,3,\cdots,p-2\}$, 则在数列

$$\{a,2a,3a,\cdots,(p-1)a,pa\}\tag{2.2.1}$$

中有且仅有一个数 b, 满足

$$b\equiv 1(\bmod p).\tag{2.2.2}$$

此外, 若 $b=ka$, 则 $k\neq a$, 且 $k\in\{2,3,\cdots,p-2\}$.

证　因 $(a,p)=1$, 所以由定理 2.2.2 可知, 式 (2.2.1) 中的数构成模 p 的一个完全系, 因此必有数 b 满足式 (2.2.2). 设 $b=ka$, 那么必有

(1) $k\neq a$, 否则由 $b=a^2\equiv 1(\bmod p)$ 得 $p|(a+1)(a-1)$, 因此有 $p|(a-1)$ 或 $p|(a+1)$, 从而得 $p\leqslant a-1$ 或 $p\leqslant a+1$, 即 $a\geqslant p+1$ 或 $a\geqslant p-1$, 这均与 $2\leqslant a\leqslant p-2$ 矛盾;

(2) $k\neq 1$, 否则由 $b=1\cdot a\equiv 1(\bmod p)$, 得 $p|(a-1)$, 故 $p\leqslant a-1$, 即 $a\geqslant p+1$, 这与 $2\leqslant a\leqslant p-2$ 矛盾;

(3) $k\neq p-1$, 否则由 $b=(p-1)a\equiv 1(\bmod p)$, 得 $p|(a+1)$, 即 $p\leqslant a+1$, 故 $a\geqslant p-1$, 这与 $2\leqslant a\leqslant p-2$ 矛盾.

综上所述, $k\neq a$, $k\in\{2,3,\cdots,p-2\}$.

如果还存在 $k'(2\leqslant k'\leqslant p-2)$, 使得 $b\equiv k'a(\bmod p)$, 则 $k'a\equiv ak(\bmod p)$. 由于 $(a,p)=1$, 所以 $k\equiv k'(\bmod p)$, 从而 $p|(k-k')$, 这是不可能的. 这就证明了唯一性. 证毕.

定理 2.2.5 (威尔逊) p 是素数当且仅当 $(p-1)! \equiv -1 (\mathrm{mod}\ p)$.

证 "⇒" 当 $p=2, 3$ 时, 显然. 当 $p \geqslant 5$ 时, 由引理 2.3.1 可知 $2, 3, \cdots, p-2$ 这 $p-3$ 个数共可分成 $(p-3)/2$ 对, 每对的乘积关于模 p 是和 1 同余的, 故有

$$2 \times 3 \times 4 \times \cdots \times (p-2) \equiv 1^{(p-3)/2} \equiv 1 (\mathrm{mod}\ p),$$

即 $(p-2)! \equiv 1 (\mathrm{mod}\ p)$, 于是有

$$(p-1)! \equiv p-1 \equiv -1 (\mathrm{mod}\ p).$$

"⇐" 若 p 不是素数, 则必有真因数 $d > 1$, 由 $d|p$ 及 $(p-1)! \equiv -1 (\mathrm{mod}\ p)$ 得

$$(p-1)! \equiv -1 (\mathrm{mod}\ d),$$

但 $d < p$, 故 $d|(p-1)!$, 于是有 $0 \equiv -1 (\mathrm{mod}\ d)$.

这里的矛盾说明 p 只能是素数. 证毕.

历史趣闻 威尔逊 (Wilson, 1741—1793) 本人并没有从事数学研究, 他的职业是一位民事诉讼法法官, 并被封为爵士. 所谓的威尔逊定理其实是由莱布尼茨首先发现的, 拉格朗日在 1773 年给出证明. 威尔逊的一位名叫华林 (E.Waring, 1736—1798) 的朋友在 1770 年出版的一书中说上述命题是威尔逊提出的一个猜想, 而且还宣称这个猜想永远不会被证明, 因为人类没有好的符号来处理素数. 这种话传到高斯的耳朵里, 当时高斯也不知道拉格朗日证明了这一定理, 高斯在黑板前站着想了 5 分钟, 就向告诉他这一消息的人证明了这一定理, 高斯批评威尔逊说: "他缺乏的不是符号而是概念."

两百多年来, 全世界的数论教科书上都照样把这一定理称为威尔逊定理, 先人已逝, 看来还历史以本来面貌, 更换本定理的冠名已无必要, 再说也不易纠正这么多年来文献与教材上的称呼了.

评注 威尔逊定理给出了判别自然数 n 是素数的充分必要条件, 但要用它去判别一个相当大的素数 n, $(n-1)!$ 却大得惊人. 我们只要考虑到八位计算器阶乘的上限是 $n = 69$, 当 $n > 70$ 时, $(n-1)!$ 就超过八位. 所以用此定理判别自然数是否是素数, 计算工作量远远超过传统筛法. 事实上, 威尔逊定理中看不中用, 没有什么实际应用价值.

此外, 有人利用威尔逊定理建立生产全体素数的数学公式, 该公式也与威尔逊定理一样中看不中用, 这里不再介绍.

2.2.4 例说完全系实际应用

例 2.2.6 (座位相隔问题) 设有偶数个人围着一张圆桌讨论, 休息后他们依不同次序重新围着圆桌坐下. 求证: 至少有两人, 他们之间的人数在休息前与休息后是相等的.

证 为讨论方便起见, 我们对每个座位标号, 将座位的号码依顺时针方向依次记为 $1,2,\cdots,2n$. 因而每一个人可以对应一个数对 (i,j), 其中 i,j 分别为他在休息前后的座号.

显然, 所有的 "横坐标"i 与 "纵坐标"j 都跑遍模 $2n$ 的完全系:

$$1,2,3,\cdots,2n.$$

如果每两个人 (i_1,j_1), (i_2,j_2) 在休息前后, 坐在他们之间的人数都不相同, 则应有

$$j_2-j_1\neq i_2-i_1.$$

注意, 上式中当 $j_2<j_1$(或 $i_2<i_1$) 时, j_2 应换成 $2n+j_2$(或 i_2 应换成 $2n+i_2$). 当然更好的写法是 $j_2-j_1\equiv i_2-i_1(\text{mod }2n)$ 不成立, 即 $j_2-i_2\equiv j_1-i_1(\text{mod }2n)$ 不成立. 此即表明任意两个人的纵、横坐标之差都对模 $2n$ 不同余, 从而

$$j_1-i_1,j_2-i_2,\cdots,j_{2n}-i_{2n}$$

也是模 $2n$ 的一个完全系, 于是有

$$\sum_{i=1}^{2n}i\equiv\sum_{k=1}^{2n}(j_k-i_k)\equiv\sum_{k=1}^{2n}j_k-\sum_{k=1}^{2n}i_k\equiv\sum_{k=1}^{2n}k-\sum_{k=1}^{2n}k\equiv 0(\text{mod }2n),$$

即 $n\equiv 0(\text{mod }2n)$, 这是不可能的.

例 2.2.7 (物体称重问题) 设天平的两个托盘上可以放置各种砝码, 求证: 可用重量分别为 1 克, 3 克, 3^2 克, $\cdots$, 3^{n-1} 克的 n 个砝码在天平上称出重量在 1 克到 $(3^n-1)/2$ 克之间的所有整数克物体的重量.

证 由于砝码有三种放法: 放左、放右、不放, 可用 $-1,1,0$ 表示这三种放法, 而 $-1,0,1$ 恰好是模 3 的绝对最小完全系. 由定理 2.2.4 可知, 当 $x^{(1)}$ 遍历模 3 的完全系, $x^{(j)}(2\leqslant j\leqslant n)$ 遍历模 3 的完全系时,

$$x=x^{(1)}+3x^{(2)}+\cdots+3^{n-1}x^{(n)}$$

遍历模 3^n 的完全系, 取 $x^{(j)}=-1,0,1(1\leqslant j\leqslant n)$ 时, x 遍历模 3^n 的绝对最小完全系, 即

$$\frac{3^n-1}{2},\cdots,-1,0,1,2,\cdots,\frac{3^n-1}{2},$$

所以可用 1 克, 3 克, $\cdots$, 3^{n-1} 克的砝码称出重量是 1 克, 2 克, $\cdots$, $(3^n-1)/2$ 克的物体.

例 2.2.8 (机器人升降问题) 设 a, b 是给定的正整数. 现有一机器人沿着一个有 n 级的楼梯上下升降, 机器人每上升一次, 恰好上升 a 级楼梯; 每下降一次, 恰

好下降 b 级楼梯. 为使机器人经若干次上下升降后, 可以从地面到达楼梯顶, 然后再返回地面, 问 n 的最小值是多少? 证明你的结论.

解 先考虑 $a \geqslant b$ 的情况. 此时, 最简单的是 $b|a$ 的情况: 若 $b|a$, 则 $a = sb$, s 为整数. 此时取 $n = a$, 则机器人上升一次, 再下降 s 次, 就可到达楼顶再返回地面. 而当 $n < a$ 时, 机器人是无法到达楼顶的. 因而这种情况下 n 的最小值就是 a.

现在设 b 不整除 a, 于是有 $a = s_1 b + r_1$, $0 < r_1 < b$. 显然, 机器人上升一次再下降 s_1 次后, 处于第 r_1 级的位置, 已无法再下降, 只能继续上升至 $a + r_1$ 级. 要使 n 尽量小, 机器人就应从 $a + r_1$ 级位置下降, 设 $a + r_1 = s_2 b + r_2$, $0 < r_2 < b$. 机器人下降至 r_2 级后无法再下降, 必须上升至 $a + r_2$ 级. 继续这种过程, 将有

$$a + r_k = s_k b + r_{k+1}, \quad 0 \leqslant r_{k+1} < b, \quad k = 1, 2, \cdots. \tag{2.2.3}$$

不难看出, 取模 b 后, 有

$$a \equiv r_1 (\bmod b), \quad a + r_k \equiv r_{k+1} (\bmod b), \quad k = 1, 2, \cdots.$$

最后可得

$$ka \equiv r_k (\bmod b), \quad k = 1, 2, \cdots.$$

由定理 2.2.2, 若 $(a, b) = 1$, 则 $a, 2a, \cdots, ba$ 构成模 b 的一个完全系, 从而 $r_1, r_2, \cdots, r_b$ 也构成模 b 的一个完全系. 注意到 $0 \leqslant r_k \leqslant b-1$, 因而 $r_1, r_2, \cdots, r_b$ 仅是 $0, 1, \cdots, b-1$ 的一个排列. 这样, 必存在 i, j, $1 \leqslant i, j \leqslant b$, 使得 $r_i = 1$, $r_j = b-1$. 于是

$$a + r_{i-1} = s_i b; \quad a + r_j = a + b - 1. \tag{2.2.4}$$

这就表明, 依上面所述升降方法, 机器人经第 i 次上升至 $s_i b$ 级位置, 再下降 s_i 次, 就可下降至 0 级位置 (底楼), 经第 $j+1$ 次上升, 达到 $a + b - 1$ 级位置.

由于 $0 \leqslant r_k \leqslant b - 1$, 故 $a + r_k \leqslant a + b - 1$. 因而 $a + b - 1$ 是诸 $a + r_k$ 中最大者. 这样, 当 $(a, b) = 1$ 时, 取 $n = a + b - 1$, 就可满足要求.

最后, 若 $(a, b) = d > 1$, 则可设

$$a = a_1 d, \quad b = b_1 d, \quad (a_1, b_1) = 1.$$

对 a_1, b_1 作上述关于式 (2.2.4) 的讨论, 再以 d 乘这些等式的左右两端, 就可以证明 n 的最小值是

$$d(a_1 + b_1 - 1) = a + b - (a, b).$$

显然, 这里的右端表达式与 $b|a$ 及 $(a, b) = 1$ 的情况所得结果是一致的. 由此式关于 a, b 的对称性可知, 它对 $a < b$ 的情况也是适用的.

2.2.5 剩余类基础训练与拓展

1. 证明 $x=u+p^{s-t}v,\ u=0,1,\cdots,p^{s-t}-1,\ v=0,1,\cdots,p^{t}-1,\ t\leqslant s$ 是模 p^{s} 的一个完全系.

2. 设 m 是整数, $4|m$. 求证: 若 $\{a_1,a_2,\cdots,a_m\}$ 与 $\{b_1,b_2,\cdots,b_m\}$ 都是 m 的完全系. 证明: $\{a_1b_1,a_2b_2,\cdots,a_mb_m\}$ 不是 m 的完全系.

3. 设 a 与 m 是给定的两整数, $m>1$ 且 $(a,m)=1$. 证明: $\sum\limits_{k=1}^{m-1}\left[\dfrac{ak}{m}\right]=\dfrac{1}{2}(a-1)(m-1)$.

4. 求证: 若 $r_1,r_2,\cdots,r_{p-1}$ 是素数 p 的简化系, 则 $r_1r_2\cdots r_{p-1}\equiv-1(\bmod p)$.

5. 求证: 若 p 是素数, 则 $(p-1)!\equiv(p-1)(\bmod p(p-1))$.

6. 设 $m,n\in\mathbf{N}^*,m$ 为奇数, 且 $(m,2^n-1)=1$. 证明: 数 $1^n+2^n+\cdots+m^n$ 是 m 的倍数.

*7. 设 $\{a_1,a_2,\cdots,a_p\}$ 及 $\{b_1,b_2,\cdots,b_p\}$ 都是模 p 的完全系, 证明: $\{a_1b_1,a_2b_2,\cdots,a_pb_p\}$ 一定不是模 m 的完全系.

8. 设 18 个整数: ±1, ±7, ±11, $\cdots$, 35, 41, 49 是模 $m(m>0)$ 的一个简化系.

(1) 求 m 的所有可能的取值;

(2) 已知十进制整数 $a=\underbrace{11\cdots11}_{2010个1}$, 试判断: 是否存在模 m 的一个简化剩余系, 它的每个数都是 a 的倍数, 并说明理由.

*9. 设 n 是一个大于 1 的奇数,数 $a_1,a_2,\cdots,a_{\varphi(n)}$ 是 $1,2,\cdots,n$ 中与 n 互素的所有正整数. 证明: $\left|\prod\limits_{k=1}^{\varphi(n)}\cos\dfrac{a_k\pi}{n}\right|=\dfrac{1}{2^{\varphi(n)}}$.

*10. 求证: 任何 11 个连续的正整数中, 一定有一个数 k 使得 $(k,210)=1$.

*11. 确定具有下述性质的所有正整数 n. 集合 $M=\{n,n+1,n+2,n+3,n+4,n+5\}$可以分成两个不相交的非空子集, 使得一个子集中所有元素的积等于另一个子集的所有元素的积.

2.3 欧拉函数的计算与经典同余定理

本节的重点是介绍同余理论中两个最经典的定理, 即欧拉定理与费马小定理, 包括它们的应用. 欧拉定理主要涉及关于欧拉函数的同余计算. 因此, 首先介绍欧拉函数的计算方法为其作铺垫.

2.3.1 欧拉函数的计算公式

在 2.2 节介绍简化系概念时, 我们已经介绍过欧拉函数. 所谓欧拉函数, 就是指关于模 n 的简化系的元素个数. 从简化系的描述中, 我们已经知道欧拉函数 $\varphi(n)$ 的函数值就是不超过 n 而且与 n 互素的正整数的个数. 于是由素数与合数的定义可直接推得

(i) 当 p 是素数时, $\varphi(p) = p-1$;

(ii) 当 p 为合数时, 必有 $\varphi(p) \leqslant p-2$.

定理 2.3.1 (欧拉函数的计算公式) 下述命题成立:

(1) 若 p 是素数, 且 $k \geqslant 1$, 则 $\varphi(p^k) = p^{k-1}(p-1)$;

(2) 若 $m = m_1m_2$, 且 $(m_1, m_2) = 1$, 则 $\varphi(m) = \varphi(m_1)\varphi(m_2)$;

(3) 若 $m = p_1^{\alpha_1}\cdots p_r^{\alpha_r}$, 其中 $p_1, \cdots, p_r$ 为不同的素因子, 则

$$\varphi(m) = p_1^{\alpha_1-1}(p_1-1)\cdots p_r^{\alpha_r-1}(p_r-1) = m\prod_{p|m}\left(1-\frac{1}{p}\right).$$

证 (1) $\varphi(p^k)$ 等于满足以下条件的 r 的个数: $(r, p^k) = 1$, $1 \leqslant r \leqslant p^k$. 因为 p 是素数, 所以

$$(r, p^k) = 1 \Leftrightarrow (r, p) = 1,$$

即 r 为 p^k 中不能被 p 整除的数, $1, 2, \cdots, p^k$ 中能被 p 整除的数可表示为 np, $n = 1, 2, \cdots, p^{k-1}$ 共 p^{k-1} 个, 故

$$\varphi(p^k) = p^k - p^{k-1} = p^{k-1}(p-1).$$

(2) 利用简化系构造定理 2.2.3 即可推得 (2).

(3) 由 (2) 进一步推出若 $m = m_1m_2\cdots m_r$, $m_1, m_2, \cdots, m_r$ 两两既约, 则

$$\varphi(m) = \varphi(m_1)\varphi(m_2\cdots m_r) = \varphi(m_1)\varphi(m_2)\cdots\varphi(m_r).$$

特别地, 若 $m > 1$, $m = p_1^{\alpha_1}\cdots p_r^{\alpha_r}$, 那么

$$\varphi(m) = p_1^{\alpha_1-1}(p_1-1)\cdots p_r^{\alpha_r-1}(p_r-1) = m\prod_{p|m}\left(1-\frac{1}{p}\right).$$

定理得证.

评注 由定理 2.3.1 可知, 除了 $\varphi(1) = \varphi(2) = 1$, 对 $m \geqslant 3$ 必有 $2|\varphi(m)$. 进一步, 利用定理 2.3.1, 我们可以给出素数有无穷多个的漂亮证明.

若不然, 设素数只有有限个, 设其为 $p_1, p_2, \cdots, p_n$. 令 $a = p_1p_2\cdots p_n$, 则在 1 至 a 之间的所有正整数中, 与 a 互素的只有一个 1, 因此有 $\varphi(a) = 1$, 但

$$\varphi(a) = \varphi(p_1p_2\cdots p_n) = \varphi(p_1)\varphi(p_2)\cdots\varphi(p_n)$$

$$=(p_1-1)(p_2-1)\cdots(p_n-1)>1,$$

矛盾! 因此素数有无穷多个.

例 2.3.1 求证: 当 $n\geqslant 1$ 时, 有

$$\sum_{\substack{1\leqslant i\leqslant n\\(i,n)=1}} i=\frac{1}{2}n\varphi(n).$$

证 我们已经在 2.2 节中知道, 若 $\{a_1,a_2,\cdots,a_{\varphi(n)}\}$ 是模 n 的简化系, 则

$$\{n-a_1,n-a_2,\cdots,n-a_{\varphi(n)}\}$$

也是模 n 的简化系, 从而有

$$2\cdot\sum_{\substack{1\leqslant i\leqslant n\\(i,n)=1}} i=\sum_{i=1}^{\varphi(n)}a_i+\sum_{i=1}^{\varphi(n)}(n-a_i)=n\varphi(n).$$

例 2.3.2 求证: 对任意正整数 n 都有

$$\sum_{d|n}\varphi(d)=n.$$

证 把正整数集合 $1,2,\cdots,n$ 按其与 n 的最大公因数分类, 则 n 的不同正因数对应于该集合的不相交子集. 我们来确定这样的子集,

$$(j,n)=d,\quad 1\leqslant j\leqslant n.$$

设 $j=dh$, 则上式等价于

$$\left(h,\frac{n}{d}\right)=1,\quad 1\leqslant h\leqslant\frac{n}{d},$$

满足这样条件的 h 的个数是 $\varphi(n/d)$. 故而可得

$$\sum_{d|n}\left(\frac{n}{d}\right)=n.$$

最后, 只需注意到, 当 d 通过 n 的全体正除数时, n/d 同样也通过 n 的全体正除数, 即知所求的结论成立.

例 2.3.3 求证: 若 $m,n\in\mathbf{N}$, 则 $\varphi(mn)=(m,n)\varphi([m,n])$.

证 显然 mn 与 $[m,n]$ 有相同的素因数, 设它们是 $p_i(1\leqslant i\leqslant k)$, 则

$$\varphi(mn)=mn\left(1-\frac{1}{p_1}\right)\left(1-\frac{1}{p_2}\right)\cdots\left(1-\frac{1}{p_k}\right),$$

$$\varphi([m,n])=[m,n]\left(1-\frac{1}{p_1}\right)\left(1-\frac{1}{p_2}\right)\cdots\left(1-\frac{1}{p_k}\right),$$

由此两式及 $mn=(m,n)[m,n]$ 即可得证.

例 2.3.4 设 $n\in\mathbf{N}$, 求证:

(1) 若 n 是奇数, 则 $\varphi(4n)=2\varphi(n)$;

(2) $\varphi(n)=\dfrac{1}{2}n$ 的充要条件是 $n=2^k(k\in\mathbf{N})$;

(3) $\varphi(n)=\dfrac{1}{3}n$ 的充要条件是 $n=2^k3^t(k,t\in\mathbf{N})$;

(4) 若 $6|n$, 则 $\varphi(n)\leqslant\dfrac{1}{3}n$.

证 (1)$\varphi(4n)=\varphi(4)\varphi(n)=\varphi(2^2)\varphi(n)=2\varphi(n)$.

(2) (充分性) 若 $n=2^k$, 则

$$\varphi(2^k)=2^k\left(1-\frac{1}{2}\right)=2^{k-1}=\frac{n}{2};$$

(必要性) 若 $\varphi(n)=\dfrac{n}{2}$, 设 $n=2^kt$, $(2,t)=1$, 则

$$\begin{aligned}\frac{n}{2}&=\varphi(n)=\varphi(2^kt)=\varphi(2^k)\varphi(t)=2^{k-1}\varphi(t)\\&=\frac{1}{2}\times2^kt\cdot\frac{\varphi(t)}{t}=\frac{n}{2}\cdot\frac{\varphi(t)}{t},\end{aligned}$$

即 $\varphi(t)=t$, 故 $t=1$, 从而得证.

(3) (充分性) 若 $n=2^k3^t$, 则

$$\begin{aligned}\varphi(n)&=\varphi(2^k3^t)=\varphi(2^k)\varphi(3^t)\\&=2^k\left(1-\frac{1}{2}\right)\cdot3^t\left(1-\frac{1}{3}\right)=\frac{n}{3};\end{aligned}$$

(必要性) 若 $\varphi(n)=n/3$, 设 $n=2^k3^tm$, $(6,m)=1$, 则

$$\frac{n}{3}=\varphi(n)=\varphi(2^k3^tm)=\varphi(2^k)\varphi(3^t)\varphi(m)=\frac{n}{3}\cdot\frac{\varphi(m)}{m},$$

即 $\varphi(m)=m$, 故 $m=1$, 从而得证.

(4) 设 $n=2^k3^tm$, $(2,m)=1$ 且 $(3,m)=1$, 则

$$\begin{aligned}\varphi(n)&=\varphi(2^k3^tm)=\varphi(2^k)\varphi(3^t)\varphi(m)\\&=\frac{1}{3}\cdot2^k\cdot3^t\cdot\varphi(m)\leqslant\frac{1}{3}\cdot2^k\cdot3^t\cdot m\leqslant\frac{n}{3}.\end{aligned}$$

历史聚焦 1932 年, 莱梅 (D.H.Cehmer) 提出了与 $\varphi(n)$ 有关的一个至今还未证实的猜想:

不存在合数 n, 使得 $\phi(n)|(n-1)$, 即对于任何合数方程 $k\varphi(n)=n-1$ 没有关于 k 的整数解.

换句话说, 是否只有当 n 是素数时, 才有 $\phi(n)|(n-1)$, 至今未能证实.

另一方面, 我们知道当 n 是素数时, 有 $\sigma(n)=n+1$, 是否存在合数 n 使得 $(n+1)|\sigma(n)$, 至今也没有答案.

然而把两个问题结合在一起, 却有下面漂亮的结果.

命题 2.3.1 若 $n\geqslant 2$, 则 n 是素数当且仅当 $\varphi(n)|(n-1)$ 且 $(n+1)|\sigma(n)$.

证 只需证 "$\Leftarrow$".$n=2$ 显然. 现设 $n>2$, 由 $\varphi(n)|(n-1)$ 及 $\varphi(n)$ 必为偶数可知, n 必须是奇数. 若 p 是 n 的使得 $p^r|n$(其中 $r\geqslant 2$) 的奇素因数, 那么由 $\varphi(n)$ 的计算公式可知 $p^{r-1}|\varphi(n)$, 从而有 $p^{r-1}|(n-1)$, 这与 $p^{r-1}|n$ 结合起来有 $p^{r-1}|1$ 矛盾! 因此 n 必须是不同素数的乘积: $n=p_1p_2\cdots p_k$. 于是有

$$\varphi(n)=(p_1-1)(p_2-1)\cdots(p_k-1),$$

$$\sigma(n)=(p_1+1)(p_2+1)\cdots(p_k+1).$$

因此有 $2^k|\varphi(n)$, $2^k|\sigma(n)$. 如果 $k\geqslant 2$, 那么有

$$4|\phi(n),$$

所以

$$4|(n-1).$$

因此必有 4 不整除 $n+1$, 即 $n+1=2q$, 这里的 q 是奇数, 由 $(n+1)|\sigma(n)$ 及 $2^k|\sigma(n)$, 不难推得

$$2^{k-1}\left|\frac{\sigma(n)}{n+1}\right..$$

于是有

$$2^{k-1}\leqslant\frac{\sigma(n)}{n+1}<\frac{\sigma(n)}{n}=\left(1+\frac{1}{p_1}\right)\left(1+\frac{1}{p_2}\right)\cdots\left(1+\frac{1}{p_k}\right)<\left(\frac{4}{3}\right)^k,$$

这一矛盾说明必须有 $k=1$, 即 n 是素数.

2.3.2 欧拉定理与费马小定理

本段介绍同余理论中最经典的两个定理, 即欧拉定理与费马小定理.

定理 2.3.2 (欧拉定理) 设 a 是整数, m 是正整数, 如果 $(a,m)=1$, 那么

$$a^{\varphi(m)}\equiv 1(\text{mod } m).$$

证 设 $S=\{a_1,a_2,\cdots,a_{\varphi(m)}\}$ 是模 m 的一个简化系, 则由定理 2.2.2 知, $S'=\{aa_1,aa_2,\cdots,aa_{\varphi(m)}\}$ 也是模 m 的一个简化系, 所以 S' 中任一数必与 S 中某个数关于模 m 同余, 于是有

$$a^{\varphi(m)}\prod_{i=1}^{\varphi(m)}a_i=\prod_{i=1}^{\varphi(m)}(aa_i)\equiv\prod_{i=1}^{\varphi(m)}a_i(\mathrm{mod}\ m),$$

即 $m|(a^{\varphi(m)}-1)\cdot\prod\limits_{i=1}^{\varphi(m)}a_i$.

另一方面, 由简化系定义知, 对所有 $1\leqslant i\leqslant\varphi(m)$, 都有 $(a_i,m)=1$, 所以 $\left(\prod\limits_{i=1}^{\varphi(m)}a_i,m\right)=1$, 从而 $m|(a^{\varphi(m)}-1)$, 即 $a^{\varphi(m)}\equiv1(\mathrm{mod}\ m)$, 故定理成立.

定理 2.3.3 (费马小定理) 如果 a 是整数, p 是素数, 则

$$a^p\equiv a(\mathrm{mod}\ p).$$

特别地, 若 $(p,a)=1$, 则 $a^{p-1}\equiv1(\mathrm{mod}\ p)$.

证 若 $p|a$, 则 $a^p\equiv a(\mathrm{mod}\ p)$ 显然成立. 若 $(p,a)=1$, 则由欧拉定理知,

$$a^{p-1}=a^{\varphi(p)}\equiv1(\mathrm{mod}\ p),$$

即 $a^{p-1}\equiv1(\mathrm{mod}\ p)$, 用 a 乘该同余式两边即得 $a^p\equiv a(\mathrm{mod}\ p)$. 这就证明了定理.

评注 这里定理 2.3.3 称之为费马小定理, 因为还有关于不定方程的费马大定理 (后面介绍). 费马小定理, 是费马在 1640 年发现的, 但费马本人并未给出证明. 欧拉在 1760 年证明了一个更强的结果, 即定理 2.3.2, 顺带把费马小定理作为推论得到. 人们也常把定理 2.3.2 与定理 2.3.3 统称作欧拉–费马定理. 这两个定理在同余理论中的地位非常重要, 如果说算术基本定理在数论中的地位堪比微积分基本定理在微积分中的地位, 那么欧拉–费马定理的地位就相当于拉格朗日微分中值定理在微积分中的地位.

推论 2.3.1 若 p 是素数, 则

$$1^{p-1}+2^{p-1}+\cdots+(p-1)^{p-1}\equiv-1(\mathrm{mod}\ p).$$

评注 证明由费马小定理及同余的性质即可推得. 1950 年, Giuga 提出了关于上述命题的逆命题是否成立的猜想, 至今没有解决:

若 $n>1$ 且 $1^{n-1}+2^{n-1}+\cdots+(n-1)^{n-1}=-1(\mathrm{mod}\ n)$, 则 n 是否必为素数?

推论 2.3.2 若 p 是素数, 则对于任何满足 $a^p\equiv1(\mathrm{mod}\ p)$ 的正整数 a 必有 $a\equiv1(\mathrm{mod}\ p)$, 进而有 $a^p=1(\mathrm{mod}\ p^2)$.

证 若有 $a^p \equiv 1(\bmod\ p)$, 则 $(a,p)=1$, 由费马小定理有 $p|(a^{p-1}-1)$, 再由

$$a^p-1=a(a^{p-1}-1)+a-1,$$

即得 $a\equiv 1(\bmod\ p)$, 从而有

$$a^{p-1}+a^{p-2}+\cdots+a+1\equiv 0(\bmod\ p),$$

从而有

$$p^2|(a-1)(a^{p-1}+a^{p-2}+\cdots+a+1)=a^p-1.$$

例 2.3.5 求 7^{9999} 的最后三位数字.

解 由于 $\varphi(1000)=1000\cdot\left(\frac{1}{2}\right)\cdot\left(\frac{4}{5}\right)=400$, 由欧拉定理可知

$$7^{10000}=(7^{400})^{25}\equiv 1(\bmod\ 1000).$$

注意到 $7\cdot 143=1001$, 故 $7\cdot 143\equiv 1(\bmod\ 1000)$. 由同余的基本性质, 我们有

$$7^{9999}\equiv 143\cdot 7\cdot 7^{9999}\equiv 143\cdot 7^{10000}\equiv 143(\bmod\ 1000).$$

于是 7^{9999} 的十进制表示的最后三位数字是 143.

例 2.3.6 求证: 对于任意整数 n, 有 $n^7\equiv n(\bmod\ 42)$.

证 由费马小定理, $n^7\equiv n(\bmod\ 7)$. 此外

$$n^7-n=n(n^6-1)=n(n^2-1)(n^4+n^2+1)\equiv 0(\bmod\ 6),$$

从而有 $n^7-n\equiv 0(\bmod\ 42)$.

例 2.3.7 若 $(a,10)=1$, 则 $a^{100n+1}\equiv a(\bmod\ 1000)$, 其中 n 为非负整数.

证 因 $1000=8\times 125$ 及 $(a,10)=1$ 知, $(a,8)=1$ 及 $(a,125)=1$, 由欧拉定理有

$$a^{\varphi(8)}\equiv 1(\bmod\ 8)及a^{\varphi(125)}\equiv 1(\bmod\ 125).$$

由于 $\varphi(8)=4$ 及 $\varphi(125)=100$, 故有

$$a^{100n+1}\equiv (a^4)^{25n}\cdot a\equiv 1^{25}\cdot a\equiv a(\bmod\ 8),$$

$$a^{100n+1}\equiv a^{100n}\cdot a\equiv (a^{100})^n\cdot a\equiv 1^n\cdot a\equiv a(\bmod\ 125),$$

所以, 由 $(8,125)=1$ 即得 $a^{100n+1}\equiv a(\bmod\ 1000)$.

例 2.3.8 设 a, b, c, m 是正整数, $m>1$, $(b,m)=1$, $d=(a,c)$. 求证: 若

$$b^a\equiv 1(\bmod\ m),\quad b^c\equiv 1(\bmod\ m),$$

则 $b^d \equiv 1(\bmod m)$.

证 由 $(a,c)=d$, 则存在整数 x, y 使得 $ax+cy=d$ 成立, 显然 $xy<0$.

若 $x>0, y<0$, 则

$$1 \equiv b^{ax} = b^d b^{-cy} = b^d (b^c)^{-y} \equiv b^d (\bmod m).$$

若 $x<0, y>0$, 则

$$1 \equiv b^{cy} = b^d b^{-ax} = b^d (b^a)^{-x} \equiv b^d (\bmod m).$$

例 2.3.9 求证: 若 p 是素数, $p|(b^n-1)$, $n \in \mathbf{N}$, 则下面的两个结论中至少有一个成立:

(1) $p|(b^d-1)$ 对于 n 的某个因数 $d<n$ 成立;

(2) $p \equiv 1(\bmod n)$, 又若 $(2,n)=1$, $p>2$, 则 $p \equiv 1(\bmod 2n)$.

证 记 $d=(n,p-1)$, 由 $b^n \equiv 1(\bmod p)$, 知 $(b,p)=1$, 由费马小定理有 $b^{p-1} \equiv 1(\bmod p)$, 由此及例 2.3.9 有 $b^d \equiv 1(\bmod p)$. 因此, 若 $d<n$, 则结论 (1) 得证.

若 $d=n$, 则 $n|(p-1)$, 即 $p \equiv 1(\bmod n)$. 又若 $(2,n)=1$, $p>2$, 则 $p \equiv 1(\bmod 2)$. 由此及结论 $p \equiv 1(\bmod n)$, 得 $p \equiv 1(\bmod 2n)$. 结论 (2) 得证. 证毕.

评注 例 2.3.9 提供了一个求 b^n-1 的素因数的有效方法, 即 b^n-1 的素因数 p 是 b^d-1(当 $d|n$ 时) 的素因数, 或者是形如 $kn+1$ 的数 (当 $(2,n)=1$, $p>2$ 时, 是形如 $2kn+1$ 的数). 例如, 将 $2^{11}-1=2047$ 分解为素因数之积. 由 $(2,11)=1$, 若素数 $p|(2^{11}-1)$, 则 $p \equiv 1(\bmod 22)$. 因此, 素数 p 只能在数列 $23, 67, \cdots, 22k+1, \cdots$ 中取值, 又 $\sqrt{2047}<46$, 逐个用其中不超过 46 的素数去除 2047, 得到 $23|2047$, 故 $2047=23\times 89$.

又如, 将 $6^{12}-1$ 分解质因数. 由

$$6^{12}-1=(6^3-1)(6^3+1)(6^6+1)=5\times 43\times 7\times 31\times 46657,$$

46657 的素因数必为 $12k+1$ 的形式, 经检验 $46657=13\times 37\times 97$, 故

$$6^{12}-1=5\times 7\times 13\times 31\times 37\times 43\times 97.$$

2.3.3 费马小定理之逆与伪素数

费马小定理告诉我们: 若 p 是素数, 则对任何整数 a 都有 $a^p \equiv a(\bmod p)$.

人们很自然要问费马小定理的逆命题是否成立? 稍后我们将会看到答案是否定的. 这就是说, 费马小定理的逆命题不能作为素数的判别依据. 卢卡斯 (Lucas) 在 1891 年加了一个条件使其成为素数判别的依据. 先证明下述引理.

引理 2.3.1 设 d 是使得 $a^d \equiv 1 \pmod m$ 成立的最小正数. 若整数 n 满足 $a^n \equiv 1 \pmod m$, 则 $d|n$, 特别地 $d|\varphi(m)$.

证 若 $d|n$ 不成立, 则有 $n = dq + r$, $0 < r < d$. 于是有

$$a^n = a^{dq+r} = (a^d)^q \cdot a^r \equiv a^r \equiv 1 \pmod m,$$

这与条件 d 最小矛盾, 故 $r = 0$, 即 $d|n$.

再由 $a^d \equiv 1 \pmod m$, 可知 $(a, m) = 1$, 由欧拉定理有 $a^{\varphi(m)} \equiv 1 \pmod m$, 从而 $d|\varphi(m)$.

定理 2.3.4 (卢卡斯) 若 $a^{m-1} \equiv 1 \pmod m$, 且对于 $m-1$ 的真因数 d 恒有 $a^d \equiv 1 \pmod m$ 不成立, 则 m 是素数.

证 设 δ 是使得 $a^\delta \equiv 1 \pmod m$ 成立的最小正整数, 由引理 2.3.1 有 $\delta|\varphi(m)$, 由条件 $\delta = m-1$. 故 $(m-1)|\varphi(m)$, 从而有 $m-1 \leqslant \varphi(m)$. 但由欧拉函数的定义可直接推出, 当 m 是合数时, 必有 $\varphi(m) \leqslant m-2$. 这个矛盾说明 m 只能是素数.

评注 卢卡斯定理可作为素数的判别依据, 但当 m 很大时, 找出 $m-1$ 的真因数却是一件非常困难的工作. 卢卡斯的判别法还可以进一步改进, 这里不再介绍.

数学逻辑常识告诉我们, 费马小定理的逆否定理必然成立, 即

若存在整数 a 使得 $a^p \equiv a \pmod p$ 不成立, 则 p 是合数.

例如, $2^{63} = (2^6)^{10} \times 2^3 \equiv 2^3 \pmod{63}$, 因此 $2^{63} \equiv 2 \pmod{63}$ 不成立, 故 63 是合数.

这就是说, 费马小定理的逆否定理为我们提供了一个不需对整数进行分解的合数判别法. 在实践中, 通常可以从最简单的情形 $a = 2$ 开始测试, 如果存在某个 a 使得 $a^n \equiv a \pmod n$ 不成立, 那么可以肯定 n 为合数; 如果 $a^n \equiv a \pmod n$ 成立, 那么称 n 通过基 a 测试.

下面的事实告诉我们, 通过某些基 a 测试的 n 未必是素数.

命题 2.3.2 设 p, q 是两个不同的素数, a 是整数. 若有

$$a^p \equiv a \pmod q, \quad a^q \equiv a \pmod p,$$

则必有 $a^{pq} \equiv a \pmod{pq}$.

证 由费马小定理及条件有

$$a^{pq} = (a^p)^q \equiv (a)^q \equiv a \pmod p,$$

$$a^{pq} = (a^q)^p \equiv (a)^p \equiv a \pmod q,$$

再由 $(p, q) = 1$, 即得 $a^{pq} \equiv a \pmod{pq}$. 证毕.

例如, 由 $2^5 \equiv 1 \pmod{31}$ 可知 $2^{11} \equiv 2 \pmod{31}$, 又再由 $2^5 \equiv -1 \pmod{11}$ 可知 $2^{31} \equiv 2 \pmod{11}$, 由 $(11,31)=1$ 得 $2^{341} \equiv 2 \pmod{341}$, 而 $341 = 11 \times 31$ 是合数.

其实满足 $2^n \equiv 2 \pmod{n}$ 的合数在 2000 以内的还有下列诸数:

$$561 = 3 \times 11 \times 17, \quad 645 = 3 \times 5 \times 43, \quad 1105 = 5 \times 13 \times 17,$$

$$1387 = 19 \times 73, \quad 1729 = 7 \times 13 \times 19, \quad 1905 = 3 \times 5 \times 127.$$

历史趣闻 发现 $2^{341} \equiv 2 \pmod{341}$ 是 1819 年的事情. 中国古代 (2500 年前) 曾经给出未经证明的 "定理": 若 $n|(2^n-2)$, 则 n 为素数.

德国大数学家莱布尼茨 (Leibniz, 1646—1716) 在 1680 年曾为中国人赞叹不已, 并给予 "证明"."定理" 是错的, "证明" 当然错.

定义 2.3.1 如果合数 n 满足 $2^n \equiv 2 \pmod{n}$, 则称 n 是一个基 2 的伪素数.

命题 2.3.3 存在无穷多个基 2 的伪素数.

证 我们已经知道 341 是一个基 2 的伪素数, 只需证明:

若 n 是一个基 2 的伪素数, 则 $m = 2^{n-1}$ 也是一个基 2 的伪素数.

因为 n 是合数, 不妨设 $n = st$(其中 $s,t>1$), 则由

$$m = 2^n - 1 = (2^n - 1)(2^{s(t-1)} + \cdots + s^s + 1)$$

可知 m 也是合数.

因为 $2^n \equiv 2 \pmod{n}$, $m-1 = 2^n - 2$, 所以 $n|(m-1)$. 令 $m-1 = kn$, 则有

$$\begin{aligned} 2^{m-1} - 1 = 2^{kn} - 1 &= (2^n - 1)(2^{n(k-1)} + \cdots + 2^n + 1) \\ &= m(2^{n(k-1)} + \cdots + 2^n + 1), \end{aligned}$$

所以 $m|(2^{m-1}-2)$, 即 $2^m \equiv 2 \pmod{m}$. 因此 m 也是一个基 2 的伪素数.

评注 命题 2.3.3 的证明表明, 存在无穷多个基 2 的奇伪素数. 除了奇伪素数, 是否有偶伪素数? 这个问题曾长期困扰着人们. 直到 1950 年美国大数学家莱梅找到了第一个偶伪素数 161038. 他的验证基于这样的事实:

首先 $161038 = 2 \times 73 \times 1103$, 又 $2^{161037} - 1$ 能被素数 73 和 1103 整除, 故

$$2^{161038} - 2 = 2(2^{161037} - 1)$$

能被 161038 整除. 事实上, 基 2 的偶伪素数也有无穷多个.

定义 2.3.2 设整数 $a>1$. 如果一个合数 n 满足 $a^n \equiv a \pmod{n}$, 那么称 n 是一个基 a 的伪素数.

评注 如果 $(a,n)=1$, 那么定义 2.3.2 中的条件等价于 $a^{n-1} \equiv 1 \pmod{n}$.

1904 年意大利数学家奇波拉给出一种构造基 a 伪素数的方法, 即下面的命题.

命题 2.3.4 对任意整数 $a>1$, 均存在无穷多个基 a 的伪素数.

证 显然, 对任意给定的 a, 由于素数有无穷多个, 必存在奇素数 p 满足 $(p, a(a^2-1))=1$.

令 $n=\dfrac{2^{2p}-1}{a^2-1}$. 因为

$$\frac{a^{2p}-1}{2^2-1}=\frac{a^p-1}{a-1}\cdot\frac{a^p+1}{a+1},$$

所以 n 是合数. 下证 $a^n\equiv a(\bmod n)$.

首先, 有

$$(a^2-1)(n-1)=a^{2p}-a^2=a(a^{p-1}-1)(a^p+a).$$

由费马小定理知 $p|a^{p-1}-1$; 由 $p-1$ 是偶数知 $(a^2-1)|(a^{p-1}-1)$; 由 $(p,a^2-1)=1$ 可知 $p(a^2-1)|(a^{p-1}-1)$. 又显然有 $2|a^p+a$, 从而由上面的等式得

$$2p(a^2-1)|(a^2-1)(n-1),$$

故 $2p|n-1$. 令 $n-1=2pk$, 由 $a^{2p}=n(a^2-1)+1\equiv 1(\bmod n)$ 有

$$a^{n-1}=a^{2pk}=(a^{2p})^k\equiv 1(\bmod n),$$

故 $a^n\equiv a(\bmod n)$, 因此 n 是基 a 的伪素数.

由于对每个 $a>1$, 满足 $(p,a(a^2-1))=1$ 的奇素数 p 有无穷多个, 故以上作出的

$$n=\frac{a^{2p}-1}{a^2-1}$$

也有无穷多个, 从而存在无穷多个基 a 的伪素数.

评注 尽管在整个整数集中存在无穷多个以 a 为基的伪素数, 但在任意给定的范围内, 伪素数的数目比素数要少得多. 例如, 小于 10^9 的素数有 50847534 个, 但小于 10^9 的基 2 的伪素数只有 5597 个. 因此, 对随机选取的小于 10^9 的正整数 n, 如果 n 满足 $2^n\equiv 2(\bmod n)$, 那么 n 是素数的可能性将非常大. 事实上, n 为素数的概率为

$$\frac{50847534}{50847534+5597}\doteq 99.989\%.$$

如果使用这种方法来判断 n 是否是素数, 那么出错的概率将很小. 另外, 如果选择多个基 a 对 n 测试, 例如 $a=2,3,4$, 那么通过这 3 个基测试的伪素数将大大减少, 如小于 10^9 的数中仅有 685 个能通过这 3 个基测试的伪素数. 这种基于费马

小定理的素性测试方法通常称为费马素性测试, 它显然是一个概率算法. 费马素性测试的一个不足是它需要事先求出一定范围内的伪素数.

人们自然希望对每个合数 n, 都能通过不断更换基 a, 从而使得 n 不能通过某个基 a 测试. 然而事实表明, 存在合数 n, 它能通过任意基 $a(a>1)$ 测试, 卡米歇尔 (R.D.Carmichael) 最早研究了这样的数.

定义 2.3.3 设 n 是一个合数, 如果对每个正整数 a, 都有 $a^n \equiv a(\bmod n)$, 则称 n 是一个卡米歇尔数或绝对伪素数.

历史聚焦 1910 年, 卡米歇尔给出了 15 个后人称作卡米歇尔数的例子, 并猜想这样的数有无穷多个.1994 年, W.R.Alford, A.Granville 和 C.Pomerance 证明了的确存在无穷多个卡米歇尔数. 最初的 10 个卡米歇尔数分别是 561, 1105, 1729, 2465, 2821, 6601, 8911, 10585, 15841 和 29341. 小于 $10^2, 10^3, 10^4, 10^5, 10^6, 10^7$ 的卡米歇尔数的个数分别是 $0, 1, 7, 16, 43, 105$. 直到 2007 年 12 月, 人们发现共有 8220777 个小于 10^{20} 的卡米歇尔数.

下面来验证一下最小的 561 是卡米歇尔数.

事实上, $561 = 3 \times 11 \times 17$, 要对每个正整数 a 验证 $a^{561} \equiv a(\bmod 561)$, 只需验证

$$a^{561} \equiv a(\bmod 3), \quad a^{561} \equiv a(\bmod 11), \quad a^{561} \equiv a(\bmod 17)$$

即可. 对第一个同余式, 如果 $3|a$, 则显然有 $a^{561} \equiv a(\bmod 3)$, 而如果 $(3, a) = 1$, 则由费马小定理得 $a^2 \equiv 1(\bmod 3)$, 于是

$$a^{561} = (a^2)^{280} \cdot a \equiv a(\bmod 3).$$

后面两个同余式同理可验证. 关于卡米歇尔数还有许多深入研究, 这里不再介绍.

2.3.4 欧拉定理对循环小数的应用

定义 2.3.4 所谓循环小数是指这样一个无限小数 $0.a_1a_2\cdots a_n\cdots$, 存在 $s \geqslant 0$, $t > 0$ 使得

$$a_{s+i} = a_{s+kt+i}, \quad 1 \leqslant i \leqslant t, \ k \geqslant 0,$$

记为 $0.a_1a_2\cdots a_s\dot{a}_{s+1}\cdots\dot{a}_{s+t}$. 对于循环小数而言, 这样的 s 和 t 可能不止一对, 如果能找到最小的 t, 那我们就称相应的 $a_{s+1}a_{s+2}\cdots a_{s+t}$ 为循环节, t 为循环节的长度. 若最小的 s 为零, 则称为纯循环小数, 否则叫混循环小数.

利用整除和同余的基本性质以及欧拉定理, 我们可以证明下述关于循环小数的两个命题.

命题 2.3.5 有理数 a/b, $0 < a < b$, $(a, b) = 1$, 能表成纯循环小数的充要条件是 $(b, 10) = 1$, 且在可以表示的情况下, 循环节的长度 t 是满足下列同余式的最小正整数, $10^t \equiv 1(\bmod b)$.

证 先证充分性. 若 a/b 能表成纯循环小数, 则由假设和定义知

$$\frac{a}{b}=0.a_1a_2\cdots a_ta_1a_2\cdots a_t\cdots,$$

因而

$$10^t\frac{a}{b}=10^{t-1}a_1+10^{t-2}a_2+\cdots+10a_{t-1}+a_t+0.a_1a_2\cdots a_ta_1\cdots a_t\cdots=q+\frac{a}{b},$$

其中 q 为正整数. 故

$$\frac{a}{b}=\frac{q}{10^t-1},$$

即 $a(10^t-1)=bq$. 由 $(a,b)=1$, 即得 $b|(10^t-1)$, 即 $10^t\equiv 1(\bmod\ b)$, 从而 $(b,10)=1$.

下证必要性. 若 $(b,10)=1$, 则由欧拉定理知存在正整数 t 使得

$$10^t\equiv 1(\bmod\ b),\quad 0<t\leqslant\varphi(b)$$

成立. 因此 $10^ta=qb+a$, 即

$$10^t\frac{a}{b}=q+\frac{a}{b},$$

其中 $0<q<10^t\frac{a}{b}\leqslant 10^t\left(1-\frac{1}{b}\right)<10^t-1$, 故而可设

$$q=10^{t-1}a_1+\cdots+10a_{t-1}+a_t,\quad 1\leqslant a_i\leqslant 9,\ 1\leqslant i\leqslant t,$$

显然这里 $a_1,\cdots,a_{t-1},a_t$ 不全为零, 也不全为 9.

因此 $\frac{q}{10^t}=0.a_1a_2\cdots a_t$, 故而

$$\frac{a}{b}=0.a_1a_2\cdots a_t+\frac{1}{10^t}\cdot\frac{a}{b}.$$

反复应用上式即得

$$\frac{a}{b}=0.a_1a_2\cdots a_ta_1a_2\cdots a_t\cdots=0.\dot{a}_1\dot{a}_2\cdots\dot{a}_t.$$

命题 2.3.5 的前半部分得证.

下证后半部分. 若 t 是 a/b 循环节的长度, 由充分性的证明知, $10^t\equiv 1(\bmod\ b)$. 又若存在 $0<t_0<t$ 使得 $10^{t_0}\equiv 1(\bmod\ b)$, 则由必要性的证明可得 $t\leqslant t_0$, 矛盾, 故 t 是满足同余式 $10^t\equiv 1(\bmod\ b)$ 的最小正整数.

反之, 若 t 是满足 $10^t\equiv 1(\bmod\ b)$ 的最小正整数, 由必要性的证明可知, $a/b=0.\dot{c}_1\cdots\dot{c}_t$; 又若存在 $0<t_0<t$, 使得 $a/b=0.\dot{d}_1\cdots\dot{d}_{t_0}$, 则由充分性的证明可得 $10^{t_0}\equiv 1(\bmod\ b)$. 矛盾, 故 t 是 a/b 循环的长度. 证毕.

命题 2.3.6 若 a/b 是有理数, $0 < a < b$, $(a,b)=1$, $b=2^{\alpha}5^{\beta}b_1$, $(b_1,10)=1$, α,β 不全部为零, 则 a/b 可表成混循环小数, 其中不循环的位数是 $\max\{\alpha,\beta\}$.

证 不妨设 $\mu=\beta\geqslant\alpha$, 我们有

$$10^{\mu}\frac{a}{b}=\frac{2^{\beta-\alpha}}{b_1}=M+\frac{a_1}{b_1},$$

这里 $0<a_1<b_1, 0\leqslant M<10^{\mu}$, 且

$$(a_1,b_1)=(2^{\mu-\alpha}a-Mb_1,b_1)=(2^{\mu-\alpha}a,b_1)=1.$$

由命题 2.3.5, a_1/b_1 可表成纯循环小数:

$$\frac{a_1}{b_1}=0.\dot{c}_1\cdots\dot{c}_t.$$

设 $M=m_1 10^{\mu-1}+\cdots+m_{\mu}(0\leqslant m_i\leqslant 9)$, 则

$$\frac{a}{b}=0.m_1\cdots m_{\mu}\dot{c}_1\cdots\dot{c}_t.$$

下证不循环位数不小于 μ. 假如 a/b 还可表成

$$\frac{a}{b}=0.n_1\cdots n_{\nu}\dot{d}_1\cdots\dot{d}_s\quad(\nu<\mu),$$

则由命题 2.3.5 可得

$$10^{\nu}\frac{a}{b}-\left[10^{\nu}\frac{a}{b}\right]=0.\dot{d}_1\cdots\dot{d}_s=\frac{a_2}{b_2},$$

其中 $(b_2,10)=1$, 故 $10^{\nu}\dfrac{a}{b}=\dfrac{a'}{b_2}$, 即 $10^{\nu}ab_2=a'b$. 右边可被 5^{μ} 整除, 而左边的 ab_2 都与 5 互素, 故有 $5^{\mu}|10^{\nu}$, 这与 $\mu>\nu$ 矛盾.

2.3.5 欧拉定理对 RSA 体制的应用

通信手段飞速进步, 传递信息的领域日益广泛深入, 从银行存款、朋友通信、购买股票, 一直到秘密外交和间谍活动, 均需要信息编码的安全方法. 在过去, 信息编码后的密文只有发方和收方知道, 但是信息可以被外人截获, 密文被破译. 如果加密方式过于简单, 外人可以通过分析信息中每个字母出现的频率把密文破译, 这在战争中会造成非常严重的后果.

密码学的一个重大进步是发明了公钥密码体制. 这个体制的特点是保密性强, 加密程序和密钥公开, 而且在同一体制中可以供很多客户使用. 公开密钥体制由美国年轻数学家与计算机专家棣弗 (W.Diffe) 和赫尔曼 (M.Hellman) 于 1976 年首先提出.

公开密钥体制的思想说起来也很简单, 即用于加密的密钥不同于用于解密的密钥, 加密密钥可以公开, 陌生者能用加密密钥加密信息, 但解密密钥不能根据加密密钥计算出来 (至少在合理假定的长时间内). 也就是说, 只有用相应的解密密钥才能解密信息, 但从公钥中推导出私钥是很难的. 因此, 棣弗和赫尔曼提出的公开密钥体制的关键是使用 “单向” 函数 E(单向函数 E 是一个可逆函数, 但是它的逆函数 $D=E^{-1}$ 非常难以求出) 作为密钥. 具体来说, 公开密钥并公之于众, 但是把 E_i 的逆函数 D_i 作为自己的解密密钥保存起来, 不让外人知道, 于是, 计算机网络系统将 n 个用户的加密密钥 $E_i(1\leqslant i\leqslant n)$ 装订成册, 就像电话本一样可供大家查找和使用, 所以每个用户 A_i 只需保存自己的一个解密密钥 D_i 即可. 当 A_i 把信息 x 传给 A_j 时, A_i 在网络系统密钥本上可以查到 A_j 的加密密钥 E_j, A_i 把密文 $y=E_j(x)$ 传给 A_j.A_j 收到密文 y 后, 利用自己的解密密钥 D_j, 将密文 y 还原为明文 x. 而其他人即使知道是由 A_i 传给 A_j 的, 也能查到 E_j, 但很难求出 $D_j=E_j^{-1}$, 所以很难恢复明文 x.

公开密钥体制使用两种不同的密钥, 加密和解密间的关系取决于所利用的数学理论, 这种密码体制被称为非对称密钥体制. 它的最大特点是: 将加密密钥公开, 加密密钥可以公开传播而不危及密码体制的安全性, 解密密钥则由每个用户自己严加保密, 在通信之前无需要求发送和接收双方交换它们的密钥. 因此, 公开密钥体制的提出, 克服了传统密码体制中密钥管理困难的缺陷, 是密码学上的一个重大突破.

就在公开密钥体制被提出的一年之后的 1977 年, 美国麻省理工学院 (MIT) 的里维斯 (R.Rivest)、沙米尔 (A.Shamin) 和阿德曼 (L.Adleman) 依据棣弗和赫尔曼的设想提出了一种有效的公开密钥方案, 后来人们用他们三人的名字的字头为该方案命名, 简称为 RSA 体制. RSA 体制的理论基础的最核心部分就是欧拉定理.

接下来我们对 RSA 体制予以简单介绍. RSA 体制的具体实现过程如下:

(1) 选定两个不同的大素数 (一般要超过 100 位)p 和 q(保密);

(2) 计算 $n=pq$(公开 n), 计算欧拉函数 $\varphi(n)=(p-1)(q-1)$(保密);

(3) 随机选取正整数 $e(1<e<\varphi(n))$, 使得 $(e,\varphi(n))=1$(e 是公开的加密密钥, 即公钥);

(4) 计算出 d, 使其满足 $ed\equiv 1(\bmod\ \varphi(n))$, 其中 d 是保密的解密密钥 (即私钥);

(5) 加密变换. 设明文信息为 $x\in\mathbf{Z}(0\leqslant x\leqslant n-1)$, 则密文为

$$E(x)\equiv x^e\equiv y(\bmod\ n)\quad(0\leqslant y\leqslant n-1);$$

(6) 解密变换. 对密文 $y\in\mathbf{Z}(0\leqslant y\leqslant n-1)$ 解密, 明文为

$$D(y)\equiv y^d\equiv x(\bmod\ n)\quad(0\leqslant x\leqslant n-1).$$

评注 在第 3 章我们将会介绍可供不同用户使用的 (e,d) 有 $\varphi(\varphi(n))$ 对, 以及求出 (e,d) 的具体方法.RSA 体制的可实现性是由以下定理保证的.

命题 2.3.7 RSA 体制中的解密变换 $D(y)$ 与加密变换 $E(x)$ 互为逆变换.

证 由于 $n=pq$, 且 $(p,q)=1$, 故 $\varphi(n)=\varphi(pq)=\varphi(p)\varphi(q)$. 又由 $ed\equiv 1(\text{mod }\varphi(n))$ 得

$$ed=1+t\varphi(n)=1+t\varphi(p)\varphi(q)\quad(t\in\mathbf{N}).$$

当 $(x,p)=1$ 时, 由欧拉定理有 $x^{\varphi(p)}\equiv 1(\text{mod }p)$, 故 $x^{ed}\equiv x(\text{mod }p)$;

当 $(x,p)>1$ 时, 即 $(x,p)=p$, 也即 $p|x$, 显然有 $x^{ed}\equiv x(\text{mod }p)$. 同理, 对任意正整数 x 有 $x^{ed}\equiv x(\text{mod }q)$. 因此, 对任意正整数 x, 有 $x^{ed}\equiv x(\text{mod }pq)$, 亦即 $x^{ed}\equiv x(\text{mod }n)$.

由 $x^{e}\equiv y(\text{mod }n)$ 得 $x^{ed}\equiv y^{d}(\text{mod }n)$, 故 $y^{d}\equiv x(\text{mod }n)$.

反之, 由 $y^{d}\equiv x(\text{mod }n)$, 得 $y^{ed}\equiv x^{e}(\text{mod }n)$. 又由 $ed\equiv 1(\text{mod }\varphi(n))$, 得 $y^{ed}\equiv y(\text{mod }n)$, 故 $x^{e}\equiv y(\text{mod }n)$. 因此定理结论成立. 证毕.

评注 在 RSA 公开密钥方案中 n 和 e 是公开的, 由 e 求 d 需要解同余式

$$ed\equiv 1(\text{mod }\varphi(n)),$$

但这必须知道 $\varphi(n)=(p-1)(q-1)$ 的值. 由于分解大整数 n 为素数 p 和 q 的积非常困难, 大到甚至在当今技术下, 在超级计算机也无法实现. 故外人无法知道 p, q, 从而无法知道 $\varphi(n)$. 而在不知道 $\varphi(n)$ 的情况下由 e 求 d 是相当困难的, 这就在一定程度上保证了 RSA 体制的安全性. 当今庞大的国际数据通信网络能安全运行, 其原因就是依赖于数学家尚未找到大整数的因子分解的有效算法, 同时却由较好的算法能容易地找到大的素数.

公开密钥体制的提出不仅解决了大量密钥的保存和管理问题, 而且还解决了信息传送中的另一个问题, 即数字签名和身份认证问题.

设想 A_1 方发信息给 A_2 方, 向 A_2 方借一笔钱, 那么 A_2 方需要确信这条信息来自 A_1 方, 以免 A_1 方事后否认. 在现实生活中, 人们可以在借条上签名或按手印, 但在当今广泛采用电子通信的背景下如何确定对方的身份呢? 公开密钥体制提出之前, 身份认证问题一直没有很好的解决办法. 如今采用公开密钥体制做身份认证就变得很简单:

(1) A_1 方向 A_2 方传送信息 x 之前, 先用自己的私钥 d_1 作用于信息 x, 即计算

$$x^{d_1}\equiv y(\text{mod }n)\quad(0\leqslant y\leqslant n-1),$$

这就是 A_1 方的数字签名.

(2) A_1 方把 y 发送给 A_2 方, A_2 方收到信息 y 后, 在公钥本上查到 A_1 方的公钥 e_1, 作用于 y, 即计算

$$y^{e_1} \equiv (x^{d_1})^{e_1} \equiv x^{e_1 d_1} \equiv x (\mathrm{mod}\ n),$$

从而得到明文 x, 便可确认此信息来自 A_1 方. 由于其他人不知道 A_1 方的私钥 d_1, 所以无法伪装 A_1 方进行签名.

在公开密钥体制下, 传送方可以同时对信息进行签名和加密. 例如, 如果 A_1 方要向 A_2 方传送信息 $x(0 \leqslant x \leqslant n-1)$, A_1 方可先签名, 即计算

$$x^{d_1} \equiv y (\mathrm{mod}\ n) \quad (0 \leqslant y \leqslant n-1),$$

再加密, 即计算

$$y^{e_2} \equiv z (\mathrm{mod}\ n) \quad (0 \leqslant z \leqslant n-1),$$

然后把密文 z 传给 A_2 方. 当 A_2 方收到密文 z 后, 依次作用私钥 d_2 和 A_1 方的公钥 e_1, 即计算

$$(z^{d_2})^{e_1} \equiv (y^{e_2 d_2})^{e_1} \equiv y^{e_1} \equiv x^{d_1 e_1} \equiv x (\mathrm{mod}\ n) \quad (0 \leqslant x \leqslant n-1),$$

便得到明文 x. 对于 A_2 方来说, 上述认证过程是容易的, 因为只有 A_2 方自己才知道解密密钥 d_2, 由于 A_2 方看到明文 x, 从而认证了 A_1 方的身份.

这里举一个具体的例子给予说明.

不妨取 $p=13$, $q=17$(为了说明问题方便, 我们在这里取两个小素数), $n=pq=221$, 而 $(p-1)(q-1)=12 \cdot 16=192$. 容易验证

$$7 \cdot 55 \equiv 13 \cdot 133 \equiv 25 \cdot 169 \equiv 1 (\mathrm{mod}\ 192),$$

故可以取 $(e_1, d_1)=(7,55)$, $(e_2, d_2)=(13,133)$ 和 $(e_3, d_3)=(25,169)$, 分别作为用户 A_1, A_2, A_3 的密钥对. 将 $n=221$, $e_1=7$, $e_2=13$ 和 $e_3=25$ 均公开. 而 $d_1=55$, $d_2=133$ 和 $d_3=169$ 分别为用户 A_1, A_2 和 A_3 的私钥.

当 A_1 将明文 $x=60$ 发给用户 A_2 时, 按两种不同需要操作如下:

(1) 如果需要加密, 则 A_1 查到 A_2 的公钥 $e_2=13$, 计算 $y=x^{e_2} \equiv 60^{13} (\mathrm{mod}\ 221)$. 通常这种模 221 的方幂运算采用如下办法进行:

将 13 作 2 进制展开: $13=1+4+8$. 先算好

$$60^2=3600 \equiv 64 (\mathrm{mod}\ 221),$$

$$60^4 \equiv 64^2 \equiv 118 (\mathrm{mod}\ 221),$$

$$60^8 \equiv 118^2 \equiv 1 (\mathrm{mod}\ 221),$$

于是

$$y = 60^{13} = 60^{1+4+8} \equiv 60 \cdot 118 \cdot 1 \equiv 30 \cdot 236 \equiv 30 \cdot 15 \equiv 8 (\mathrm{mod}\ 221),$$

从而用户 A_1 把密文 $y = 8$ 发给用户 A_2.

用户 A_2 收到 y 之后, 用自己的私钥 $d_2 = 133$ 作运算 $y^{d_2} \equiv 8^{133} (\mathrm{mod}\ 221)$. 由于 $133 = 1 + 4 + 128$, 而

$$8^2 = 64, \quad 8^4 = 64^2 \equiv 118 (\mathrm{mod}\ 221), \quad 8^8 \equiv 118^2 \equiv 1 (\mathrm{mod}\ 221).$$

于是有

$$y^d = 8^{133} = 8^{1+4+128} \equiv 8 \cdot 118 \equiv 4 \cdot 236 \equiv 4 \cdot 15 \equiv 60 (\mathrm{mod}\ 221),$$

这样用户 A_2 可以恢复成明文 $x = 60$.

(2) 如果用户 A_1 需要签名, 则 A_1 把明文 $x = 60$ 用自己的私钥 $d_1 = 55$ 作签名, 得到

$$\begin{aligned} y = 60^{55} = 60^{1+2+4+16+32} &\equiv 60 \cdot 64 \cdot 118 (\mathrm{mod}\ 221) \\ &\equiv 30 \cdot 64 \cdot 15 \equiv 450 \cdot 64 \equiv 8 \cdot 64 \equiv 70 (\mathrm{mod}\ 221), \end{aligned}$$

所以用户 A_1 将 $y = 70$ 发给用户 A_2.

用户 A_2 收到 $y = 70$ 之后, 为了认证信息来源于用户 A_1, 查到 A_1 的公钥 $e_1 = 7$ 并将它作用于 $y = 70$, 计算

$$y^{e_1} \equiv 70^7 \equiv 60 (\mathrm{mod}\ 221).$$

发现 $60 = x$ 是明文, 便知信息来自用户 A_1.

2.3.6 欧拉函数基础训练与拓展

1. 求 $\sum_{k=1}^{105} \left[\dfrac{1}{(105, k)} \right]$ 的值 ($[x]$ 表示不超过 x 的最大整数).

2. 当 $m > 2$ 时, 证明 $\varphi(m)$ 是偶数.

3. 把分数 $\dfrac{3}{2^2 \times 7}$ 表成小数, 指出它是 “纯循环小数” 还是 “混循环小数”, 求出其循环节的长度, 并将 $\dfrac{3}{2^2 \times 7}$ 写成小数的形式.

4. 如果今天是星期一, 问从今天起再过 $10^{10^{10}}$ 天是星期几?

5. 设 $1 < d < n$, $d|n$, 证明：$\varphi(d)|\varphi(n)$.

6. 已知 $a=18$, $m=77$, 求使 $a^x \equiv 1 \pmod{m}$ 成立的最小自然数 x.

7. 设 n 是正整数, 记 $F_n = 2^{2^n}+1$, 则 $2^{F_n} \equiv 2 \pmod{F_n}$.

8. 设 p, q 是两个不相等的奇素数, $(p-1)|(q-1)$, 且 $(n,pq)=1$. 求证：$n^{q-1} \equiv 1 \pmod{pq}$.

9. 设 p 是素数, 且 $a^p \equiv b^p \pmod{p}$, 证明 $a^p \equiv b^p \pmod{p^2}$.

10. 设 m, n 为正整数. 求证：若 $(m,n)=1$, 则 $m^{\varphi(n)} + n^{\varphi(m)} \equiv 1 \pmod{mn}$.

11. 求 3^{496} 被 425 除得的余数 (其中 $425=17\cdot 25$).

12. 设 $\left\{x_1, x_2, \cdots, x_{\varphi(m)}\right\}$ 是模 m 的简化剩余系, 则

$$(x_1 x_2 \cdots x_{\varphi(m)})^2 \equiv 1 \pmod{m}.$$

13. 求证：当 n 是合数时有 $\varphi(n) \leqslant n - \sqrt{n}$.

14. 设 m 是正奇数 $(m>1)$, 证明：存在 $\varphi(m)$ 个整数, 它们既是模 m 的一个简化剩余系, 又是模 $2m$ 的一个简化剩余系.

第 3 章

同 余 方 程

在代数中，求解代数方程是其核心问题. 同样地，求解同余方程也是初等数论的核心问题. 同余方程还是运用同余思想来研究数论问题的途径与方法，而且也是公钥密码学的最重要的理论基础. 同余方程的求解方法在许多密码算法的设计与分析中具有重要应用. 因此，研究同余方程既有数学理论价值又有实际应用价值.

本章介绍同余方程的基本理论及其应用，主要内容包括：一次同余方程、一次同余方程组与中国剩余定理、高次同余方程、二次剩余与二次同余方程及原根与离散对数.

3.1 一次同余方程

本节着重讨论一次同余方程

$$ax \equiv b \pmod{m} \tag{3.1.1}$$

的求解理论及应用. 其中，a, b 是整数，m 是正整数，而且 m 不整除 a.

评注 一次同余方程理论及其求解方法都很简单，然而它却是研究所有其他同余方程的理论基础.

首先建立一般同余方程解的概念.

定义 3.1.1 设 $f(x)$ 是定义在整数集上取整数值的数论函数，m 是正整数. 若整数 a 满足

$$f(a) \equiv 0 \pmod{m},$$

则称 a 是同余方程 $f(x) \equiv 0 \pmod{m}$ 的一个解.

评注 在一般情况，求解同余方程是很复杂的，没有一般的通用方法，因此在数论中仅限于讨论整系数多项式同余方程.

利用同余的基本性质，不难推得关于整系数同余方程，具有下述简单的性质：

(1) 若 a 是同余方程 $f(x) \equiv 0(\bmod m)$ 的一个解, 则对所有满足 $a' \equiv a(\bmod m)$ 的整数 a' 也是该同余方程的解;

(2) 若同余方程 $f(x) \equiv 0(\bmod m)$ 有解, 而且正整数 $d|m$, 则同余方程 $f(x) \equiv 0(\bmod d)$ 也有解.

评注 性质 (1) 告诉我们, 同余方程的一个解是指一个同余类, 两个解不相同, 就是指两个不相同的同余类. 性质 (2) 称为同余方程解的必要条件, 在同余方程求解中经常用到.

3.1.1 方程系数与模互素的一次同余方程

首先建立方程系数与模互素的一次同余方程解的存在唯一性定理.

定理 3.1.1 (1) 若 $(a, m)=1$, 则同余方程 (3.1.1) 有唯一解:

$$x \equiv b a^{\varphi(m)-1}(\bmod m) \quad (\text{其中 } \varphi(m) \text{ 是欧拉函数});$$

(2) 若 $(a, m)=1$, 则同余方程

$$m y \equiv b(\bmod a)$$

也有解 $y \equiv b m^{\varphi(a)-1}(\bmod a)$, 而且

$$x \equiv \frac{b-m y}{a}(\bmod m)$$

就是同余方程 (3.1.1) 的唯一解.

证 (1) 由欧拉定理有

$$a\left(b a^{\varphi(m)-1}\right) \equiv b a^{\varphi(m)} \equiv b(\bmod m).$$

再证唯一性. 记 $x_0 \equiv b a^{\varphi(m)-1}(\bmod m)$, 若 x' 是方程 (3.1.1) 的另一个解, 则有

$$a\left(x_0'-x'\right) \equiv 0(\bmod m).$$

由 $(a, m)=1$ 可得 $x' \equiv x_0(\bmod m)$.

(2) 把 $x \equiv \dfrac{b-m y}{a}(\bmod m)$ 代入同余方程 $a x \equiv b(\bmod m)$ 即得.

评注 在方程系数与模互素的情形下, 定理 3.1.1 提供了同余方程 (3.1.1) 的两种解法, 即公式法与等价方程法. 等价方程法的本质就是把求最大公因数的辗转相除法应用到同余方程的求解中. 下面再介绍几种常用的一次同余方程求解方法:

(1) 穷举法. 令未知数 x 依次取 $x=0,1, \cdots, m-1$ 代入方程 $a x \equiv b(\bmod m)$ 进行验证, 此时若有整数 $r(0 \leqslant r \leqslant m-1)$, 使得当 $x=r$ 时方程 $a x \equiv b(\bmod m)$

成立, 则 $x \equiv r \pmod{m}$ 即为方程 $ax \equiv b \pmod{m}$ 的解. 该方法仅适用于模 m 较小的情形, 当模 m 的数值很大时, 此法所需的计算量较大. 通常也用模 m 的绝对值最小完全系中的数代入验证.

(2) **辗转相除法**. 由于 $(a,m)=1$, 所以可以运用辗转相除法求出适合 $au+mv=1$ 的整数 u 和 v. 此时, $x \equiv bu \pmod{m}$ 即为同余方程 $ax \equiv b \pmod{m}$ 的整数解. 当 a, m 的数值很大时, 计算量较大, 回代的过程也较麻烦. 遇到这种情形, 不妨运用等价方程法, 再结合观察法将会带来方便.

(3) **同余变形法 (形式分数法)**. 首先, 将同余方程 $ax \equiv b \pmod{m}$ 写成 $x \equiv \frac{b}{a} \pmod{m}$ 的形式; 然后, 在 $\frac{b}{a}$ 的分子或分母位置上加上 m 的适当倍数 (或者分子分母同时乘以一个与 m 互素的非零整数), 使得通过约分后 (或者分子分母同时模 m 后) 所得新分数的分母的绝对值逐渐变小. 如果变形后的新分母为 1 或 -1, 分子为 r, 则此时可得同余方程 $ax \equiv b \pmod{m}$ 的解为 $x \equiv r \pmod{m}$ 或 $x \equiv -r \pmod{m}$. 该方法的本质, 其实就是对同余方程两边不断作同余等价变换. 此法在一次同余方程的求解中往往比较有效!

例 3.1.1 试用不同方法求解同余方程 $8x \equiv 9 \pmod{11}$.

解 (1) **穷举法**. 将 $x=0,1,2,\cdots,10$ 分别代入同余方程, 易知当 $x=8$ 时,

$$8\times 8 = 64 \equiv 9 \pmod{11},$$

除此之外, 其他数都不适合原同余方程. 故 $x \equiv 8 \pmod{11}$ 是原同余方程的解.

(2) **辗转相除法**. 由于 $11 = 1\times 8+3,\ 8=2\times 3+2,\ 3=1\times 2+1$, 经逆推计算可得 $(-4)\times 8 + 3\times 11 = 1$, 即 $8\times(-4)\times 9 + 11\times 3\times 9 = 9$. 因此

$$x \equiv (-4)\times 9 \equiv -3 \equiv 8 \pmod{11}$$

是原同余方程的解.

(3) **公式法**. 由 $\varphi(11)=10$ 得

$$x \equiv 9\times 8^9 \equiv 9\times(-3)^9 \equiv 9^5\times(-3) \equiv (-2)^5\times(-3) \equiv -3 \equiv 8 \pmod{11}.$$

(4) **同余变形法**.$x \equiv \dfrac{9}{8} \equiv \dfrac{9+11}{8} \equiv \dfrac{5}{2} \equiv \dfrac{5+11}{2} \equiv 8 \pmod{11}$.

(5) **等价方程法**. 解 $11y \equiv 9 \pmod{8}$ 即 $3y \equiv 1 \pmod{8}$, 易见 $y \equiv 3 \pmod{8}$ 是其解, 从而有

$$x \equiv \frac{9-3\times 11}{8} \equiv -3 \equiv 8 \pmod{11}.$$

例 3.1.2 解下列同余方程

(1) $325x \equiv 20 \pmod{161}$;

(2) $11x \equiv 217 \pmod{1732}$.

解 (1) 原同余方程等价于

$$3x \equiv 20 \pmod{161},$$

解同余方程 $161y \equiv 20 \pmod 3$, 该方程等价于 $2y \equiv 2 \pmod 3$, 即 $y \equiv 1 \pmod 3$.

把 $y \equiv 1 \pmod 3$ 代入 $x = \dfrac{b - ym}{a} \pmod m$ 中, 即得

$$x \equiv \frac{20 - 161}{3} \equiv -47 \equiv 114 \pmod{161}.$$

(2) 解同余方程 $1732y \equiv 217 \pmod{11}$, 即解

$$5y \equiv 8 \pmod{11},$$

再解同余方程 $11u \equiv 8 \pmod 5$, 即得 $u \equiv 3 \pmod 5$.

把 $u \equiv 3 \pmod 5$ 又代入等价方程法的计算公式得

$$y \equiv \frac{8 - 3 \times 11}{5} \equiv -5 \equiv 6 \pmod{11},$$

再把 $y \equiv 6 \pmod{11}$ 代入等价方程法的计算公式得

$$x \equiv \frac{217 - 6 \times 1732}{11} \equiv -925 \equiv 807 \pmod{1732}.$$

3.1.2 方程系数与模不互素的一次同余方程

在这一段中, 我们将建立方程系数与模不互素情形下的一次同余方程解的充要条件及其求解方法.

定理 3.1.2 若 $(a, m) = d$, 则同余方程

$$ax \equiv b \pmod m$$

有解, 当且仅当 $d|b$. 进一步, 在 $d|b$ 的情形下, 该方程有 d 个解.

特别地, 同余方程 $ax \equiv 1 \pmod m$ 有解当且仅当 $(a, m) = 1$.

证 若同余方程 (3.1.1) 有解, 则 $ax \equiv b \pmod d$ 也有解, 由 $d|a$ 得 $b \equiv 0 \pmod d$, 即 $d|b$; 反之, 若 $d|b$, 由 $(a, m) = d$, 可设 $a = d\alpha$, $m = d\mu$, $b = d\beta$. 方程 (3.1.1) 等价于

$$\alpha x \equiv \beta \pmod \mu, \tag{3.1.2}$$

易见 $(\alpha, \mu) = 1$. 由定理 3.1.1 方程 (3.1.2) 有唯一解. 设

$$x \equiv r \pmod \mu \quad (0 \leqslant r \leqslant \mu - 1)$$

是方程 (3.1.2) 的唯一解, 所以 $\mu|(\alpha r-\beta)$, $d\mu|d(\alpha r-\beta)$, 也就是 $m|(ar-b)$. 故方程 (3.1.2) 的解就是方程 (3.1.1) 的解. 但在 $0,1,2,\cdots,m-1$ 这些数内有 d 个数

$$r,\mu+r,2\mu+r,\cdots,(d-1)\mu+r$$

都是方程 (3.1.2) 的解, 从而也都是方程 (3.1.1) 的解. 不过这 d 个解对于方程 (3.1.2) 是一个解, 但对方程 (3.1.1) 来说, 却是 d 个不同的解. 因为这是方程 (3.1.1) 在 m 的最小非负完全系内全部的根, 故方程 (3.1.1) 恰有 d 个根.

例 3.1.3 解下列同余方程

(1) $111x\equiv 75(\bmod 321)$; (2) $78x\equiv 57(\bmod 93)$.

解 (1) 因 $(111,321)=3$, $3|75$, 故由原式得

$$37x\equiv 25(\bmod 107),$$

从而

$$x\equiv\frac{25}{37}\equiv\frac{75}{111}\equiv\frac{-32}{4}\equiv -8\equiv 99(\bmod 107),$$

所以原方程的三个解是

$$x\equiv 99,206,313(\bmod 321).$$

(2) 由 $(78,93)=3$, $3|57$ 可得原方程有解. 用 3 除原式得

$$26x\equiv 19(\bmod 31),$$

故

$$x\equiv\frac{19}{26}\equiv\frac{-12}{-5}=\frac{-72}{-30}\equiv\frac{-10}{1}\equiv 21(\bmod 31),$$

所以原方程的三个解是

$$x\equiv 21,52,83(\bmod 93).$$

接下来我们利用一次同余方程的解给出构造模 m 简化系的一种方法.

命题 3.1.1 设 $m>0$, $(a,m)=1$, $(b,m)=1$, $ax\equiv b(\bmod m)$ 的解记作 $x=x(a,b,m)$, 其中 b 是固定的整数, 若 a 通过 m 的简化系, 则 x 亦通过模 m 的简化系.

特别地, 当 $b=1$ 时, $ax\equiv 1(\bmod m)$ 的解通常用 a^{-1} 表示, 即 a 对模 m 的逆. 于是当 a 通过模 m 的简化系时, a 的逆元 a^{-1} 也通过模 m 的简化系.

证 设 $(a_1,m)=1$, $(a_2,m)=1$, x_1, x_2 分别表示 $a_1x\equiv b(\bmod m)$ 及 $a_2x\equiv b(\bmod m)$ 的解. 要证当 $a_1\equiv a_2(\bmod m)$ 不成立时, 必有 $x_1\equiv x_2(\bmod m)$ 不成立.

用反证法. 若 $x_1 \equiv x_2 (\bmod\ m)$, 则由 $a_1x_1 \equiv a_2x_2 (\bmod\ m)$ 推出 $a_1x_1 \equiv a_2 x_1 (\bmod\ m)$. 因为 $(b, m) = 1$, 所以 $(x_1, m) = 1$, 因此必有

$$a_1 \equiv a_2 (\bmod\ m).$$

与假设矛盾, 命题得证.

3.1.3 一次同余方程对 RSA 体制的应用

在 2.3.4 节中, 我们介绍欧拉定理对 RSA 体制应用时, 提到 RSA 公钥体制的密钥对 $\{e, d\}$ 满足

$$ed \equiv 1 (\bmod\ \varphi(m)),$$

其 $n = pq$, p, q 为素数, $\varphi(n) = (p-1)(q-1)$.

我们也提及这样的密钥对共有 $\varphi(\varphi(n))$ 对, 这里将用一次同余方程的理论给予论证.

首先, 由定理 3.1.2, 我们知道若 $ed \equiv 1 (\bmod\ \varphi(n))$, 则必有 $(e, \varphi(n)) = 1$, $(d, \varphi(n)) = 1$. 接下来, 我们需要建立下述定理.

命题 3.1.2 在上述假设下, 若 $e \equiv e' (\bmod\ \varphi(n))$, 则对任何整数 x 都有 $x^e \equiv x^{e'} (\bmod\ n)$.

证 由 $ed \equiv 1 (\bmod\ \varphi(n))$ 可知

$$ed \equiv (p-1)(q-1)N + 1,$$

其中 N 为整数. 再由 $e \equiv e' (\bmod\ \varphi(n))$ 可设

$$e = s(p-1)(q-1) + e',$$

其中 s 为整数. 当 $(x, p) = 1$ 时, 由费马小定理必有 $x^{p-1} \equiv 1 (\bmod\ p)$, 于是有

$$x^e \equiv x^{s(p-1)(q-1)+e'} \equiv x^{e'} (\bmod\ p).$$

若 $(x, p) \neq 1$, 则 $p|x$, 此时 $x^e \equiv 0 \equiv x^{e'} (\bmod\ p)$. 于是对任何整数 x 都有

$$x^e \equiv x^{e'} (\bmod\ p).$$

同理可证对于任何整数 x 都有

$$x^e \equiv x^{e'} (\bmod\ q),$$

再由 $(p, q) = 1$, 可知对任何整数 x 都有

$$x^e \equiv x^{e'} (\bmod\ n).$$

证毕.

评注 命题 3.1.2 告诉我们, 对于模 m 同一个同余类中的两个正整数 e 和 e' 用其做密钥时, 所起的作用是一样的. 因此, 只取 $0 \leqslant e \leqslant \varphi(n)-1$, $(e,\varphi(n))=1$. 故 e 只能取 $1,2,\cdots,\varphi(n)$ 当中与 $\varphi(n)$ 互素的正整数, 这样的 e 一共有 $\varphi(\varphi(n))=\varphi((p-1)(q-1))$ 个. 对每个选定的 e, 满足 $ed\equiv 1(\text{mod } \varphi(n))$ 的 d 即是同余方程 $ex\equiv 1(\text{mod } \varphi(n))$ 的解. 由同余方程解的意义, 可知它的解是模 $\varphi(n)$ 的一个同余类.

同样地, 当 $d\equiv d'(\text{mod } \varphi(n))$ 时, 对每个整数 y, $y^d\equiv y^{d'}(\text{mod } n)$. 所以我们也取 $0\leqslant d\leqslant \varphi(n)-1$. 这时有唯一的 d 满足 $ed\equiv 1(\text{mod } \varphi(n))$. 这就表明: 在 RSA 公钥方案当中, 当 $n=pq$ 时, 密钥对 $\{e,d\}$ 一共有 $\varphi(\varphi(n))=\varphi((p-1)(q-1))$ 个.

3.1.4 一次同余方程基础训练与拓展

1. 解同余方程

(1) $31x\equiv 5 \ (\text{mod } 17)$; (2) $3215x\equiv 160 \ (\text{mod } 235)$.

2. 解同余方程组

(1) $\begin{cases} 3x+5y\equiv 1(\text{mod } 7), \\ 2x-3y\equiv 2(\text{mod } 7); \end{cases}$ (2) $\begin{cases} 3x+5y\equiv 38(\text{mod } 47), \\ x-y\equiv 10(\text{mod } 47). \end{cases}$

3. 设 $a>0$, 且 $(a,\ m)=1$, a_1 是 m 对模 a 的最小非负剩余, 则同余方程 $a_1x\equiv -b\left[\dfrac{m}{a}\right](\text{mod } m)$ (1) 等价于同余方程 $ax\equiv b \ (\text{mod } m)$ (2).

4. 设 p 是素数, $0<a<p$, 证明:

$$x\equiv b(-1)^{a-1}\frac{(p-1)(p-2)\cdots(p-a+1)}{a!}(\text{mod} p)$$

是同余方程 $ax\equiv b \ (\text{mod } p)$ 的解.

5. 证明: 同余方程 $a_1x_1+a_2x_2+\cdots+a_nx_n\equiv b \ (\text{mod } m)$ 有解的充要条件是

$$(a_1,\ a_2,\ \cdots,\ a_n,\ m)=d|b.$$

若有解, 则恰有 $d\cdot m^{n-1}$ 个解, mod m.

6. 解同余方程: $2x+7y\equiv 5 \ (\text{mod } 12)$.

7. 设 m 是正整数, τ 是实数, $1\leqslant \tau\leqslant m$, $(a,m)=1$. 证明同余式

$$ax\equiv y(\text{mod } m),\quad 0\leqslant x\leqslant \tau, 0<|y|<\frac{m}{\tau}$$

有解.

3.2 一次同余方程组与中国剩余定理

背景聚焦 “物不知数”.

中国古代数学名著《孙子算经》(作者与出版年代已无法考证, 有人说是写《孙子兵法》的作者孙武 (约公元前 545— 公元前 470) 的作品, 也有人认为这是公元 4 世纪 (东晋) 的作品, 比孙武的《孙子兵法》要晚得多) 中有一道影响深远的著名问题, 即 “物不知数” 问题:

“今有物, 不知其数. 三三数之剩二, 五五数之剩三, 七七数之剩二, 问物几何.”“答曰: 二十三.” 该书中不仅给出了这个问题的答案, 还给出了具体解法:

“术曰: 三三数之剩二, 置一百四十; 五五数之剩三, 置六十三; 七七数之剩二, 置三十, 并之得二百三十三, 以二百十减之, 即得. 凡三三数之剩一则置七十; 五五数之剩一则置二十一; 七七数之剩一则置十五. 一百六以上, 以一百五减之, 即得.”

从这些文字可以看出 “物不知数” 问题的答案 23 是怎么得来的:

$$70 \times 2 + 21 \times 3 + 15 \times 2 - 105 \times 2 = 233 - 210 = 23.$$

我国明代数学家程大位在《算法统宗》(1592) 一书中用歌诀形式写出 “物不知数” 问题的解法:

三人同行七十稀,
五树梅花廿一枝.
七子团圆正月半,
除百零五便得知.

这个歌诀的意义用同余式表示就是

$$x \equiv 70a + 21b + 15c (\text{mod } 105).$$

“物不知数” 问题的求解, 其实质就是一次同余方程组的求解. 一次同余方程组的核心是中国剩余定理 (也称孙子定理), 中国剩余定理的思想非常深刻, 它是求解高次同余方程理论及其方法论的基础, 而且有广泛的实际应用.

3.2.1 中国剩余定理

先建立一次同余方程组及其解的概念.

定义 3.2.1 设 $m_1, m_2, \cdots, m_k$ 是大于 1 的正整数, $a_1, a_2 \cdots, a_k$ 是整数, 由 $k(k \geqslant 2)$ 个一元一次同余方程联立而成的同余式

$$\begin{cases} x \equiv a_1 (\text{mod } m_1), \\ x \equiv a_2 (\text{mod } m_2), \\ \qquad \vdots \\ x \equiv a_k (\text{mod } m_k), \end{cases} \tag{3.2.1}$$

称之为一元一次同余方程组.

对于整数 a 如果当 $x=a$ 时, 方程组 (3.2.1) 中的每个同余方程都成立, 则称 $x=a$ 是同余方程组 (3.2.1) 的公共解.

评注 设 $M=[m_1,\cdots,m_k]$, 如果 $x\equiv a(\mathrm{mod}\ m)$ 是方程组 (3.2.1) 的公共解, 则显然

$$x=a+qM, \tag{3.2.2}$$

都是方程组 (3.2.1) 的公共解. 因此, 下面将所有形如 (3.2.1) 的公共解统称为同余方程组 (3.2.1) 的一个解, 记为 $x\equiv a(\mathrm{mod}\ M)$. 由此可知, 同余方程组 (3.2.2) 的一个解实际上就是模 M 的一个剩余类.

为了有助于更好地理解中国剩余定理的深刻思想, 我们这里先用同余的概念给出 "物不知数" 问题的详细求解过程.

"物不知数" 问题, 可以写成一次同余方程组的形式. 设物的数目为 x, 于是有以下方程组

$$\begin{cases} x\equiv 2(\mathrm{mod}\ 3),\\ x\equiv 3(\mathrm{mod}\ 5),\\ x\equiv 2(\mathrm{mod}\ 7).\end{cases} \tag{3.2.3}$$

答案是 $x\equiv 23(\mathrm{mod}\ 105)$.

现在我们利用同余的概念解同余方程组 (3.2.3). 考察下述三个简单的同余方程组:

$$(1)\begin{cases} u\equiv 1(\mathrm{mod}\ 3),\\ u\equiv 0(\mathrm{mod}\ 5),\\ u\equiv 0(\mathrm{mod}\ 7);\end{cases}\qquad (2)\begin{cases} v\equiv 0(\mathrm{mod}\ 3),\\ v\equiv 1(\mathrm{mod}\ 5),\\ v\equiv 0(\mathrm{mod}\ 7);\end{cases}\qquad (3)\begin{cases} w\equiv 0(\mathrm{mod}\ 3),\\ w\equiv 0(\mathrm{mod}\ 5),\\ w\equiv 1(\mathrm{mod}\ 7).\end{cases}$$

首先解方程组 (1).(1) 式意味着在 5 和 7 的公倍数 $(35,70,105,\cdots)$ 中寻找被 3 除余 1 的数, 显然这个数可以取 70. 这就是说:

$$70\equiv 1(\mathrm{mod}\ 3),\quad 70\equiv 0(\mathrm{mod}\ 5),\quad 70\equiv 0(\mathrm{mod}\ 7).$$

将 (1) 中的三个同余式分别减去刚得到的三个同余式, 利用同余的可减性, 得到

$$u-70\equiv 0(\mathrm{mod}\ 3),\quad u-70\equiv 0(\mathrm{mod}\ 5),\quad u-70\equiv 0(\mathrm{mod}\ 7).$$

因此, $u-70$ 是 3, 5 和 7 的公倍数. 由于 3, 5, 7 的最小公倍数是 $105(=3\times5\times7)$, 而任何公倍数必是最小公倍数的倍数, 所以

$$u-70=105k_1\quad (k_1=0,\pm1,\pm2,\cdots),$$

即 $u=70-105k_1(k_1=0,\pm1,\pm2,\cdots)$.

再考虑方程组 (2), 寻找一个被 5 除余 1 而被 3 和 7 整除的数, 这个数可以取 21, 用同样的推理方法可得到

$$v = 21 - 105k_2 \quad (k_2 = 0, \pm1, \pm2, \cdots).$$

最后考虑方程组 (3), 同理可得到

$$w = 15 - 105k_3 \quad (k_3 = 0, \pm1, \pm2, \cdots).$$

由于 $u \equiv 1(\bmod 3)$, $v \equiv 1(\bmod 5)$, $w \equiv 1(\bmod 7)$, 利用同余的可乘性, 得

$$2u \equiv 2(\bmod 3), \quad 3v \equiv 3(\bmod 5), \quad 2w \equiv 2(\bmod 7),$$

从而有

$$2u + 3v + 2w \equiv 2(\bmod 3),$$

$$2u + 3v + 2w \equiv 3(\bmod 5),$$

$$2u + 3v + 2w \equiv 2(\bmod 7),$$

这就是说, $2u + 3v + 2w$ 是同余方程组 (3.2.3) 的解. 又因

$$\begin{aligned} 2u + 3v + 2w &= 2(70 - 105k_1) + 3(21 - 105k_2) + 2(15 - 105k_3) \\ &= 70 \times 2 + 21 \times 3 + 15 \times 2 - 105k \\ &= 140 + 63 + 30 - 105k \\ &= 233 - 105k \\ &\equiv 23(\bmod 105), \end{aligned}$$

故同余方程组 (3.2.3) 的解为

$$x \equiv 23(\bmod 105).$$

有了上述具体例子的分析作铺垫, 我们可以很自然地建立下面的中国剩余定理.

定理 3.2.1 (中国剩余定理) 若 $(m_i, m_j) = 1(i \neq j)$, $m = m_1, \cdots, m_k$, $m = m_iM_i(1 \leqslant i \leqslant k)$, 则同余方程组 (3.2.1) 对模 m 有唯一解

$$x \equiv a_1M_1'M_1 + \cdots + a_kM_k'M_k(\bmod m),$$

其中 $M_i'M_i \equiv 1(\bmod m_i)$, $1 \leqslant i \leqslant k$.

证 由假设知 $(M_i, m_i) = 1$, 故由定理 3.1.2 可知, 存在 M'_i 使得

$$M'_i M_i \equiv 1(\text{mod } m_i).$$

另一方面, 对 $i \neq j$, $m_j | M_i$, 因此

$$\sum_{j=1}^{k} M'_j M_j b_j \equiv M'_i M_i b_i \equiv b_i(\text{mod } m_i),$$

即为同余方程组 (3.2.1) 的解.

又若 x_1, x_2 是同余方程组 (3.2.1) 的两个解, 则

$$x_1 \equiv x_2(\text{mod } m_i), \quad 1 \leqslant i \leqslant k.$$

考虑到 $(m_i, m_j) = 1(i \neq j)$, 即可知 $x_1 \equiv x_2(\text{mod } m)$. 唯一性得证.

评注 这里所给出的中国剩余定理, 实际上是孙子的 "物不知数" 问题及其解法的推广, 它是由南宋数学家秦九韶 (1202 或 1208—1261) 在其名著《数书九章》(1247) 中给出的. 历史上是秦九韶首次明确地叙述了求解一次同余方程组的一般解法, 他称这种算法为 "大衍总数术". 虽然他本人并没有在《数书九章》中对他自己的算法给出证明, 但后人可以证明他的算法完全正确而且十分严密.

在欧洲, 直到 18 世纪, 欧拉和拉格朗日等才对一次同余方程组问题进行系统研究. 高斯在 1800 年出版的《算术研究》中, 才明确写出了一次同余方程组的求解定理, 并对两两互素模的情形给出了严格的证明.1852 年, 英国传教士伟烈亚力 (A.Wylie, 1815—1887) 将《孙子算经》中孙子问题的解法传到欧洲.1876 年, 德国人巴提生 (A.Matthiessen) 指出《孙子算经》中孙子问题的解法以及秦九韶的 "大衍总数术" 算法与高斯算法是一致的. 因此在西方数学史上, 一次同余式方程的求解定理常常被称为 "中国剩余定理", 亦称孙子定理.

德国数学家康托尔 (G.Cantor,1845—1918) 赞扬秦九韶是 "最幸运的天才", 此前法国数学家拉格朗日也是这样称赞牛顿的, 拉格朗日认为, 发现万有引力定律只有一次机会. 有着科学史之父美誉的比利时裔美国科学史家萨顿 (Sarton, 1884—1956) 则认为, 秦九韶是 "他那个民族, 他那个时代, 并且确实也是所有时代最伟大的数学家之一". 从严格意义上讲, 中国剩余定理应称为孙子–秦九韶定理, 或秦九韶定理.

中国剩余定理是中国古代数学史上最完美和最值得骄傲的结果, 它出现在中外每一本基础数论的教科书中, 它不仅在抽象代数理论中有相应的推广, 也被应用到密码学、哥德尔不完全性定理的证明、快速傅里叶变换理论等.

例 3.2.1 (韩信点兵) 有兵一队, 若列成 5 行纵队, 则末行 1 人; 成 6 行纵队, 则末行 5 人; 成 7 行纵队, 则末行 4 人; 成 11 行纵队, 则末行 10 人. 求兵数?

解 此时 $m=5\times6\times7\times11=2310, M_1=462, M_2=385, M_3=330, M_4=210$. 解

$$M_i'M_i\equiv1(\bmod\ m_i),\quad 1\leqslant i\leqslant4,$$

可到 $M_1'=3, M_2'=M_3'=M_4'=1$. 故由定理 3.2.1, 即得

$$x\equiv3\times462+385\times5+330\times4+210\times10=6731\equiv2111(\bmod\ 2310).$$

定理 3.2.2 在定理 3.2.1 的条件下, 若同余方程组 (3.2.1) 中的系数 $a_1,a_2,\cdots,a_k$ 分别通过模 $m_1,m_2,\cdots,m_k$ 的完全系, 则

$$x=a_1M_1'M_1+a_2M_2'M_2+\cdots+a_kM_k'M_k,$$

通过模 $m=m_1m_2\cdots m_k$ 的完全系.

证 显然, 当 $a_1,a_2,\cdots,a_k$ 各自独立地跑遍模 $m_1,m_2,\cdots,m_k$ 的完全系, 则共可生出 m 个 x. 利用同余的性质不难证明 (反证) 两个不同的 x 关于模 m 是不同余的. 这样所有的 x 就构成模 m 的完全系.

3.2.2 中国剩余定理的思想原则应用

孙子定理论证中所使用的思想方法所体现的原则, 对现代数学的研究仍有广泛的指导意义. 我们在求解同余方程组 (3.2.3) 时, 把求解 x 分解关于 u,v 和 w 的三个方程组, 从而得到 $x=2u+3v+2w$. 这个原则在插值理论、代数理论及算子理论 (泛函分析) 中有广泛应用. 现以插值理论为例给予说明.

插值问题：求一个函数 $f(x)$ 使其在 a,b,c 三点取值分别为 α,β,γ.

利用前述原则我们可以这样做：

(1) 作函数 $p(x)$, 使 $p(a)=1, p(b)=p(c)=0$;

作函数 $q(x)$, 使 $q(b)=1, q(a)=q(c)=0$;

作函数 $r(x)$, 使 $r(c)=1, r(a)=r(b)=0$.

(2) $f(x)=\alpha p(x)+\beta q(x)+\gamma r(x)$ 满足条件.

这样, 就把求满足条件的函数 $f(x)$ 的问题分解为求三个函数 $p(x),q(x)$ 和 $r(x)$ 的问题, 而这三个函数是比较简单易求的.

从 $p(x)$ 满足的条件, 可设 $p(x)=\lambda(x-b)(x-c)$, 其中 λ 为一个待定的系数.

由 $p(a)=1$, 可知 $\lambda(a-b)(a-c)=1$, 即得

$$\lambda=\frac{1}{(a-b)(a-c)},$$

从而 $p(x)=\dfrac{(x-b)(x-c)}{(a-b)(a-c)}$.

同理可得

$$q(x)=\frac{(x-c)(x-a)}{(b-c)(b-a)},\quad r(x)=\frac{(x-a)(x-b)}{(c-a)(c-b)}.$$

因此

$$f(x)=\alpha\frac{(x-b)(x-c)}{(a-b)(a-c)}+\beta\frac{(x-c)(x-a)}{(b-c)(b-a)}+\gamma\frac{(x-a)(x-b)}{(c-a)(c-b)},$$

就是问题的一个答案 (特解). 这就是著名的拉格朗日插值公式.

评注 从中国剩余定理所反映的上述原则来看, 这个插值公式的证明方法是非常简单明了的. 这个方法常常被称为 "单因子构件" 方法. 也就是说, 要作同时具有 A,B,C 三种性质的数学 "构件", 我们可以先做出三个单位量的 "构件", 每个构件中其中一个性质 (例如 A) 发生作用, 而其他两个性质 (例如 B 和 C) 不发生作用, 再把三个单位量的构件按一定倍数组合起来, 就是所要求的构件. 为了解决一个复杂的问题, 先把它分解成几个简单的问题. 每个简单问题解决以后, 再加以综合, 就得到原来的复杂问题的解答. 这也是人们在解决困难问题时常用的一个基本原则. 这个基本原则就是中国剩余定理的思想原则.

3.2.3 模不互素的一次同余方程组

在上述中国剩余定理的讨论中, 我们假设同余方程组的模是两两互素的, 其实中国剩余定理也可推广到模不互素的情形, 称其为广义中国剩余定理.

首先考察一个模不素的同余方程组未必有解的例子.

例 3.2.2 试解同余方程组

$$\begin{cases}x\equiv 5(\bmod 8),\\ x\equiv 7(\bmod 12).\end{cases}$$

解 原同余方程组与下面的同余方程组同解:

$$\begin{cases}x\equiv 5(\bmod 8);\\ x\equiv 7\equiv 1(\bmod 3),\\ x\equiv 7\equiv 3(\bmod 4).\end{cases}$$

因为 $x\equiv 5(\bmod 8)$ 与 $x\equiv 3(\bmod 4)$ 没有公共解, 所以原同余方程组无解.

接下来, 我们给出模不素的同余方程组有解的充要条件.

定理 3.2.3 (广义中国剩余定理) 同余方程组 (3.2.1) 有解的充分必要条件是对任何 i, j: $1\leqslant i\leqslant j\leqslant k$, 有

$$a_i\equiv a_j(\bmod (m_i,m_j)),$$

若方程组 (3.2.1) 有解, 则对模 $[m_1, m_2, \cdots, m_n]$ 有唯一解.

证 反证 $n = 2$ 的情形, 设 $m = m_1 m_2$. 一般情形可用数学归纳法证之, 这里略.

必要性 若 $x = a$ 满足方程组 (3.2.1), 则有

$$\begin{cases} a \equiv a_1 (\text{mod } m_1), \\ a \equiv a_2 (\text{mod } m_2). \end{cases}$$

从而有 $(m_1, m_2)|(a - a_1)$ 及 $(m_1, m_2)|(a - a_2)$, 于是, $(m_1, m_2)|(a_1 - a_2)$, 即有

$$a_1 \equiv a_2 (\text{mod } (m_1, m_2)).$$

必要性成立.

充分性 如 $a_1 \equiv a_2 (\text{mod } (m_1, m_2))$, 即 $(m_1, m_2)|(a_1 - a_2)$, 则由定理 3.1.2 知同余方程

$$m_1 y \equiv a_2 - a_1 (\text{mod } m_2)$$

有解, 设为 $y \equiv y_0 (\text{mod } m_2)$, 因此有

$$\begin{cases} a_1 + m_1 y_0 \equiv a_1 (\text{mod } m_1), \\ a_1 + m_1 y_0 \equiv a_2 (\text{mod } m_2). \end{cases}$$

这说明 $x = a_1 + m_1 y_0$ 是方程 (3.2.1) 的一个整数解. 充分性成立.

唯一性 设 x_1, x_2 都是同余方程组 (3.2.1) 的解, 则有

$$\begin{cases} x_1 \equiv a_1 (\text{mod } m_1), \\ x_1 \equiv a_2 (\text{mod } m_2) \end{cases} \quad 及 \quad \begin{cases} x_2 \equiv a_1 (\text{mod } m_1), \\ x_2 \equiv a_2 (\text{mod } m_2). \end{cases}$$

由此可得

$$\begin{cases} x_1 \equiv x_1 (\text{mod } m_1), \\ x_1 \equiv x_2 (\text{mod } m_2). \end{cases}$$

即 $m_1|(x_1 - x_2)$, $m_2|(x_1 - x_2)$, 由最小公倍数的性质 $[m_1, m_2]|(x_1 - x_2)$, 即有

$$x_1 - x_2 \equiv 0 (\text{mod } [m_1, m_2]) 或 x_1 \equiv x_2 (\text{mod } [m_1, m_2]),$$

所以, 同余方程组 (3.2.1) 有解时, 关于模 $[m_1, m_2]$ 只有唯一解.

评注 当 $n = 2$ 时, 在上述证明过程中, 我们可以看到同余方程组 (3.2.1) 有解时, 其解可以写成下面的形式

$$x \equiv x_0 (\text{mod } m),$$

这里 $x_0=a_1+m_1y_0$, y_0 是同余方程

$$m_1y\equiv(a_2-a_1)(\text{mod }m_2)$$

的任一解. 这种思想也可推广到一般的 n.

例 3.2.3 解同余方程组

$$\begin{cases}x\equiv 9(\text{mod }34),\\ x\equiv 4(\text{mod }19).\end{cases}$$

解 因为 $(34,19)=1$, 所以该同余方程组关于模 $34\times 19=646$ 有唯一解. 由定理 3.2.2 的评注, 我们先求解同余方程

$$34y\equiv -5(\text{mod }19),$$

即解 $15y\equiv -5(\text{mod }19)$, 利用等价方程法不难求得该同余方程有唯一解 $y_0\equiv 6(\text{mod }19)$. 从而原同余方程组的唯一解为

$$x\equiv 9+6\times 34\equiv 213(\text{mod }646).$$

评注 在求解同余方程组的实践中, 我们死搬硬套地直接应用中国剩余定理或广义中国剩余定理, 在不少场合下需先做一些化归的工作, 下面举例子说明.

例 3.2.4 解同余方程组

$$\begin{cases}x\equiv 3(\text{mod }11),\\ x\equiv 2(\text{mod }12),\\ x\equiv 2(\text{mod }72).\end{cases}$$

解 原同余方程组变为

$$\begin{cases}x\equiv 3(\text{mod }11),\\ x\equiv 2(\text{mod }3),\\ x\equiv 2(\text{mod }4),\\ x\equiv 2(\text{mod }8),\\ x\equiv 2(\text{mod }9).\end{cases}$$

这里第 4 个同余方程可推出第 3 个同余方程, 而第 5 个同余方程可推出第 2 个同余方程, 所以原同余方程组等价于

$$\begin{cases}x\equiv 3(\text{mod }11),\\ x\equiv 2(\text{mod }8),\\ x\equiv 2(\text{mod }9).\end{cases}$$

再对该同余方程组应用中国剩余定理, 这里

$$m=11\times8\times9=792,\quad M_1=72,\quad M_2=99,\quad M_3=88.$$

又 $2\times72\equiv1(\bmod 11)$, $3\times99\equiv1(\bmod 8)$, $4\times88\equiv1(\bmod 9)$. 故原同余方程组的唯一解为

$$x\equiv2\times72\times3+3\times99\times2+4\times88\times2\equiv1730\equiv146(\bmod 792).$$

3.2.4 一次同余方程组基础训练与拓展

1. 解我国古代数学家杨辉在 1275 年所写的《续古摘奇算法》中的三个例题:

(1) 七数剩一, 八数剩一, 九数剩三, 问本数;

(2) 十一数余三, 十二数余二, 十三数余一, 问本数;

(3) 二数余一, 五数余二, 七数余三, 九数余四, 问本数.

2. 设韩信所辖某部士兵共 26641 人, 在一次战斗中损失近百人. 休整时清查: 1 ~ 3 报数余 1, 1 ~ 5 报数余 3, 1 ~ 7 报数余 4. 问损失了多少人?

3. 一次同余方程组 $\begin{cases}4x\equiv-3(\bmod 7),\\3x\equiv4(\bmod 5),\\8x\equiv4(\bmod 9).\end{cases}$

(1) 判断同余方程组中的解是否有完全平方数? 并说明理由.

(2) 求解同余方程组.

4. 当 a 取什么值时, 同余方程组 $\begin{cases}x\equiv5(\bmod 18),\\x\equiv8(\bmod 21),\\x\equiv a(\bmod 35)\end{cases}$ 有解?

5. 解下列同余方程组

(1) $\begin{cases}x\equiv8(\bmod 15),\\x\equiv3(\bmod 10),\\x\equiv1(\bmod 8).\end{cases}$ (2) $\begin{cases}x\equiv2(\bmod 35),\\x\equiv9(\bmod 14),\\x\equiv7(\bmod 20).\end{cases}$

*6.(1) 证明: 对于任意给定的 n 个不同的素数 $p_1,p_2,\cdots,p_n$, 必存在连续 n 个整数, 使得它们中的第 $k(k=1,2,\cdots,n)$ 个数能被 p_k 整除.

(2) 设 n 为整数, 证明: 必有 n 个连续的整数, 其中每一个都具有平方因子 (即被某个素数的平方整除).

*7. 求 3^{496} 被 2975 除得的余数 (其中 $2975=7\cdot17\cdot25$).

8. 求一个最小的自然数 n, 使得它的 $\frac{1}{2}$ 是一个平方数, 它的 $\frac{1}{3}$ 是一个立方数, 它的 $\frac{1}{5}$ 是一个 5 次方数.

*9. 在直角坐标系中, 如果一个整点 (a,b) 的坐标 a,b 互质, 就称为 (自原点) 可见的. 证明：可见点之间存在着任意大的正方形的 "黑洞", 即对任一正整数 k, 存在整点 (a,b), 使点

$$(a+r,b+s),\quad 0<r\leqslant k,\quad 0<s\leqslant k$$

中没有一个点是可见的.

3.3 高次同余方程

本节着重介绍高次同余方程求解的基本理论及其基本求解方法. 高次同余方程理论本身, 尤其是素数模高次同余方程的理论非常优美, 而且也是构建平方剩余及其阶与原根理论的理论基础.

3.3.1 高次同余方程的解与解数

定义 3.3.1 设 $f(x)=a_nx^n+\cdots+a_1x+a_0$(其中 a_i 为整数, $1\leqslant i\leqslant n$) 为整系数多项式. 若 $m|a_n$ 不成立, 则称 $f(x)\equiv 0(\bmod m)$ 为 n 次同余方程; 若 $m|a_j(k+1\leqslant j\leqslant n)$, 且 $m|a_k$ 不成立, 则称 $f(x)\equiv 0(\bmod m)$ 为 k 次同余方程.

定义 3.3.2 称同余方程 $f(x)\equiv 0(\bmod m)$ 的所有对模 m 不同余的解的个数为该同余方程的解数.

例 3.3.1 解同余方程 $x^5+x+1\equiv 0(\bmod 7)$.

解 把模 7 的绝对最小完全系

$$-3,\quad -2,\quad -1,\quad 0,\quad 1,\quad 2,\quad 3$$

中的每个数逐个代入方程, 可知 $x=2$ 与 $x=-3$ 满足方程, 故所求方程有两个解：

$$x\equiv 2(\bmod 7),\quad x\equiv -3\equiv 4(\bmod 7).$$

评注 当模 m 不是很大时, 该例给出了一般高次同余方程的一种解法, 当模 m 很大时, 这种解法显然是低效率的.

定理 3.3.1 若 $m_1,m_2,\cdots,m_k$ 是 k 个两两互素的正整数, $m=m_1m_2\cdots m_k$,

$$f(x)=a_nx^n+a_{n-1}x^{n-1}+\cdots+a_1x+a_0,$$

则同余方程

$$f(x)\equiv 0(\bmod m)\tag{3.3.1}$$

有解的充要条件是同余方程组

$$\begin{cases} f(x)\equiv 0(\bmod\ m_1), \\ f(x)\equiv 0(\bmod\ m_2), \\ \quad\vdots \\ f(x)\equiv 0(\bmod\ m_k) \end{cases} \tag{3.3.2}$$

有解.如果同余方程组 (3.3.2) 中的 $f(x)\equiv 0(\bmod\ m_i)$ 有 n_i 个解, $i=1,2,\cdots,k$, 那么同余方程 (3.3.1) 有 $\prod\limits_{i=1}^{k}n_i$ 个解.

证 定理中充要条件的证明是显然的. 我们仅仅证明后半部分. 设 (3.3.2) 中第 i 个同余方程 $f(x)\equiv(\bmod\ m_i)(i=1,2,\cdots,k)$ 有 n_i 个不同的解:

$$x\equiv x_1^{(i)}(\bmod\ m_i),\ x\equiv x_2^{(i)}(\bmod\ m_i),\ldots,x\equiv x_{n_i}^{(i)}(\bmod\ m_i).$$

当 i 跑遍 $1,2,\cdots,k$ 时, 对其中任一组

$$\begin{cases} x\equiv x_{j_1}^{(1)}(\bmod\ m_1), \\ x\equiv x_{j_2}^{(2)}(\bmod\ m_2), \\ \quad\vdots \\ x\equiv x_{j_k}^{(k)}(\bmod\ m_k). \end{cases} \tag{3.3.3}$$

由中国剩余定理知, 同余方程组 (3.3.3) 有唯一解 $x\equiv x_0(\bmod\ m)$, 然而它是方程 (3.3.1) 的解, 并且由定理 3.2.2 可知, 上述 $x_{j_1}^{(1)},x_{j_2}^{(2)},\cdots,x_{j_k}^{(k)}$ 的不同选取给出方程 (3.3.1) 的不同解. 因为 $x_{j_1}^{(1)},x_{j_2}^{(2)},\cdots,x_{j_k}^{(k)}$的取法有 $\prod\limits_{i=1}^{k}n_i$ 种, 所以方程 (3.3.1) 至少有 $\prod\limits_{i=1}^{k}n_i$ 个解.

反过来, 设 $x\equiv x_0(\bmod\ m)$ 是同余方程 (3.3.1) 的任意一个解, 即 $f(x_0)\equiv 0(\bmod\ m)$, 那么必然有

$$f(x_0)\equiv 0(\bmod\ m_i)\quad(i=1,2,\cdots,k),$$

因此 x_0 应与 $f(x)\equiv 0(\bmod\ m_i)$ 的 n_i 个解中的某个关于模 m_i 同余, 即存在一组 $x_{j_1}^{(1)},x_{j_2}^{(2)},\cdots,x_{j_k}^{(k)}$, 使得 x_0 满足方程组 (3.3.3), 这表明同余方程 (3.3.1) 的每个解都产生于某个形如 (3.3.3) 式的同余方程组.故同余方程 (3.3.1) 的解的个数不大于

$\prod_{i=1}^{k} n_i$.

综上所述, 同余方程 (3.3.1) 有 $\prod_{i=1}^{k} n_i$ 个解.

推论 3.3.1 设 $m = p_1^{\alpha_1} p_2^{\alpha_2} \cdots p_s^{\alpha_s}$ 是 m 的标准素因数分解式, 则同余方程

$$f(x) \equiv 0 (\bmod m)$$

与同余方程组

$$\begin{cases} f(x) \equiv 0 (\bmod p_1^{\alpha_1}), \\ f(x) \equiv 0 (\bmod p_2^{\alpha_2}), \\ \quad \vdots \\ f(x) \equiv 0 (\bmod p_s^{\alpha_s}) \end{cases}$$

等价.

评注 由推论 3.3.1 可知, 求解合数模的同余方程, 最终都可归结为素数或素数幂模的同余方程.

例 3.3.2 设 $f(x) = x^4 + 2x^3 + 8x + 9$, 试求解

$$f(x) \equiv 0 (\bmod 35). \tag{3.3.4}$$

解 由定理 3.3.1 可知同余方程 (3.3.4) 等价于同余方程组

$$\begin{cases} f(x) \equiv 0 (\bmod 5), \\ \\ f(x) \equiv 0 (\bmod 7). \end{cases} \tag{3.3.5}$$

容易验证 (3.3.5) 中的第一个同余方程有两个解:

$$x \equiv 1, 4 (\bmod 5);$$

而第二个同余方程有三个解:

$$x \equiv 3, 5, 6 (\bmod 7).$$

由定理 3.3.1 可知, 同余方程 (3.3.4) 有 $2 \times 3 = 6$ 个解, 即诸同余方程组

$$\begin{cases} x \equiv b_1 (\bmod 5), \\ x \equiv b_2 (\bmod 7), \end{cases} \tag{3.3.6}$$

其中 $b_1=1$ 或 4, $b_2=3$ 或 5 或 6.

由中国剩余定理 (这里 $M_1=7$, $M_2=5$, $M_1'=3$, $M_2'=3$) 可得同余方程组 (3.3.6) 对给定的 b_1 与 b_2, 关于模 $5\times7=35$ 有唯一解

$$x\equiv 21b_1+15b_2 \pmod{35}.$$

把 b_1, b_2 的不同取值分别代入上式即得同余方程 (3.3.4) 的全部解:

$$x\equiv 31,26,6,24,19,34 \pmod{35}.$$

思考题 试求平方与其自身最后三位数字相同的所有整数.

3.3.2 模为素数的高次同余方程

本段考察关于素数模高次同余方程

$$f(x)\equiv 0 \pmod{p} \tag{3.3.7}$$

解的性态, 其中 p 是素数, $f(x)=a_nx^n+\cdots+a_1x+a_0$ 是整系数多项式, $(a_n,p)=1$. 进一步, 可以假设同余方程 (3.3.7) 解的个数小于 p, 不然就会成恒等同余式 (即对任何整数 x 都有 $f(x)\equiv 0 \pmod{p}$).

定理 3.3.2 (等价性) 同余方程 (3.3.7) 必与一个次数不超过 $p-1$ 的素数模同余方程等价.

证 由多项式的带余式除法可知有二整系数多项式 $q(x)$ 及 $r(x)$ 使得

$$f(x)=(x^p-x)q(x)+r(x),$$

且 $r(x)$ 的次数不超过 $p-1$. 由同余理论中的费马小定理 (即定理 2.3.3) 知, 对任何整数 x 都有 $x^p-x\equiv 0 \pmod{p}$. 故对任何整数 x 来说都有

$$f(x)\equiv r(x) \pmod{p}.$$

因此同余方程 (3.3.7) 与同余方程 $r(x)\equiv 0 \pmod{p}$ 等价.

例 3.3.3 解同余方程

$$f(x)=3x^{15}-x^{13}-x^{12}+x^{11}-3x^5+6x^3-2x^2+2x-1\equiv 0 \pmod{11}.$$

解 利用同余恒等式 $x^{11}\equiv x \pmod{11}$ 可得

$$\begin{aligned}f(x)&\equiv 3x^5-x^3-x^2+x-3x^5+6x^3-2x^2+2x-1\\&\equiv 5x^3-3x^2+3x-1\equiv 0 \pmod{11}.\end{aligned}$$

取模 11 的绝对最小完全系:

$$0,\quad \pm1,\quad \pm2,\quad \pm3,\quad \pm4,\quad \pm5,$$

逐个验证可知 $x\equiv 2(\bmod\ 11)$ 是其解.

定理 3.3.3 (可分解性) 假设 $k\leqslant n$, 若同余方程 (3.3.7) 有 k 个不同的解 $x\equiv\alpha(\bmod\ p)(i=1,2,\cdots,k)$, 则必有

$$f(x)\equiv(x-\alpha_1)(x-\alpha_2)\cdots(x-\alpha_k)f_k(x)(\bmod\ p),$$

其中 $f_k(x)$ 是 $n-k$ 次多项式, 首项系数是 a_n.

证 由多项式带余除法得

$$f(x)=(x-\alpha_1)f_1(x)+r,$$

其中 $f_1(x)$ 是首项系数为 a_n 的 $n-1$ 次多项式, 而 r 是一常数. 由假设 $f(\alpha_1)\equiv 0(\bmod\ p)$. 故 $r\equiv 0(\bmod\ p)$. 因此对任何整数 x 都有

$$f(x)\equiv(x-\alpha_1)f_1(x)(\bmod\ p).$$

令 $x=\alpha_i(i=2,\cdots,k)$ 得

$$0\equiv f(\alpha_i)\equiv(\alpha_i-\alpha_1)f_1(\alpha_i)(\bmod\ p).$$

但 $\alpha_i\equiv\alpha_1(\bmod\ p)(i=2,\cdots,k)$ 不成立, 而 p 是质数, 故

$$f_1(\alpha_i)\equiv 0(\bmod\ p)\quad (i=2,\cdots,k).$$

由此, 显然可以利用归纳法完成定理的证明.

推论 3.3.2 (1) 若 p 是素数, 则对于任何整数 x 都有

$$x^{p-1}-1\equiv(x-1)(x-2)\cdots(x-p+1)(\bmod\ p);$$

(2) (Wilson 定理) 若 p 是素数, 则 $(p-1)!\equiv -1(\bmod\ p)$.

证 (1) 由费马小定理及定理 3.3.3 即得; (2) 在 (1) 中令 $x=p$ 代入即得.

定理 3.3.4 (拉格朗日定理) 同余方程 (3.3.7) 的解的个数不超过同余方程的次数.

证 用反证法. 假设同余方程 (3.3.7) 的解数超过 n 个, 即至少有 $n+1$ 个解, 设为

$$x\equiv\alpha_i(\bmod\ p),\quad i=1,2,\cdots,n,n+1.$$

由定理 3.3.3 得

$$f(x) \equiv a_n(x-\alpha_1)(x-\alpha_2)\cdots(x-\alpha_n)(\bmod p).$$

由于 $f(\alpha_{n+1}) \equiv 0(\bmod p)$, 故

$$a_n(\alpha_{n+1}-\alpha_1)(\alpha_{n+1}-\alpha_2)\cdots(\alpha_{n+1}-\alpha_n) \equiv 0(\bmod p),$$

这与假设矛盾. 定理得证.

推论 3.3.3 若同余方程 (3.3.7) 的解数大于 n, 则必有

$$p|a_i \quad (i=0,1,2,\cdots,n).$$

证 利用定理 3.3.4 反证可得.

推论 3.3.4 若 p 是素数, 且 $d|(p-1)$, 则同余方程

$$x^d-1 \equiv 0(\bmod p)$$

恰有 d 个解.

证 由于 $d|(p-1)$, 则存在整数 k 使得 $p-1=dk$, 因此有

$$x^{p-1}-1=(x^d-1)f(x),$$

其中, $f(x)=x^{d(k-1)}+x^{d(k-2)}+\cdots+x^d+1$ 是一个次数为 $d(k-1)=p-1-d$ 的整系数多项式, 由定理 3.3.4 可得同余式 $f(x) \equiv 0(\bmod p)$ 至多有 $p-1-d$ 个解.

由费马小定理知, $x^{p-1}-1 \equiv 0(\bmod p)$ 恰有 $p-1$ 个不同余的解. 由于同余方程

$$x^{p-1}-1 \equiv 0(\bmod p)$$

的任意一个解 $x=a$, 若不是同余方程 $f(x) \equiv 0(\bmod p)$ 的解, 则必定是同余方程

$$x^d-1 \equiv 0(\bmod p)$$

的解. 这是因为由

$$0 \equiv a^{p-1}-1 \equiv (a^d-1)f(a)(\bmod p)$$

及 $(p, f(a))=1$, 故必有 $p|a^d-1$.

因此, $x^d-1 \equiv 0(\bmod p)$ 至少有 $p-1-(p-1-d)=d$ 个解. 另外, 由定理 3.3.4 可知 $x^d-1 \equiv 0(\bmod p)$ 至多有 d 个解, 因此, $x^d-1 \equiv 0(\bmod p)$ 恰有 d 个解.

定理 3.3.5 (满解条件) 设同余方程 (3.3.7) 的首项系数 $a_n=1$ 而且 $n \leqslant p$, 则同余方程 (3.3.7) 有 n 个解当且仅当以 $f(x)$ 除 x^p-x 所得余式 $r(x)$ 的一切系数都是 p 的倍数, 即 $r(x) \equiv 0(\bmod p)$ 是恒等同余式.

评注 当 $(a_n, p) = 1$ 时, 则 a 关于模 n 的逆元 a^{-1} 存在, 显然 $f(x) \equiv 0 \pmod p$ 与 $a^{-1}f(x) \equiv 0 \pmod p$ 等价.

证 因为 $f(x)$ 的首项系数是 1, 故由带余式除法可知有二整系数多项式 $q(x)$ 及 $r(x)$ 使

$$x^p - x = f(x)q(x) + r(x), \tag{3.3.8}$$

且 $r(x)$ 的次数 $< n$, $q(x)$ 的次数是 $p-n$.

若 (3.3.8) 有 n 个解, 则由费马小定理知这 n 个解都是 $x^p - x \equiv 0 \pmod p$ 的解. 由式 (3.3.8) 即知这 n 个解也是 $r(x) \equiv 0 \pmod p$ 的解. 但 $r(x)$ 的次数小于 n, 故由推论 3.3.3 可知 $r(x)$ 的系数都被 p 整除.

反之, 若 $r(x)$ 的系数都被 p 整除, 则由式 (3.3.8) 及费马小定理可知, 对任何整数 x 都有

$$f(x)q(x) \equiv 0 \pmod p. \tag{3.3.9}$$

这就是说, 同余方程 (3.3.9) 有 p 个不同的解.

另一方面, 由定理 3.3.4 同余方程 $q(x) \equiv 0 \pmod p$ 的解数 $h \leqslant p-n$. 如果同余方程 (3.3.7) 的解数 $k < n$, 那么必有同余方程 (3.3.9) 的解数 $\leqslant k+h < n+p-n = p$. 这与刚才所得到的结论矛盾!

例 3.3.4 判定同余方程 $2x^3 + 3x + 1 \equiv 0 \pmod 7$ 是否有 3 个解.

解 因为 $2 \times 4 \equiv 1 \pmod 7$, 所以, 原方程等价于

$$4 \times 2x^3 + 4 \times 3x + 4 \equiv 0 \pmod 7,$$

即 $x^3 - 2x - 3 \equiv 0 \pmod 7$. 于是有

$$x^7 - x = (x^3 - 2x - 3)(x^4 + 2x^2 + 3x + 4) + (12x^2 + 16x + 12).$$

易见余式 $12x^2 + 16x + 12$ 中的系数都不是 7 的倍数, 故由定理 3.3.5 可知, 原同余方程的解数小于 3.

3.3.3 模为素数幂的高次同余方程

本段讨论模为素数幂的高次同余方程的求解问题. 设

$$f(x) = a_n x^n + a_{n-1}x^{n-1} + \cdots + a_1 x + a_0$$

是整系数多项式,

$$f'(x) = na_n x^{n-1} + (n-1)x_{n-1}x^{n-2} + \cdots + a_1$$

是 $f(x)$ 的导函数, p 是素数. 显然同余方程

$$f(x) \equiv 0(\bmod\ p^{\alpha+1}) \tag{3.3.10}$$

的解都是同余方程

$$f(x) \equiv 0(\bmod\ p^{\alpha}) \tag{3.3.11}$$

的解. 我们的目的是从同余方程 (3.3.11) 的解诱导出同余方程 (3.3.10) 的解. 微积分中的泰勒公式可以帮助我们达到目的, 下面的定理及推论将告诉我们怎样实现目的.

定理 3.3.6 设 $x \equiv x_0(\bmod\ p^{\alpha})$ 是同余方程 (3.3.10) 的一个解.

(1) 如果 $(p, f'(x_0)) = 1$, 那么同余方程 (3.3.10) 恰好有一个解

$$x \equiv x_0 + kp^{\alpha}(\bmod\ p^{\alpha+1}),$$

其中 k 是一次同余方程 $f'(x_0)k \equiv -\dfrac{f(x_0)}{p^{\alpha}}(\bmod\ p)$ 的唯一解.

(2) 如果 $p|f'(x_0)$, $p^{\alpha+1}|f(x_0)$, 那么同余方程 (3.3.10) 有 p 个解

$$x \equiv x_0 + kp^{\alpha}(\bmod\ p^{\alpha+1}),$$

其中 $k = 0, 1, \cdots, p-1$.

(3) 如果 $p|f'(x_0)$, $p^{\alpha+1}|f(x_0)$ 不成立, 那么无法从同余方程 (3.3.11) 的解出发去求同余方程 (3.3.10) 的解.

证 由题设, x_0 是 $f(x) \equiv 0(\bmod\ p^{\alpha})$ 的解, 于是有 $x_0 + kp^{\alpha}$ 都满足同余方程 $f(x) \equiv (\bmod\ p^{\alpha})$. 假设存在 k 使得 $x_0 + kp^{\alpha}$ 是 $f(x) \equiv 0(\bmod\ p^{\alpha+1})$ 的解, 即

$$f(x_0 + kp^{\alpha}) \equiv 0(\bmod\ p^{\alpha+1}),$$

利用微积分中的泰勒展开式可推得

$$f(x_0 + kp^{\alpha}) = f(x_0) + kp^{\alpha}f'(x_0) \equiv 0(\bmod\ p^{\alpha+1}),$$

这是因为展开式后面各项的和 $\equiv 0(\bmod\ p^{\alpha+1})$, 于是有

$$p^{\alpha}f'(x_0)k \equiv -f(x_0)(\bmod\ p^{\alpha+1}). \tag{3.3.12}$$

下面讨论同余方程 (3.3.12) 的解的情况.

(i) 如果 $(p, f'(x_0)) = 1$, 那么同余方程 (3.3.12) 与同余方程

$$f'(x_0)k \equiv -\frac{f(x_0)}{p^{\alpha}}(\bmod\ p)$$

等价. 因此由定理 3.1.1, 该同余方程有唯一解 k_0. 把 k_0+lp(其中 l 为整数) 代入 x_0+kp^α 得

$$x_0+k_0p^\alpha+lp^{\alpha+1}\equiv x_0+k_0p^\alpha(\text{mod } p^{\alpha+1}).$$

故 (1) 成立.

(ii) 如果 $p|f'(x_0)$, $p^{\alpha+1}|f(x_0)$, 那么仍然有方程 (3.3.12) 与方程

$$f'(x_0)k\equiv-\frac{f(x_0)}{p^\alpha}(\text{mod } p)$$

等价. 显然, 任意整数 k 都是后面这个同余方程的解, 所以 x_0+kp^α(k 为整数) 都是同余方程 (3.3.10) 的解. 即

$$x\equiv x_0+ip^\alpha(\text{mod } p^{\alpha+1})(i=0,1,\cdots,p-1)$$

都是同余方程 (3.3.10) 的解.

(3) 若 $p|f'(x_0)$, $p^{\alpha+1}|f(x_0)$ 不成立, 则同余方程 (3.3.12) 无解. 因此无法从同余方程 (3.3.11) 的解 x_0 出发去求同余方程 (3.3.10) 的解. 证毕.

评注 由定理 3.3.6 可知, 在 (1), (2) 两种情形下, 求解同余方程

$$f(x)\equiv 0(\text{mod } p^{\alpha+1})\quad(\alpha\geqslant 1)$$

可化归为求解同余方程 $f(x)\equiv 0(\text{mod } p^\alpha)$, 反复进行这种操作, 最终化归为求解 $f(x)\equiv 0(\text{mod } p)$. 值得注意的是, 在 (3) 的情形, 这时并不一定意味着同余方程 (3.3.10) 无解, 因为此时虽然无法从同余方程 (3.3.10) 的解 x_0 出发去求同余方程 (3.3.10) 的解, 但是可能存在从同余方程 (3.3.11) 的其他解出发得到同余方程 (3.3.10) 的解的情况.

推论 3.3.5 (1) 若 $x\equiv a(\text{mod } p)$ 是同余方程

$$f(x)\equiv 0(\text{mod } p) \tag{3.3.13}$$

的解, 且 $f'(a)\equiv 0(\text{mod } p)$ 不成立, 则存在 x_α, $x_\alpha\equiv a(\text{mod } p)$, 使得 $x\equiv x_\alpha$ $(\text{mod } p^\alpha)$ 是同余方程 (3.3.10) 的解.

(2) 若 $f'(x)\equiv 0(\text{mod } p)$ 与同余方程 (3.3.13) 没有公共解, 则对于任意整数 $\alpha\geqslant 1$, 同余方程 (3.3.10) 与同余方程 (3.3.13) 的解数相同.

证 (1) 若 $x\equiv a(\text{mod } p)$ 是方程 (3.3.13) 的解, 且 $f'(a)\equiv 0(\text{mod } p)$ 不成立, 则由定理 3.3.6 知, 存在整数 $x_2=a+pt_1$(t_1 为整数), 使得 $x\equiv x_2(\text{mod } p^2)$ 是同余方程

$$f(x)\equiv 0(\text{mod } p^2)$$

的解, 且 $x_2 \equiv a \pmod p$. 同理, 再由定理 3.3.6 得知, 存在整数 $x_3 = x_2 + p^2 t_2$(t_2 为整数), 使得 $x \equiv x_3 \pmod{p^3}$ 是方程 $f(x) \equiv 0 \pmod{p^3}$ 的解, 且 $x_3 \equiv x_2 \equiv a \pmod p$. 如果继续下去得知, 存在整数 $x_{\alpha+1} = x_\alpha + p^\alpha t_\alpha$($t_\alpha$ 为整数), 使得 $x \equiv x_{\alpha+1} \pmod{p^{\alpha+1}}$ 是同余方程 $f(x) \equiv 0 \pmod{p^{\alpha+1}}$ 的解, 且 $x_{\alpha+1} \equiv x_\alpha \equiv \cdots \equiv x_2 \equiv a \pmod p$.

(2) 若方程 $f'(x) \equiv 0 \pmod p$ 与方程 (3.3.13) 没有公共解, 亦即 $f(x) \equiv 0 \pmod p$ 的每个解 $x \equiv x_1 \pmod p$ 都不是 $f'(x) \equiv 0 \pmod p$ 的解, 即 $f'(x_1) \equiv 0 \pmod p$ 不成立. 故由 (1) 知, 从解 $x \equiv x_1 \pmod p$ 出发可导出 $f(x) = 0 \pmod{p^{\alpha+1}}$ 的一个解 $x \equiv x_{\alpha+1} \pmod{p^{\alpha+1}}$, 且满足条件 $x_{\alpha+1} \equiv a \pmod p$.

反之, $x \equiv 0 \pmod{p^{\alpha+1}}$ 的任一个解显然都是 $f(x) \equiv 0 \pmod p$ 的解. 因此, 对于任意整数 $\alpha \geqslant 1$, 同余方程 (3.3.10) 与方程 (3.3.13) 的解数相同. 证毕.

例 3.3.5 解同余方程 $2x^2 + 13x - 34 \equiv 0 \pmod{5^3}$.

解 由 $2x^2 + 13x - 34 \equiv 2x^2 + 3x - 4 \equiv 0 \pmod 5$ 解得 $x \equiv -1$ 或 $2 \pmod 5$.

(1) 当 $x \equiv -1 \pmod 5$ 时, 令 $x = -1 + 5t$, 代入 $2x^2 + 13x - 34 \equiv 0 \pmod{5^2}$ 中得

$$2(-1+5t)^2 + 13(-1+5t) - 34 \equiv 0 \pmod{5^2},$$

即 $-45 + 45t \equiv 0 \pmod{5^2}$, 即 $9t \equiv 9 \pmod{5^2}$. 由 $(5, 9) = 1$ 得 $t \equiv 1 \pmod 5$, 即 $t = 1 + 5t_1$. 于是有

$$x = -1 + 5(1 + 5t_1) = 4 + 25t_1.$$

将其代入同余方程 $2x^2 + 13x - 34 \equiv 0 \pmod{5^3}$ 得

$$2(4+25t_1)^2 + 13(4+25t_1) - 34 \equiv 0 \pmod{5^3}.$$

化简得 $50 + 725t_1 \equiv 0 \pmod{5^3}$, 即 $2 + 29t_1 \equiv 0 \pmod 5$, 此即 $t_1 \equiv 2 \pmod 5$. 故有

$$x = 4 + 25t_1 \equiv 54 \pmod{5^3}.$$

(2) 当 $x \equiv 2 \pmod 5$ 时, 令 $x = 2 + 5t_3$, 代入 $2x^2 + 13x - 3 \equiv 0 \pmod{5^2}$ 中, 化简可得 $t_3 \equiv 0 \pmod 5$, 即 $x = 2 + 5(5t_4)$. 将其代入 $2x^2 + 13x - 34 \equiv 0 \pmod{5^3}$, 化简得 $t_4 \equiv 0 \pmod 5$. 于是有

$$x = 2 + 5(5t_4) \equiv 2 \pmod{5^3}.$$

故原同余方程的解为 $x \equiv 54$ 或 $2 \pmod{5^3}$.

3.3.4 高次同余方程基础训练与拓展

1. 解下列同余方程：(1) $x^{17}+2\equiv 0(\bmod 9)$;

(2) $f(x)=3x^{14}+4x^{13}+2x^{11}+x^9+x^6+x^3+12x^2+x\equiv 0(\bmod 5)$;

(3) $g(x)=x^3+3x-14\equiv 0(\bmod 45)$.

2. 求下列模为素数幂的同余方程的解：

(1) $x^4+x+1\equiv 0(\bmod 3^3)$;　　(2)$x^3+x^2-4\equiv 0(\bmod 7^3)$;

(3) $x^3+x^2-5\equiv 0(\bmod 7^3)$;　　(4)$x^2+5x+13\equiv 0(\bmod 3^3)$.

3. 解同余方程 $x^2\equiv 1\ (\bmod 2^k)$, $k\in\mathbf{N}$.

4. 解同余方程 $x^2\equiv 2\ (\bmod 7^3)$.

5. 证明：对于任意给定的正整数 n, 必存在 m, 使得同余方程 $x^2\equiv 1\ (\bmod m)$ 的解数 $T>n$.

6. 判定：(1) $2x^3-x^2+3x-1\equiv 0\ (\bmod 5)$ 是否有三个解;

(2) $x^6+2x^5-4x^2+3\equiv 0\ (\bmod 5)$ 是否有六个解？

*7. 若 p 是素数, $n|p-1$, $p\nmid a$, 则 $x^n\equiv a\ (\bmod p)$ 有解的充要条件是 $a^{\frac{p-1}{n}}\equiv 1\ (\bmod p)$. 若有解, 则解数为 n.

*8. 设 $(a,m)=1$, k 与 m 是正整数, 又设 $x_0^k\equiv a\ (\bmod m)$, 证明同余方程 $x^k\equiv a(\bmod m)$ 的一切解 x 都可以表示成 $x\equiv yx_0\ (\bmod m)$, 其中 y 满足同余方程 $y^k\equiv 1\ (\bmod m)$.

*9. 设 $p\geqslant 3$ 是素数, 证明：$(x-1)(x-2)\cdots(x-p+1)$ 的展开式中除首项及常数项外, 所有的系数都是 p 的倍数.

3.4 二次剩余与二次同余方程

本节重点探讨二次同余方程的求解及其应用. 如果说前面讨论的一次同余方程问题既简约又实用, 那么本节要探讨的二次同余方程理论的特点便是既深刻又优美, 尤其是高斯二次互反律更是美上加美. 当然, 二次同余方程理论并非单纯的美丽, 而且在组合数学与密码学等应用学科中也有它的用武之地.

二次同余方程的一般形式是

$$ax^2+bx+c\equiv 0(\bmod m).$$

若模 m 的标准分解式是 $m=p_1^{\alpha_1}p_2^{\alpha_2}\cdots p_k^{\alpha_k}$, 则由定理 3.3.1, 上述同余方程可归结为求解下述的同余方程组

$$ax^2+bx+c\equiv 0(\bmod p^{\alpha_i})\quad (i=1,2,\cdots,k).$$

再由定理 3.3.6, 上述同余方程组的每个方程都可归纳为求解形如

$$ax^2+bx+c\equiv 0(\mathrm{mod}\ p) \tag{3.4.1}$$

的同余方程, 其中 p 为素数.

若 $p=2$, 则可直接验证 $x\equiv 0$ 或 $1(\mathrm{mod}\ 2)$ 是否为同余方程 (3.4.1) 的解.

若 $(a,p)\neq 1$, 则同余方程 (3.4.1) 退化为一次同余方程. 因此, 只需考察 $p>2$, $(a,p)=1$ 的情形. 此时因 $(4a,p)=1$, 故同余方程 (3.4.1) 等价于同余方程

$$4a^2x^2+4abx+4ac\equiv 0(\mathrm{mod}\ p),$$

即 $(2ax+b)^2\equiv b^2-4ac(\mathrm{mod}\ p)$. 令 $y=2ax+b$, $n=b^2-4ac$, 于是求解同余方程 (3.4.1) 最终归纳为求同解同余方程

$$y^2\equiv n(\mathrm{mod}\ p).$$

3.4.1 二次剩余

定义 3.4.1 设 p 为奇素数, 整数 a 满足 $(a,p)=1$. 若同余方程

$$x^2\equiv a(\mathrm{mod}\ p) \tag{3.4.2}$$

有解, 则称 a 是模 p 的二次 (或平方) 剩余; 否则, 称 a 是模 p 的二次 (或平方) 非剩余.

评注 研究二次剩余, 主要研究下面两个基本问题:

(A) 给定奇素数 p, 要问哪些 a 是模 p 的二次剩余, 哪些 a 是模 p 的二次非剩余?

(B) 给定 a, 要问对哪些 p, a 是模 p 的二次剩余; 对哪些 p, a 是模 p 的二次非剩余?

考察一个简单的例子.

例 3.4.1 试求模 5 的二次剩余.

解 模 5 的简化系为：$1,2,3,4$, 将其平方得到

$$1^2\equiv 1,\quad 2^2\equiv 4,\quad 3^2\equiv 4,\quad 4^2\equiv 1(\mathrm{mod}\ 5).$$

由此看出 $1,4$ 为二次剩余, $2,3$ 为二次非剩余. 当然我们若取模 5 的简化系为：-1, $-2,1,2$, 则将其平方得到

$$(-1)^2\equiv 1,\quad (-2)^2\equiv 4,\quad 1^2\equiv 1,\quad 2^2\equiv 4(\mathrm{mod}\ 5),$$

由此亦看出 $1,4$ 为模 5 的二次剩余.

从上面这个简单的例子中，我们发现，对模 5 来说，二次剩余与二次非剩余的个数一样，即都有 $(5=10/2)$ 个. 其实，这个结论对于一般的奇素数都是对的，即有下面的定理.

定理 3.4.1 若 p 是奇素数，则在模 p 的简化系 $\{1,2,\cdots,p-1\}$ 中，模 p 的二次剩余和二次非剩余各 $(p-1)/2$ 个，且

$$1,\quad 2^2 \bmod p,\quad \cdots,\quad \left(\frac{p-1}{2}\right)^2 \bmod p \tag{3.4.3}$$

就是模 p 的全部二次剩余.

证 计算 k^2 关于模 p 的最小非负余数 $k^2 \bmod p$，这里 $1\leqslant k\leqslant p-1$. 若 $k^2\equiv a(\bmod p)$，则也有

$$(p-k)^2\equiv a(\bmod p),$$

显然 $k\equiv p-k(\bmod p)$ 不成立. 另一方面，由定理 3.3.4 拉格朗日定理可知，同余方程 $x^2\equiv a(\bmod p)$ 至多只有两个解. 因此，当 $(p,a)=1$ 时，同余方程 $x^2\equiv a(\bmod p)$ 或者正好有两个解或者无解. 因为 $1^2,2^2,\cdots,(p-1)^2$ 共有 $p-1$ 个平方数需要考虑，所以 $1,2,\cdots,p-1$ 中正好有 $(p-1)/2$ 个模 p 的二次剩余，从而模 p 的二次非剩余个数为

$$p-1-\frac{p-1}{2}=\frac{p-1}{2}.$$

下证式 (3.4.3) 中的数是模 p 的全部二次剩余.

事实上，对任意 $1\leqslant k\leqslant (p-1)/2$，因为 $k^2\equiv k^2 \bmod p(\bmod p)$，所以 $k^2 \bmod p$ 是模 p 的二次剩余.

另外，当 $1\leqslant k,l\leqslant (p-1)/2$ 且 $k\neq l$ 时，我们有 $k^2 \bmod p\neq l^2 \bmod p$. 否则，有

$$k^2\equiv k^2 \bmod p=l^2 \bmod p\equiv l^2(\bmod p),$$

即 $(k+l)(k-l)\equiv 0(\bmod p)$，故有 $p|k+l$ 或 $p|k-l$. 但是 $1<k+l<p-1$，因此 $p|k-l$. 由于 $1\leqslant k,l\leqslant (p-1)/2$，所以 $-(p-3)/2\leqslant k-l\leqslant (p-3)/2$，故 $k=l$，与假设矛盾！

因为 $\{1,2,\cdots,p-1\}$ 中只有 $(p-1)/2$ 个模 p 的二次剩余，所以式 (3.4.3) 中给出的是 $\{1,2,\cdots,p-1\}$ 中的全部二次剩余. 定理获证.

评注 定理 3.4.1 回答了前面提出的基本问题 (A).

例 3.4.2 求出模 23 的所有二次剩余和二次非剩余.

解 由定理 3.4.1 知，模 23 的全部二次剩余为

$$1^2,2^2,\cdots,\left(\frac{23-1}{2}\right)^2.$$

把它们化简即可.

$$1^2 \equiv 1(\text{mod } 23),\quad 2^2 \equiv 4(\text{mod } 23),\quad 3^2 \equiv 9(\text{mod } 23),\quad 4^2 \equiv 16(\text{mod } 23),$$
$$5^2 \equiv 2(\text{mod } 23),\quad 6^2 \equiv 13(\text{mod } 23),\quad 7^2 \equiv 3(\text{mod } 23),\quad 8^2 \equiv 18(\text{mod } 23),$$
$$9^2 \equiv 12(\text{mod } 23),\quad 10^2 \equiv 8(\text{mod } 23),\quad 11^2 \equiv 6(\text{mod } 23).$$

因此, 模 23 所有二次剩余为

$$1, 2, 3, 4, 6, 8, 9, 12, 13, 16, 18;$$

而模 23 所有二次非剩余为

$$5, 7, 10, 11, 14, 15, 17, 19, 20, 21, 22.$$

下述的定理将从理论上给出一个判别整数 a 是否模 p 的二次剩余的方法, 通常称其为欧拉判别法.

定理 3.4.2 (欧拉判别法)　若 $(a, p) = 1$, 则 a 是模 p 的二次剩余的充要条件是

$$a^{(p-1)/2} \equiv 1(\text{mod } p); \tag{3.4.4}$$

而 a 是模 p 的二次非剩余的充要条件是

$$a^{(p-1)/2} \equiv -1(\text{mod } p). \tag{3.4.5}$$

进一步, 若 a 是模 p 的二次剩余, 则同余方程 (3.4.2) 恰好有两个解.

证　由 p 是奇数, 可得 $2|p-1$, 从而 $(x^2-a)|(x^{p-1}-a^{(p-1)/2})$. 即有一整系数多项式 $q(x)$, 使得

$$x^{p-1} - a^{(p-1)/2} = (x^2 - a)q(x),$$

故而

$$\begin{aligned} x^p - x &= x(x^{p-1} - a^{(p-1)/2}) + (a^{(p-1)/2} - 1)x \\ &= (x^2 - a)xq(x) + (a^{(p-1)/2} - 1)x. \end{aligned}$$

若 a 是模 p 的二次剩余, 由费马小定理知 (3.4.4) 成立, 再由定理 3.3.5 可知, 同余方程 (3.4.2) 有两解. 反之, 若 (3.4.4) 成立, 则由同一定理可知 a 是模 p 的二次剩余.

另一方面, 由费马小定理知, 若 $(a, p) = 1$, 则 $a^{p-1} \equiv 1(\text{mod } p)$, 因而

$$(a^{(p-1)/2} - 1)(a^{(p-1)/2} + 1) = 0(\text{mod } p).$$

从而有

$$a^{(p-1)/2}-1\equiv 0(\bmod p)\text{或}a^{(p-1)/2}+1\equiv 0(\bmod p).\tag{3.4.6}$$

由于 $p>2$, 故 (3.4.6) 中有且仅有一式成立. 由上面的分析知, 若 a 是模 p 的二次非剩余的充要条件是 $a^{(p-1)/2}\equiv 1(\bmod p)$ 不成立. 由 p 是素数可知必定有 (3.4.5) 式成立.

例 3.4.3 设 p 是奇素数. 求证:

(1) -1 是模 p 的二次剩余的充分必要条件是 $p\equiv 1(\bmod 4)$.

(2) 当 $p\equiv 1(\bmod 4)$ 时有

$$\left(\pm\left(\frac{p-1}{2}\right)!\right)^2\equiv -1(\bmod p),$$

即同余方程 $x^2\equiv -1(\bmod p)$ 有两个解.

证 (1) 由定理 3.4.2 知, -1 是模 p 的二次剩余的充分必要条件是

$$(-1)^{(p-1)/2}\equiv 1(\bmod p),$$

由此及 $p>2$ 即得 $p\equiv 1(\bmod 4)$.

(2) 由 $p\equiv 1(\bmod 4)$ 及威尔逊定理, 有

$$\begin{aligned}-1&\equiv (p-1)!=(-1)^{(p-1)/2}\cdot(p-1)!\\&=(-1)^{(p-1)/2}\cdot 1\cdot 2\cdot\cdots\cdot\frac{p-1}{2}\cdot\frac{p+1}{2}\cdot\cdots\cdot(p-1)\\&=\left(\left(\frac{p-1}{2}\right)!\right)^2(\bmod p).\end{aligned}$$

3.4.2 勒让德符号

上述欧拉判别法虽然给出二次剩余的充要条件, 然而当素数 p 很大时, 其计算量却很大, 因此难以实际运用. 勒让德符号的引进, 将给出一个比较便于实际计算的具体判别法. 这个符号是由勒让德于 1798 年定义并使用的.

定义 3.4.2 设 p 为奇素数, $(a,p)=1$. 定义勒让德符号如下:

$$\left(\frac{a}{p}\right)=\begin{cases}1, & a\text{ 是模 }p\text{ 的二次剩余},\\-1, & a\text{ 是模 }p\text{ 的二次非剩余}.\end{cases}$$

为方便起见, 当 $p|a$ 时, 规定 $\left(\frac{a}{p}\right)=0$. 易见当 a 本身是平方数时必有 $\left(\frac{a}{p}\right)=1$.

人物聚焦 勒让德 (Legendre,Adrien-Marie, 1752—1833) 是法国数学鼎盛时期三个 L 中最年轻的一位, 另外两个 L 是拉格朗日和拉普拉斯 (Laplace, 1749—1827). 勒让德是地地道道的巴黎人, 虽说法国盛产数学大师, 但这种情况极其少见. 他以一部《几何原本》为同时代人熟知, 这部教材是对欧几里得同名著作的改进, 在英语世界尤受欢迎, 其中一个版本的译者是苏格兰著名文学家和历史学家卡莱尔 (Carlyle, 1795—1881). 如今, 勒让德常以微分方程中的勒让德函数和勒让德多项式留名, 当然数论中的勒让德符号也影响深远.

命题 3.4.1 设 p 为奇素数, $(a,p)=1$, 则下述结论成立:

(1) $\left(\dfrac{a}{p}\right)\equiv a^{\frac{p-1}{2}}(\bmod p)$;

(2) 若 $a_1\equiv a_2(\bmod p)$, 则 $\left(\dfrac{a_1}{p}\right)=\left(\dfrac{a_2}{p}\right)$;

(3) $\left(\dfrac{1}{p}\right)=1,\ \left(\dfrac{-1}{p}\right)=(-1)^{\frac{p-1}{2}}$;

(4) 对任意整数 $a_i(i=1,2,\cdots,k)$, 有 $\left(\dfrac{a_1a_2\cdots a_k}{p}\right)=\left(\dfrac{a_1}{p}\right)\left(\dfrac{a_2}{p}\right)\cdots\left(\dfrac{a_k}{p}\right)$.

证 (1) 由勒让德符号的定义及定理 3.4.2 得 $\left(\dfrac{a}{p}\right)\equiv a^{\frac{p-1}{2}}(\bmod p)$.

(2) 由 $a_1\equiv a_2(\bmod p)$ 得 $a_1^{(p-1)/2}\equiv a_2^{(p-1)/2}(\bmod p)$, 由 (1) 有

$$\left(\frac{a_1}{p}\right)\equiv\left(\frac{a_2}{p}\right)(\bmod p),$$

又 $\left|\left(\dfrac{a_1}{p}\right)-\left(\dfrac{a_2}{p}\right)\right|\leqslant 2$, 而 $p>2$, 所以 $\left(\dfrac{a_1}{p}\right)=\left(\dfrac{a_2}{p}\right)$.

(3) 由 (1) 有 $\left(\dfrac{1}{p}\right)\equiv 1^{\frac{p-1}{2}}\equiv 1(\bmod p)$, 又 $\left|\left(\dfrac{1}{p}\right)-1\right|\leqslant 2$, 而 $p>2$, 所以 $\left(\dfrac{1}{p}\right)=1$.

同理, 由 (1) 有 $\left(\dfrac{-1}{p}\right)\equiv(-1)^{\frac{p-1}{2}}(\bmod p)$, 由于此同余式两端都只能取值 $+1$ 或 -1, 因此 $\left|\left(\dfrac{-1}{p}\right)-(-1)^{\frac{p-1}{2}}\right|\leqslant 2$, 又 $p>2$, 所以 $\left(\dfrac{-1}{p}\right)=(-1)^{\frac{p-1}{2}}$.

(4) 由 (1) 有

$$\begin{aligned}\left(\frac{a_1a_2\cdots a_k}{p}\right)&=(a_1a_2\cdots a_k)^{\frac{p-1}{2}}\equiv a_1^{\frac{p-1}{2}}a_2^{\frac{p-1}{2}}\cdots a_k^{\frac{p-1}{2}}\\&\equiv\left(\frac{a_1}{p}\right)\left(\frac{a_2}{p}\right)\cdots\left(\frac{a_k}{p}\right)(\bmod p),\end{aligned}$$

由于此同余式首末两端都是只能取 $-1,0$ 或 1 的整数, 故

$$\left|\left(\frac{a_1a_2\cdots a_k}{p}\right)-\left(\frac{a_1}{p}\right)\left(\frac{a_2}{p}\right)\cdots\left(\frac{a_k}{p}\right)\right|\leqslant 2,$$

又 $p>2$, 因此

$$\left(\frac{a_1a_2\cdots a_k}{p}\right)=\left(\frac{a_1}{p}\right)\left(\frac{a_2}{p}\right)\cdots\left(\frac{a_k}{p}\right).$$

证毕.

例 3.4.4 判断下列同余方程是否有解:

(1) $x^2\equiv 5(\bmod 11)$;

(2) $5x^2-7x+11\equiv 0(\bmod 23)$.

解 (1) 由 $\left(\frac{5}{11}\right)\equiv 5^{\frac{11-1}{2}}=5^5=(5^2)^2\cdot 5\equiv 3^2\cdot 5\equiv 1(\bmod 11)$, 因此原同余方程有解.

(2) 由 $5x^2-7x+11\equiv 5x^2-30x-35(\bmod 23)$, 及 $(5,23)=1$ 可得原方程等价于

$$x^2-6x-7=(x-3)^2-16\equiv 0(\bmod 23).$$

令 $y=x-3$, 则原同余方程化为

$$y^2\equiv 16(\bmod 23)\equiv 4^2(\bmod 23).$$

因此原同余方程有解.

例 3.4.5 设 p 是不小于 7 的素数. 求证:

(1) p 总有两个相差为 2 的二次剩余;

(2) p 总有两个连续的二次剩余.

解 (1) 构造两整数

$$a_1=\left(\frac{p-3}{2}\right)^2+p,\quad a_2=\left(\frac{p-1}{2}\right)^2,$$

则 a_1,a_2 为模 p 的二次剩余, 而且 $a_1-a_2=2$.

(2) 先证 $2,5,10$ 中至少有一个是模 p 的二次剩余. 若它们都不是模 p 的二次剩余, 则

$$2^{(p-1)/2}\equiv -1(\bmod p),\quad 5^{(p-1)/2}\equiv -1(\bmod p),\quad 10^{(p-1)/2}\equiv -1(\bmod p).$$

显然

$$10^{(p-1)/2}=2^{(p-1)/2}\cdot 5^{(p-1)/2}\equiv -1\cdot(-1)\equiv 1(\bmod p)$$

矛盾. 注意 1 与 2, 4 与 5, 9 与 10 这三对数中, 整数 $1,4,9$ 总是模 p 的平方剩余, 故结论 (2) 得证.

命题 3.4.2 若 p 为奇素数, 则

$$\left(\frac{2}{p}\right)=(-1)^{\frac{p^2-1}{8}}=\begin{cases}1, & p\equiv\pm1(\bmod 8),\\ -1, & p\equiv\pm3(\bmod 8).\end{cases}$$

证 考虑下面 $(p-1)/2$ 个同余式

$$\begin{aligned}p-1&\equiv1\cdot(-1)^1(\bmod p),\\ 2&\equiv2\cdot(-1)^2(\bmod p),\\ p-3&\equiv3\cdot(-1)^3(\bmod p),\\ 4&\equiv4\cdot(-1)^4(\bmod p),\\ &\vdots\\ \gamma&\equiv\frac{p-1}{2}\cdot(-1)^{\frac{p-1}{2}}(\bmod p),\end{aligned}$$

这里

$$\gamma=\begin{cases}\dfrac{p-1}{2}, & p\equiv1(\bmod 4),\\ p-\dfrac{p-1}{2}, & p\equiv3(\bmod 4).\end{cases}$$

将这 $(p-1)/2$ 个同余式相乘, 得到

$$2\cdot4\cdot6\cdot8\cdot\cdots\cdot(p-1)\equiv\left(\frac{p-1}{2}\right)!(-1)^{1+2+\cdots+\frac{p-1}{2}}(\bmod p),$$

亦即

$$2^{\frac{p-1}{2}}\left(\frac{p-1}{2}\right)!\equiv\left(\frac{p-1}{2}\right)!(-1)^{\frac{p^2-1}{8}}(\bmod p).$$

由 $\left(p,\left(\frac{p-1}{2}\right)!\right)=1$ 及定理 3.4.1, 本定理得证.

评注 这里求 $(2/p)$ 的思想对于计算一般的 (a/p) 是有所启发的, 下面来证明一个重要的定理, 即 Gauss 引理.

命题 3.4.3 (Gauss 引理) 设 p 为奇素数, $(a,p)=1$, 若在

$$a,2a,\cdots,\left(\frac{p-1}{2}\right)a \tag{3.4.7}$$

的各个模 p 最小非负剩余中, 恰有 k 个大于 $(p-1)/2$, 则

$$\left(\frac{a}{p}\right)=(-1)^k. \tag{3.4.8}$$

证 设 $r_1, r_2, \cdots, r_l$ 表示在 (3.4.7) 中的模 p 最小非负剩余中, 不超过 $(p-1)/2$ 的那些数, 以 $s_1, s_2, \cdots, s_k$ 表示它们中大于 $(p-1)/2$ 的那些数, 由命题 3.4.1 知, 我们只要证明下式就行了,

$$a^{(p-1)/2} \equiv (-1)^k (\bmod\ p), \tag{3.4.9}$$

由 $r_i(1 \leqslant i \leqslant l)$ 及 $s_j(1 \leqslant j \leqslant k)$ 的定义知下面的 $(p-1)/2$ 个数

$$r_1, r_2, \cdots, r_l, p-s_1, p-s_2, \cdots, p-s_k \tag{3.4.10}$$

都是不超过 $(p-1)/2$ 的. 若能证明 (3.4.10) 中的数对模 p 两两不同余, 则它们必为

$$1, 2, \cdots, \frac{p-1}{2} \tag{3.4.11}$$

的一个排列. 由此可以推出 (3.4.9) 式.

现在来证明 (3.4.10) 中的数对模 p 两两不同余.

首先证明任意两个 $r_i, r_j(i \neq j)$ 对模 p 不同余, 这是因为若 $r_i \equiv r_j(\bmod\ p)$, 则必有 k_i, k_j 存在, 使得 $k_i a \equiv k_j a(\bmod\ p)$. 因为 $(a, p) = 1$, 所以必有 $k_i \equiv k_j$ $(\bmod\ p)$, 但 k_i, k_j 都不超过 $(p-1)/2$, 因此 $k_i = k_j$, 即 $i = j$.

用同样的方法可以证明当 $i \neq j$ 时 $p - s_i$ 与 $p - s_j$ 模 p 不同余.

最后来证明对任意的 i, j 恒有 r_i 和 $p - s_j$ 模 p 不同余. 因为由 r_i 和 s_j 的定义可知, 必有 u, v 存在, $1 \leqslant u, v \leqslant (p-1)/2$, 使得

$$r_i \equiv ua(\bmod\ p), \quad s_j \equiv va(\bmod\ p).$$

若有 $r_i \equiv p - s_j(\bmod\ p)$, 则得到 $a(u+v) \equiv 0(\bmod\ p)$. 由于 $(a, p) = 1$, 所以

$$(u+v) \equiv 0(\bmod\ p).$$

但 $1 \leqslant u + v < p - 1$, 矛盾!

这样我们证明了 (3.4.10) 中的数对模 p 两两不同余, 故它们是 (3.4.11) 的一个排列, 即

$$r_1 r_2 \cdots r_l (p-s_1)(p-s_2) \cdots (p-s_k) = 1 \cdot 2 \cdot 3 \cdot \cdots \cdot \frac{p-1}{2}.$$

但当 $1 \leqslant i \leqslant k$ 时, 有 $p - s_i \equiv -s_i(\bmod\ p)$, 故有

$$r_1 r_2 \cdots r_l s_1 s_2 \cdots s_k (-1)^k \equiv \left(\frac{p-1}{2}\right)!(\bmod\ p), \tag{3.4.12}$$

但 $r_1 r_2 \cdots r_l s_1 s_2 \cdots s_k$ 为 $a, 2a, \cdots, \dfrac{p-1}{2}a$ 的最小非负剩余, 所以

$$r_1 r_2 \cdots r_l s_1 s_2 \cdots s_k \equiv a \cdot (2a) \cdot \cdots \cdot \left(\frac{p-1}{2}a\right) (\bmod\ p). \tag{3.4.13}$$

由式 (3.4.12) 及式 (3.4.13) 得到

$$(-1)^k a(2a)\cdots\left(\frac{p-1}{2}a\right)\equiv\left(\frac{p-1}{2}\right)!(\bmod\ p),$$

消去 $\left(\frac{p-1}{2}\right)!$, 得到

$$\left(\frac{a}{p}\right)\equiv a^{\frac{p-1}{2}}\equiv(-1)^k(\bmod\ p).$$ 证毕.

例 3.4.6 求 $\left(\frac{5}{17}\right)$.

解 这里 $a=5$, $p=17$, $(p-1)/2=8$, 整数 $5,10,15,20,25,30,35,40$ 模 17 的最小非负剩余为

$$5,10,15,3,8,13,1,6,$$

其中有 3 个大于 8, 因此由命题 3.4.3 知 $(5/17)=-1$.

例 3.4.7 求证: 形如 $8n+3$ 的素数有无穷多个.

证 假设形如 $8n+3$ 的素数只有有限个 $p_1,p_2,\cdots,p_t$. 令

$$m=(p_1p_2\cdots p_t)^2+2,$$

易见 $m\equiv 3(\bmod\ 8)$. 设 p 是 m 的任一素因子, 则 $p\neq p_i(i=1,2,\cdots,l)$ 且

$$(p_1p_2\cdots p_t)^2+2\equiv 0(\bmod\ p),$$

即 $(p_1p_2\cdots p_t)^2\equiv -2(\bmod\ p)$, 亦即 -2 是模 p 的二次剩余, 因此 $\left(\frac{-2}{p}\right)=1$. 但由

$$\left(\frac{-2}{p}\right)=\left(\frac{-1}{p}\right)\left(\frac{2}{p}\right)=(-1)^{(p-1)/2}(-1)^{(p^2-1)/8}=(-1)^{(p+5)(p-1)/8},$$

可知 $(p+5)(p-1)/8$ 应为偶数, 于是 $p=8n+1$ 或 $p=8n+3$.

但由 $m\equiv 3(\bmod\ 8)$ 知 m 的素因数不能全为 $8n+1$ 的形式, 故 m 的素因数必有形如 $8n+3$ 的. 这就说明除 $p_1,p_2,\cdots,p_t$ 之外还有形如 $8n+3$ 的素数, 矛盾!

现在, 我们对一般的奇素数给出求 $\left(\frac{a}{p}\right)$ 的计算公式.

定理 3.4.3 设 a 为奇数, $(a,p)=1$, 则

$$\left(\frac{a}{p}\right)=(-1)^{\sum\limits_{j=1}^{(p-1)/2}\left[\frac{ja}{p}\right]}. \tag{3.4.14}$$

证 与命题 3.4.3 相同, 我们将

$$a, 2a, \cdots, \left(\frac{p-1}{2}\right)a$$

的最小非负剩余分成两类, 将不超过 $(p-1)/2$ 的归入一类, 记为

$$r_1, r_2, \cdots, r_l,$$

将大于 $(p-1)/2$ 的数归入另一类, 记为

$$s_1, s_2, \cdots, s_k.$$

在命题 3.4.3 的证明过程中, 我们已经证明了

$$r_1, r_2, \cdots, r_l, p-s_1, p-s_2, \cdots, p-s_k$$

为 $1, 2, \cdots, (p-1)/2$ 的一个排列. 故

$$\sum_{j=1}^{l} r_j + \sum_{i=1}^{k}(p-s_i) = \sum_{n=1}^{(p-1)/2} n = \frac{1}{2}\left(\frac{p-1}{2}\right)\left(\frac{p-1}{2}+1\right) = \frac{p^2-1}{8}. \qquad (3.4.15)$$

另一方面, 我们知道 $ja(j=1,2,\cdots,(p-1)/2)$ 模 p 的最小非负剩余就是 ja 用 p 相除所得的余数, 即

$$ja = \left[\frac{ja}{p}\right]\cdot p + \left\{\frac{ja}{p}\right\}\cdot p, \quad j=1,2,\cdots,\frac{p-1}{2}.$$

将上式对 $j(1 \leqslant j \leqslant (p-1)/2)$ 相加得到

$$\sum_{j=1}^{(p-1)/2} ja = \sum_{j=1}^{(p-1)/2}\left[\frac{ja}{p}\right]p + \sum_{j=1}^{(p-1)/2}\left\{\frac{ja}{p}\right\}p,$$

上式亦可写成

$$\frac{p^2-1}{8}a = a\sum_{j=1}^{(p-1)/2} j = p\sum_{j=1}^{(p-1)/2}\left[\frac{ja}{p}\right] + \sum_{j=1}^{l} r_j + \sum_{j=1}^{k} s_j.$$

再将该等式的右边同时加减 $\sum_{i=1}^{k}(p-s_i)$, 将 (3.4.14) 代入得

$$\frac{p^2-1}{8}a = p\sum_{j=1}^{(p-1)/2}\left[\frac{ja}{p}\right] + 2\sum_{j=1}^{k} s_j - pk + \frac{p^2-1}{8},$$

重新整理得

$$\frac{p^2-1}{8}(a-1)=p\left(\sum_{j=1}^{(p-1)/2}\left[\frac{ja}{p}\right]-k\right)+2\sum_{j=1}^{k}s_j.$$

因为 $(p^2-1)/8$ 为整数, $a-1$ 为偶数, 所以 $\sum\limits_{j=1}^{(p-1)/2}\left[\frac{ja}{p}\right]-k$ 一定亦为偶数, 亦即

$$(-1)^{\sum\limits_{j=1}^{(p-1)/2}\left[\frac{ja}{p}\right]-k}=1.$$

由此及命题 3.4.3 即可推出 (3.4.14) 成立. 证毕.

3.4.3 高斯二次互反律

现在, 我们给出二次剩余理论中最优美的成果, 即高斯二次互反律.

定理 3.4.4 (二次互反律) 若 p,q 为两个不同的奇素数, 则有

$$\left(\frac{q}{p}\right)\left(\frac{p}{q}\right)=(-1)^{\frac{p-1}{2}\cdot\frac{q-1}{2}}.$$

历史聚焦 二次互反律被高斯誉为算术中的宝石. 他在其名著《算术研究》(1801) 中分别用数学归纳法、二次型理论、高斯和整系数多项式的同余关系给出该定律的各种证明. 作为同余理论的中心结果, 二次互反律在数论后来的发展中起着重要作用. 我们已故著名数学家华罗庚先生曾恰当地将它喻为"数论中的酵母". 德国大数学家希尔伯特 (Hilbert, 1862—1943) 在 1897 年研究了这一十九世纪数论的关键问题, 将二次互反律推广到代数数域, 并进而开创了著名的类域理论.

评注 易见二次互反律也可以表示为

$$\left(\frac{p}{q}\right)=(-1)^{\frac{p-1}{2}\cdot\frac{q-1}{2}}\left(\frac{q}{p}\right).$$

进而有

$$\left(\frac{p}{q}\right)=\begin{cases}\left(\frac{q}{p}\right), & p\equiv 1(\bmod 4)\text{或}q\equiv 1(\bmod 4),\\ -\left(\frac{q}{p}\right), & p\equiv q\equiv -1(\bmod 4).\end{cases}$$

由勒让德符号的定义可知, $\left(\frac{q}{p}\right)$ 和 $\left(\frac{p}{q}\right)$ 分别刻画了二次同余方程 $x^2\equiv q\ (\bmod p)$ 和 $x^2\equiv p(\bmod q)$ 是否有解, 即 q 是否是模 p 的二次剩余和 p 是否是模 q 的二次剩余. 这两个问题中任意一个的模数和余数的位置互换就成了另外一个问题. 定理 3.4.4 刻画了这两者之间的关系, 二次互反律由此而得名.

此外, 如果我们能更深入地思考, 不难发现, 就其本质而言, 高斯的二次互反律的深层次思想, 其实就是欧几里得辗转相除法的原理用同余术语表述而已. 由此可见, 辗转相除法的思想在数论中有何等重要!

定理 3.4.4 的证明 由定理 3.4.3 可知

$$\left(\frac{q}{p}\right)\left(\frac{p}{q}\right)=(-1)^k,$$

这里 $k=\sum\limits_{k=1}^{(q-1)/2}\left[\frac{kp}{q}\right]+\sum\limits_{k=1}^{(p-1)/2}\left[\frac{kq}{p}\right]$. 因此, 归结为要证明

$$k=\frac{p-1}{2}\cdot\frac{q-1}{2}.$$

与例 1.3.4 一样, 考察整点 (x,y), 其中 $1\leqslant x\leqslant\frac{p-1}{2}$, $1\leqslant y\leqslant\frac{q-1}{2}$, 易见这种整点共有 $\frac{p-1}{2}\cdot\frac{q-1}{2}$ 个.

显然, 这些整点都不满足 $qx=py$, 否则有 $q|py$, 从而 $q|y$, 但 $1\leqslant y\leqslant\frac{q-1}{2}$, 矛盾! 我们按照 qx 和 py 的大小将这些整点分成两组 (图 3.4.1).

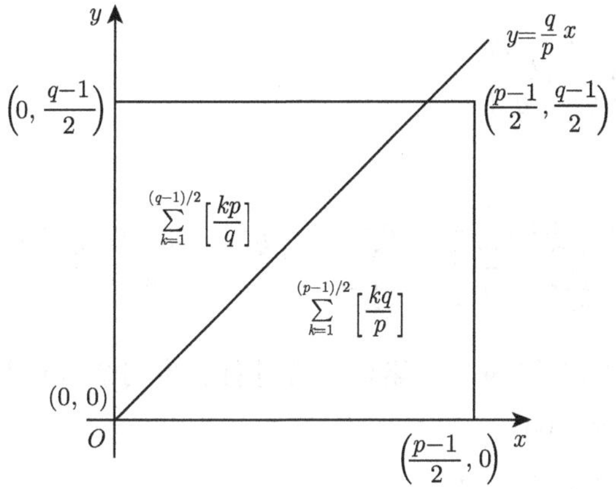

图 3.4.1

首先, 因为一个整点 (x,y) 满足

$$1\leqslant x\leqslant\frac{p-1}{2},\quad 1\leqslant y\leqslant\frac{q-1}{2},\quad qx>py,$$

当且仅当它满足

$$1\leqslant x\leqslant\frac{p-1}{2},\quad 1\leqslant y\leqslant\frac{q}{p}x.$$

所以对每个给定的 $x(1 \leqslant x \leqslant (p-1)/2)$, 变量 y 有 $\left[\frac{q}{p}x\right]$ 种取值的可能, 所以满足

$$1 \leqslant x \leqslant \frac{p-1}{2}, \quad 1 \leqslant y \leqslant \frac{q-1}{2}, \quad qx > py$$

的整点的总数为 $\sum\limits_{k=1}^{(p-1)/2} \left[\frac{qk}{p}\right]$.

与刚才讨论类似, 因为一个整点 (x, y) 满足

$$1 \leqslant x \leqslant \frac{p-1}{2}, \quad 1 \leqslant y \leqslant \frac{q-1}{2}, \quad qx < py$$

当且仅当它满足

$$1 \leqslant x \leqslant \frac{p-1}{2}, \quad 1 \leqslant y \leqslant \frac{p}{q}y,$$

所以对每个给定的 $y(1 \leqslant y \leqslant (q-1)/2)$, 变量 x 有 $\left[\frac{p}{q}y\right]$ 种取值的可能, 所以满足

$$1 \leqslant x \leqslant \frac{p-1}{2}, \quad 1 \leqslant y \leqslant \frac{q-1}{2}, \quad qx < py$$

的整点的总数为 $\sum\limits_{k=1}^{(p-1)/2} \left[\frac{pk}{q}\right]$.

综上所述即得

$$\sum_{k=1}^{(q-1)/2} \left[\frac{qk}{p}\right] + \sum_{k=1}^{(p-1)/2} \left[\frac{pk}{q}\right] = \frac{p-1}{2} \cdot \frac{q-1}{2}.$$

例 3.4.8 已知 79 与 563 是素数. 试判别下述同余方程是否有解:

(1) $x^2 \equiv 429 (\bmod 563)$;

(2) $x^2 - 3x + 5 \equiv (\bmod 79)$.

解 (1) $\left(\frac{429}{563}\right) = \left(\frac{3 \cdot 11 \cdot 13}{563}\right) = \left(\frac{3}{563}\right)\left(\frac{11}{563}\right)\left(\frac{13}{563}\right)$

$$= (-1)^{\frac{3-1}{2} \cdot \frac{563-1}{2}} \left(\frac{563}{3}\right) (-1)^{\frac{11-1}{2} \cdot \frac{563-1}{2}} \left(\frac{563}{11}\right) (-1)^{\frac{13-1}{2} \cdot \frac{563-1}{2}} \left(\frac{563}{13}\right)$$

$$= \left(\frac{2}{3}\right)\left(\frac{2}{11}\right)\left(\frac{4}{13}\right) = (-1)(-1) \cdot 1 = 1,$$

故 (1) 中的同余方程有解.

(2) 由 $x^2-3x+5\equiv x^2-82x+5\equiv(x-41)^2-41^2+5 \pmod{79}$, 令 $y=x-41$, 则原同余方程化为 $y^2\equiv 17 \pmod{79}$. 又

$$\begin{aligned}\left(\frac{17}{79}\right)&=(-1)^{\frac{17-1}{2}\cdot\frac{79-1}{2}}\left(\frac{79}{17}\right)=\left(\frac{11}{17}\right)\\&=(-1)^{\frac{17-1}{2}\cdot\frac{11-1}{2}}\left(\frac{17}{11}\right)=\left(\frac{6}{11}\right)=\left(\frac{2}{11}\right)\left(\frac{3}{11}\right)=-1.\end{aligned}$$

故 $y^2=17 \pmod{79}$ 无解, 因此原同余方程也无解.

例 3.4.9 (1) 求以 3 为其二次剩余的全体素数;

(2) 求以 -3 为其二次剩余的全体素数.

解 (1) 由

$$\left(\frac{3}{p}\right)=(-1)^{\frac{p-1}{2}\cdot\frac{3-1}{2}}\left(\frac{p}{3}\right)=(-1)^{\frac{p-1}{2}}\left(\frac{p}{3}\right),$$

及

$$(-1)^{\frac{p-1}{2}}=\begin{cases}1, & p\equiv 1 \pmod{4},\\ -1, & p\equiv -1 \pmod{4},\end{cases}\qquad \left(\frac{p}{3}\right)=\begin{cases}1, & p\equiv 1 \pmod{3},\\ -1, & p\equiv -1 \pmod{3},\end{cases}$$

得 $\left(\frac{3}{p}\right)=1$ 的充要条件是

$$p\equiv 1 \pmod{4}\text{且}p\equiv 1 \pmod{3};\quad \text{或}p\equiv -1 \pmod{4}\text{且}p\equiv -1 \pmod{3}.$$

由 $p\equiv 1 \pmod{4}$, $p\equiv 1 \pmod{3}$ 得 $p\equiv 1 \pmod{12}$;

由 $p\equiv -1 \pmod{4}$, $p\equiv -1 \pmod{3}$ 得 $p\equiv -1 \pmod{12}$.

故 3 是模 p 的二次剩余的充要条件是: $p\equiv \pm 1 \pmod{12}$.

(2) $\left(\frac{-3}{p}\right)=1$ 当且仅当

$$\begin{cases}\left(\frac{-1}{p}\right)=1,\\ \left(\frac{3}{p}\right)=1\end{cases}\quad\text{或}\begin{cases}\left(\frac{-1}{p}\right)=-1,\\ \left(\frac{3}{p}\right)=-1.\end{cases}$$

由 (1) 的解题过程及中国剩余定理可得 $\left(\frac{3}{p}\right)=-1$ 当且仅当 $p\equiv \pm 5 \pmod{12}$.

于是 $\left(\frac{-3}{p}\right)=1$ 当且仅当

$$\begin{cases}p\equiv 1 \pmod{4},\\ p\equiv \pm 1 \pmod{12}\end{cases}\quad\text{或}\begin{cases}p\equiv 3 \pmod{4},\\ p\equiv \pm 5 \pmod{12}.\end{cases}$$

由 $\begin{cases} p \equiv 1(\mathrm{mod}\ 4), \\ p \equiv \pm 1(\mathrm{mod}\ 12), \end{cases}$ 可得 $p \equiv 1(\mathrm{mod}\ 12)$; 易见 $\begin{cases} p \equiv 3(\mathrm{mod}\ 4), \\ p \equiv -5(\mathrm{mod}\ 12). \end{cases}$ 无解. 由 $\begin{cases} p \equiv 3(\mathrm{mod}\ 4), \\ p \equiv -5(\mathrm{mod}\ 12), \end{cases}$ 可解得 $p \equiv 7(\mathrm{mod}\ 12)$.

综上所述得: -3 是模 p 的二次剩余当且仅当 $p \equiv 1(\mathrm{mod}\ 6)$.

例 3.4.10 求以 7 为其二次剩余的所有奇素数.

解 由 Gauss 二次互反律

$$\left(\frac{7}{p}\right) = (-1)^{(p-1)/2}\left(\frac{p}{7}\right).$$

直接计算得

$$\left(\frac{p}{7}\right) = \begin{cases} 1, & p \equiv 1, 2, -3(\mathrm{mod}\ 7), \\ -1, & p \equiv -1, -2, 3(\mathrm{mod}\ 7). \end{cases} \quad (-1)^{(p-1)/2} = \begin{cases} 1, & p \equiv 1(\mathrm{mod}\ 4), \\ -1, & p \equiv 3(\mathrm{mod}\ 4). \end{cases}$$

解同余方程组

$$\begin{cases} x \equiv a_1(\mathrm{mod}\ 4), \\ x \equiv a_2(\mathrm{mod}\ 7). \end{cases}$$

当 $a_1 = 1$ 时, a_2 取 $1, 2, -3$; 当 $a_1 = -1$ 时, a_2 取 $-1, -2, 3$. 利用中国剩余定理可解得当

$$p \equiv \pm 1, \pm 3, \pm 9(\mathrm{mod}\ 28) \tag{3.4.16}$$

时有 $\left(\frac{p}{7}\right) = 1$, 即 7 是以满足式 (3.4.16) 的所有奇素数为模的二次剩余.

评注 这里仅对 $a = \pm 3$ 以及 7 这三个整数回答了前面 3.4.1 节中提出的关于二次剩余的基本问题 (B). 由此可见, 对一般的 a 要回答关于二次剩余的基本问题 (B) 有多么复杂.

3.4.4 雅可比符号

因为高斯二次互反律的引进, 勒让德符号的计算得以简化, 但这样的计算必须知道整数的标准分解式. 然而, 求整数的标准分解式并不存在一般的方法. 因此, 勒让德符号仍存在一定的缺憾. 行列式概念创始人雅可比看到了这一点, 他把勒让德符号 $\left(\frac{a}{p}\right)$ 中的素数 p 改为一般的奇数 m, 即给出了下述定义.

定义 3.4.3 雅比可符号 $\left(\frac{a}{m}\right)$(读作 a 对模 m 的雅可比符号) 是一个对于任何大于 1 的奇数 m 定义在所有整数 a 上的函数, 它的取值为

$$\left(\frac{a}{m}\right) = \left(\frac{a}{p_1}\right)\left(\frac{a}{p_2}\right)\cdots\left(\frac{a}{p_k}\right),$$

其中 $m = p_1p_2\cdots p_k$, p_i 是素数, $\left(\dfrac{a}{p_i}\right)$ 是 a 对模 p_i 的勒让德符号.

评注 显然, 当 m 为奇素数时, 雅可比符号就是勒让德符号, 所以雅可比符号的确是勒让德符号的推广. 与勒让德符号一样, 雅可比符号的取值只可能是 1 或 -1.

当 $\left(\dfrac{a}{m}\right) = -1$ 时, 同余方程 $x^2 \equiv a(\bmod m)$ 必定无解. 这是因为如果它有解, 那么每个同余方程 $x^2 \equiv a(\bmod p_i)(1 \leqslant i \leqslant k)$ 都有解, 于是 $\left(\dfrac{a}{p_i}\right) = 1(1 \leqslant i \leqslant k)$, 这与 $\left(\dfrac{a}{m}\right) = -1$ 矛盾! 但是当 $\left(\dfrac{a}{m}\right) = 1$ 时, 同余方程 $x^2 \equiv a(\bmod m)$ 不一定有解, 因为这时可能有偶数个 $\left(\dfrac{a}{p_i}\right) = -1$, 于是 $x^2 \equiv a(\bmod p_i)$ 无解, 这样 $x^2 \equiv a(\bmod m)$ 不可能有解, 这是雅可比符号与勒让德符号的不同之处. 例如

$$\left(\frac{2}{9}\right) = \left(\frac{2}{3}\right)\left(\frac{2}{3}\right) = (-1)(-1) = 1,$$

但易见同余方程 $x^2 \equiv 2(\bmod 9)$ 无解.

雅可比符号的主要特点, 就是不要求 m 为奇素数, 如果对它我们能有一种直接的雅可比符号的计算方法, 即不要化成勒让德符号后再计算的方法, 那么就避免了应用互反律时, 一定需要分解为素因子乘积的麻烦. 因此, 我们寄希望于雅可比符号也具有勒让德符号类似的性质, 尤其是二次互反律照样成立, 这样就能给计算带来便利. 其实, 下面的引理将有助于我们的愿望得以实现.

引理 3.4.1 若 $m = p_1p_2\cdots p_k$, $p_i(1 \leqslant i \leqslant k)$ 为奇素数, 则

$$\frac{m-1}{2} \equiv \sum_{i=1}^{k} \frac{p_i - 1}{2}(\bmod 2),$$

$$\frac{m^2-1}{8} \equiv \sum_{i=1}^{k} \frac{p_i^2 - 1}{8}(\bmod 2).$$

证

$$\begin{aligned}\frac{m-1}{2} &= \frac{p_1p_2\cdots p_k - 1}{2}\\ &= \frac{1}{2}\left[\left(1 + 2\cdot\frac{p_1-1}{2}\right)\left(1 + 2\cdot\frac{p_2-1}{2}\right)\cdots\left(1 + 2\cdot\frac{p_k-1}{2}\right) - 1\right],\end{aligned}$$

$$\begin{aligned}\frac{m^2-1}{8} &= \frac{(p_1p_2\cdots p_k)^2 - 1}{8}\\ &= \frac{1}{8}\left[\left(1 + 8\cdot\frac{p_1^2-1}{8}\right)\left(1 + 8\cdot\frac{p_2^2-1}{8}\right)\cdots\left(1 + 8\cdot\frac{p_k^2-1}{8}\right) - 1\right].\end{aligned}$$

对上面二式的右边相乘展开即可完成引理 3.4.1 的证明.

现在我们利用引理 3.4.1 证明

$$\left(\frac{2}{m}\right)=(-1)^{\frac{m^2-1}{8}},$$

其中 $m=p_1p_2\cdots p_k$, $p_i(1\leqslant i\leqslant k)$ 为奇素数. 由定义及命题 3.4.2, 结合引理可得

$$\left(\frac{2}{m}\right)=\prod_{i=1}^{k}\left(\frac{2}{p_i}\right)=\prod_{i=1}^{k}(-1)^{\frac{p_i^2-1}{8}}=(-1)^{\sum\limits_{i=1}^{k}\frac{p_i^2-1}{8}}=(-1)^{\frac{m^2-1}{8}}.$$

同理可验证 $\left(\dfrac{-1}{m}\right)=(-1)^{\frac{m-1}{2}}$.

接下来我们再验证二次互反律:

$$\left(\frac{n}{m}\right)=(-1)^{\frac{m-1}{2}\cdot\frac{n-1}{2}}\left(\frac{m}{n}\right),$$

其中 m,n 为奇数.

若 $(m,n)=d>1$, 则由定义可知 $\left(\dfrac{n}{m}\right)=\left(\dfrac{m}{n}\right)=0$ 自然成立. 现设 $(m,n)=1$, 并设

$$m=p_1p_2\cdots p_k,\quad n=q_1q_2\cdots q_s,$$

这里 $p_i(1\leqslant i\leqslant k)$, $q_j(1\leqslant j\leqslant s)$ 为奇素数, 且满足 $(p_i,q_j)=1$, $1\leqslant i\leqslant k$, $1\leqslant j\leqslant s$. 所以

$$\left(\frac{n}{m}\right)\left(\frac{m}{n}\right)=\prod_{i=1}^{k}\prod_{j=1}^{s}\left(\frac{q_j}{p_i}\right)\left(\frac{p_i}{q_j}\right)=(-1)^k.$$

由 Gauss 符号的二次互反律知

$$k=\sum_{i=1}^{k}\sum_{j=1}^{s}\frac{1}{2}(p_i-1)\cdot\frac{1}{2}(q_j-1)=\sum_{i=1}^{k}\frac{1}{2}(p_i-1)\sum_{j=1}^{s}\frac{1}{2}(q_j-1).$$

由此及引理 3.4.1 立即得到

$$(-1)^k=(-1)^{\frac{m-1}{2}\cdot\frac{n-1}{2}}.$$

例 3.4.11 计算 $\left(\dfrac{33}{73}\right)$.

解

$$\left(\frac{33}{73}\right)=(-1)^{16\cdot 36}\left(\frac{73}{33}\right)=\left(\frac{73}{33}\right)=\left(\frac{7}{33}\right),$$

$$\left(\frac{7}{33}\right)=(-1)^{3\cdot 16}\left(\frac{33}{7}\right)=\left(\frac{33}{7}\right)=\left(\frac{5}{7}\right),$$

$$\left(\frac{5}{7}\right)=(-1)2\cdot 3\left(\frac{7}{5}\right)=\left(\frac{7}{5}\right)=\left(\frac{2}{5}\right)=-1,$$

所以 $\left(\frac{33}{73}\right)=-1.$

3.4.5 二次同余方程解的模式

从 3.4.1 节开始一直到 3.4.5 节, 我们只讲一个中心问题, 就是二次同余方程

$$x^2\equiv a(\bmod m)$$

是否有解的问题. 接下来, 我们要讨论二次齐次同余方程的第二个中心问题, 即二次同余方程解的模式. 首先讨论素数模二次同余方程

$$x^2\equiv a(\bmod p) \tag{3.4.17}$$

解的模式. 其中 p 是奇素数, $(p,a)=1$.

分析 我们已经知道, 当 $\left(\frac{a}{p}\right)=1$ 时, 同余方程 (3.4.17) 有解, 那么其解是具有什么形式?

欧拉判别法告诉我们, 此时有

$$a^{\frac{1}{2}(p-1)}\equiv 1(\bmod p),$$

于是有

$$a^{\frac{1}{2}(p+1)}=a^{\frac{1}{2}(p-1)}\cdot a\equiv a(\bmod p).$$

上式可改写作

$$\left(a^{\frac{1}{4}(p+1)}\right)^2\equiv a(\bmod p).$$

假若 $k=\frac{1}{4}(p+1)$ 为整数, 则有 $(a^k)^2\equiv a(\bmod p)$, 同余方程 (3.4.17) 有解:

$$x\equiv \pm a^k(\bmod p).$$

在什么情况下 $k=\frac{1}{4}(p+1)$ 是整数呢?

(i) 若 k 是奇数, 则有 $\frac{1}{4}(p+1)\equiv 1(\bmod 2)$, 即 $p\equiv 3(\bmod 8)$;

(ii) 若 k 是偶数, 则有 $\frac{1}{4}(p+1)\equiv 0(\bmod 2)$, 即 $p\equiv 7(\bmod 8)$.

综上所述, 我们可以得到下述命题.

命题 3.4.4 当 $p\equiv 3 \pmod 8$ 或 $p\equiv 7 \pmod 8$ 时, 若同余方程 (3.4.17) 有解, 则必有下述形式的解:

$$x\equiv \pm a^{\frac{1}{4}(p+1)} \pmod p.$$

评注 若 k 不为整数, 上述求解方法行不通. 但是, 可以仿照上述原则进行处理. 因为 p 是奇素数, 关于模 8, 只有下面 4 种情形:

$$p\equiv 1 \pmod 8,\quad p\equiv 3 \pmod 8,\quad p\equiv 5 \pmod 8,\quad p\equiv 7 \pmod 8,$$

而 $p\equiv 3 \pmod 8$, $p\equiv 7 \pmod 8$ 这两种情形在上面我们已经进行了讨论. 我们先讨论 $p\equiv 5 \pmod 8$ 时的情形. 此时 $\dfrac{1}{4}(p-1)$ 是整数, 方程 (3.4.17) 有解, 由欧拉判别法则可得

$$a^{\frac{1}{2}(p-1)}\equiv 1 \pmod p,$$

分解因式得

$$\left(a^{\frac{1}{4}(p-1)}-1\right)\left(a^{\frac{1}{4}(p-1)}+1\right)\equiv 0 \pmod p.$$

因此有

$$a^{\frac{1}{4}(p-1)}-1\equiv 0 \pmod p \quad 或 \quad a^{\frac{1}{4}(p-1)}+1\equiv 0 \pmod p.$$

假若前式成立, 则有

$$a^{\frac{1}{4}(p-1)}\cdot a\equiv a \pmod p, \quad 即 \quad a^{\frac{1}{4}(p+3)}\equiv a \pmod p,$$

这时有

$$(a^{\frac{1}{8}(p+3)})^2\equiv a \pmod p.$$

$\dfrac{1}{8}(p+3)$ 是整数, 故方程 (3.4.17) 有下述形式的解:

$$x\equiv \pm a^{\frac{1}{8}(p+3)} \pmod p.$$

假若后式成立, 则有

$$a^{\frac{1}{4}(p+3)}\equiv -a \pmod p.$$

由 $\left(\dfrac{2}{p}\right)=(-1)^{\frac{p^2-1}{8}}=-1$ 可知, 2 是 p 的平方非剩余, 依据欧拉判别法则有

$$2^{(p-1)/2}\equiv -1 \pmod p,$$

与前式相乘可得

$$2^{(p-1)/2}\cdot 2^{(p+3)/4}\equiv a \pmod p.$$

故方程 (3.4.17) 具有下述形式的解:

$$x \equiv \pm 2^{(p-1)/4} \cdot a^{(p+3)/8} (\bmod\ p).$$

综上所述, 我们可得到如下命题.

命题 3.4.5 当 $p \equiv 5(\bmod\ 8)$ 时, 如果同余方程 (3.4.17) 有解, 那么下述命题成立:

(1) 若 $a^{(p-1)/4} \equiv 1(\bmod\ p)$, 则必有下述形式的解为

$$x \equiv \pm a^{(p+3)/8} (\bmod\ p);$$

(2) 若 $a^{(p-1)/4} \equiv -1(\bmod\ p)$, 则必有下述形式的解:

$$x \equiv \pm 2^{(p-1)/4} \cdot a^{(p+3)/8} (\bmod\ p).$$

评注 至于 $p \equiv 1(\bmod\ 8)$ 的情形, 比前面讨论的三种情形要复杂得许多, 没有一般结论, 但有一些求解的原则, 这里不展开讨论.

例 3.4.12 求解下列同余方程:

(1) $x^2 \equiv 3(\bmod\ 11)$; (2)$x^2 \equiv 3(\bmod\ 13)$.

解 (1) 因为 $\left(\dfrac{3}{11}\right) = -\left(\dfrac{11}{3}\right) = -\left(\dfrac{2}{3}\right) = 1$, 且 $11 \equiv 3(\bmod\ 4)$, 所以由定理 3.4.8, $x^2 \equiv 3(\bmod\ 11)$ 的解为

$$x \equiv \pm 3^{(11+1)/4} \equiv \pm 5(\bmod\ 11).$$

(2) 因为 $\left(\dfrac{3}{13}\right) = \left(\dfrac{13}{3}\right) = \left(\dfrac{1}{3}\right) = 1$, 又因为 $13 \equiv 5(\bmod\ 8)$ 且 $3^{(13-1)/4} = 3^3 \equiv 1(\bmod\ 13)$, 所以由定理 3.4.9(2) 可知, $x^2 \equiv 3(\bmod\ 13)$ 的解为

$$x \equiv \pm 3^{(13+3)/8} \equiv \pm 9(\bmod\ 13).$$

接下来, 我们讨论合数模二次同余方程的解数及其解的模式. 由同余方程的同解理论可知, 只需讨论奇数幂模 p^α 及模 2^α 两种情形. 关于奇数幂模 p^α 的情形可利用前面已经获得的素数幂模高次同余方程的结果直接推得下面的命题.

命题 3.4.6 若 p 是一个奇素数, 且 $(p, a) = 1$, 则二次同余方程

$$x^2 \equiv a(\bmod\ p^\alpha) \tag{3.4.18}$$

的解数与 $x^2 \equiv a(\bmod\ p)$ 的解数相同, 其中 $\alpha > 1$.

证 首先注意到, 对于 $f(x) = x^2 - a$ 有 $f'(x) = 2x$, 若 x_0 是同余方程 $x^2 \equiv a(\bmod\ p)$ 的解, 则有 $(p, x_0) = 1$, 又 $(2, p) = 1$, 故有 $(f'(x_0), p) = 1$.

若 $x^2\equiv a(\bmod\ p)$ 有解, 则恰好有两个解, 设为 $x\equiv\pm x_0(\bmod\ p)$. 于是由推论 3.3.5 可知, 对任意 $\alpha>1$, $x^2\equiv a(\bmod\ p^\alpha)$ 都有两个解. 因为 $x^2\equiv a(\bmod\ p^\alpha)$ 的解都是 $x^2\equiv a(\bmod\ p)$ 的解, 所以前者不可能有更多的解. 若 $x^2\equiv a(\bmod\ p)$ 无解, 那么显然 $x^2\equiv a(\bmod\ p^\alpha)$ 也无解.

综上, $x^2\equiv a(\bmod\ p^\alpha)$ 的解数与 $x^2\equiv a(\bmod\ p)$ 的解数相同.

关于素数幂模 p^α 二次同余方程解的模式完全类同于高次同余方程的情形, 下面通过具体的例子予以说明.

例 3.4.13 求同余方程 $x^2\equiv 47(\bmod\ 11^2)$ 的解.

解 首先, 不难发现 $x^2\equiv 47\equiv 3(\bmod\ 11)$ 有解 $x\equiv\pm 5(\bmod\ 11)$, 因此 $x^2\equiv 47(\bmod\ 11^2)$ 应该有两个解. 其形式为

$$x\equiv 11k+5(\bmod\ 11^2)\quad 或\quad x\equiv 11k-5(\bmod\ 11^2),$$

其中 k 待定.

若解的形式为 $x\equiv 11k+5(\bmod\ 11^2)$, 则代入得

$$47\equiv(11k+5)^2\equiv 11^2k^2+110k+25\equiv 110k+25(\bmod\ 11^2),$$

即 $110k\equiv 22(\bmod\ 11^2)$, 这等价于 $10k\equiv 2(\bmod\ 11)$, 解得 $k\equiv 9(\bmod\ 11)$, 故

$$x\equiv 11\times 9+5\equiv 104(\bmod\ 11^2)$$

是 $x^2\equiv 47(\bmod\ 11^2)$ 的一个解. 于是, 另一个解为 $x\equiv -104\equiv 17(\bmod\ 11^2)$.

综上, $x^2\equiv 47(\bmod\ 11^2)$ 的解为 $x\equiv 104(\bmod\ 11^2)$ 或 $x\equiv 17(\bmod\ 11^2)$.

下面讨论模 $2^\alpha(\alpha\geqslant 1)$ 二次同余方程的解数及其解的模式.

命题 3.4.7 若 a 是一个奇数, 则

(1) $x^2\equiv a(\bmod\ 2)$ 有且仅有一个解.

(2) $x^2\equiv a(\bmod\ 2^2)$ 有解当且仅当 $a\equiv(\bmod\ 4)$. 进一步, 当 $x^2\equiv a(\bmod\ 2^2)$ 有解时, 它共有两个解.

(3) 对任意 $\alpha\geqslant 3$, $x^2\equiv a(\bmod\ 2^\alpha)$ 有解当且仅当 $a\equiv 1(\bmod\ 8)$. 进一步, 当 $x^2\equiv a(\bmod\ 2^\alpha)$ 有解时, 它共有四个解:

$$x\equiv\pm x_0,\pm(x_0+2^{\alpha-1})(\bmod\ 2^\alpha),$$

其中 x_0 为某个特解.

证 (1) 显然, $x\equiv 1(\bmod\ 2)$ 是 $x^2\equiv a(\bmod\ 2)$ 的唯一解.

(2) 将 $0,1,2,3$ 代入 $x^2\equiv a(\bmod\ 2^2)$ 知, 它有解时, 解只可能是

$$x\equiv 1(\bmod\ 4)\quad 或\quad x\equiv 3(\bmod\ 4).$$

这两种情形都有 $a \equiv 1(\mathrm{mod}\ 4)$. 反过来, 若 $a \equiv 1(\mathrm{mod}\ 4)$, 那么 $x^2 \equiv a(\mathrm{mod}\ 2^2)$ 有解 $x \equiv \pm 1(\mathrm{mod}\ 4)$. 因此 (2) 成立.

(3) 当 $\alpha \geqslant 3$ 时, 如果 $x^2 \equiv a(\mathrm{mod}\ 2^\alpha)$ 有解, 那么它的解必为奇数, 设为 $2l+1$. 于是有

$$(2l+1)^2 \equiv a(\mathrm{mod}\ 2^\alpha),$$

即 $4l(l+1)+1 \equiv a(\mathrm{mod}\ 2^\alpha)$, 因此 $a \equiv 1(\mathrm{mod}\ 8)$.

当 $\alpha = 3$ 时, 若 $a \equiv 1(\mathrm{mod}\ 8)$, 则 $x^2 \equiv a(\mathrm{mod}\ 2^\alpha)$ 有四个解: $1,3,5,7$, 即 $x \equiv \pm 1, \pm 3(\mathrm{mod}\ 2^3)$ 是其解.

当 $\alpha > 3$ 时, 可用数学归纳法完成证明, 由于讨论比较复杂, 这里略.

3.4.6 二次剩余在零知识证明中的应用

所谓零知识证明, 就是指证明者 (prover) 能够在不向验证者 (verifier) 泄漏任何有用信息的情况下, 使验证者相信证明者的某个论断是正确的.

零知识证明实质上是一种涉及两方或更多方的协议. 例如, 假设 B 知道 A 的公钥, 但 B 没有见过 A, 而 A 见过 B 的照片. 偶然某天两人见面了, A 认出了 B, 但 B 不能确定面前的人是否是 A, 此时 A 需要向 B 证明自己就是 A.A 至少有 2 种证明方式供选择.

其一是, A 把自己的私钥给 B, B 对某个数据先用 A 的公钥加密, 然后用这个私钥解密, 如果正确, 则证明对方确实是 A.

其二是, B 随机选取数据用 A 的公钥加密, 将加密后的数据交给 A, 用自己的私钥对其解密, 然后把解密后的数据交给 B. 如果这个数据与 B 原来随机选取的数据相同, 则证明对方确实是 A.

上述第二种办法就属于零知识证明, 其中 A 作为证明者, 而 B 作为验证者. 零知识证明可用于使某人相信你拥有一个秘密的可验证的信息, 但又不用把有关的信息泄露出去, 即给外界的 "知识" 为 "零". 零知识证明在密码学中非常有用.

零知识证明通常要求满足下述 3 个条件:

(1) **完备性**(completeness) 如果证明者的陈述都是真的, 那么诚实的证明者能使严格执协议的验证者相信某个论断.

(2) **可靠性**(soundness) 如果证明的陈述是假的 (即他可能不知道秘密信息), 那么证明者成功欺骗严格执行协议的验证者的概率非常小.

(3) **零知识**(zero-knowledge) 在验证过程中, 秘密不会泄露给验证者. 特别地, 验证者不可能向第三方证实他拥有该秘密.

有必要明白, 零知识证明不是确定性数学意义上的证明, 因为可靠性中允许证明者以一个非常小的概率成功欺骗验证者, 即这种证明以一定的概率正确, 但这不

是数学上的确定性正确. 当然, 有一些技巧 (如多次验证) 可以帮助我们将可靠性中的错误概率降低到一个非常小的范围.

下面的零知识证明协议是 1985 年 A.Shamir 发明的.

设 $n=pq$, 其中 p,q 是两个不同的 $4k+3$ 型的大素数, I 是正整数, 它表示证明者的某个特别的信息, 如个人身份证号码、出生年月等. 证明者选取一个小的正整数 c, 并将 c 粘接在 I 之后, 粘接后的数记为 v(例如, $I=2015$, $c=10$, 则 $v=201510$), 这里 c 的选取要求使得 v 是模 n 的二次剩余. 设 u 是 $x^2\equiv v(\text{mod } n)$ 的一个解, 仅仅证明者知道.

Shamir 的零知识证明协议的安全性是基于二次剩余问题难求解这个假设的基础之上. 即证明者由于知道 p,q, 很容易得到 $x^2\equiv v(\text{mod } n)$ 的解, 而其他不知道整数 n 分解的人不可能在合理的时间内计算出 $x^2\equiv v(\text{mod } n)$ 的解. 证明者 A 为了向验证者 B 证明他知道 p,q, 他们使用下面的交互式证明.

(1) 证明者 A 随机选取一个与 n 互素的数 r, 计算 $x=r^2 \bmod n$ 和 $y=vx^{-1} \bmod n$, 其中 x^{-1} 是 x 模 n 的逆元. 将 x 和 y 发送给验证者 B.

(2) B 验证 $xy\equiv v(\text{mod } n)$, 且随机选取一个 b(b 取 0 或 1) 发送给 A.

(3) 若 $b=0$, 则 A 发送 r 给 B; 若 $b=1$, 则 A 发送 s 给 B, 这里 $s=ur^{-1} \bmod n$, 其 r^{-1} 是 r 模 n 的逆元.

(4) B 计算收到值的平方, 如果他在步骤 (2) 发出的是 0, 那么他验证这个平方关于模 n 是否与 x 同余; 如果他在步骤 (2) 发出的是 1, 那么他验证这个平方关于模 n 是否与 y 同余.

上面 4 个步骤形成一个循环, 完成一次验证.

有必要注意, 如果 A 在一次验证中将 r 和 s 都发给 B, 那么 A 个人拥有的信息 $u=rs$ 将会泄露给 B. 如果这个验证多次执行均能通过, 那么它表明 A 能按照 B 的要求发送 r 或 s, 这说明 A 在每轮中都知道 r 和 s, 这意味着 A 必须知道 u. 由于 B 发送给 A 的比特是随机的, 所以不知道 u 的人不可能多次通过验证. 因为随机选取的 b 是 0 或 1 的概率各 1/2, 所以不知道 u 能通过验证的概率是 1/2. 这样, 如果执行 k 次验证, 那么不知道 u 却能通过每次验证的概率是 $1/2^k$. 因此为了增强安全性, 人们可以重复验证.

我们用一个简单的例子解释上面的零知识证明协议.

例 3.4.14 假设 A 想向 B 证实它知道 $n=1891$ 的分解 $1891=31\times 61$. 设 $I=391$, 因为

$$\left(\frac{391}{31}\right)=1,\quad \left(\frac{391}{61}\right)=1,$$

所以 391 是模 31 的二次剩余, 也是模 61 的二次剩余, 从而是模 1891 的二次剩余. 于是我们可以直接取 $v=391$, 不需在 I 后粘接 c.A 容易得到 $u=239$ 满足

$u^2 \equiv v(\text{mod } 1891)$.

下面是一次验证：

(1) A 随机选取与 n 互素的 r, 如 $r = 998$, 计算

$$x = r^2 \bmod n = 1338,$$

$$y = vx^{-1} \bmod n = 391 \times 1296 \bmod n = 1839,$$

并将 1338 和 1839 发送给 B.

(2) B 验证知 $xy \equiv 1338 \times 1839 \equiv 391 \equiv v(\text{mod } n)$, 随机选取一个比特, 如 $b = 1$, 发送给 A.

(3) A 发送 $s = ur^{-1} \bmod n = 239 \times 1855 \bmod n = 851$, 即 851 给 B.

(4) B 计算 $s^2 \equiv 851 \equiv 1839 \equiv y(\text{mod } 1891)$.

这里仅仅介绍了二次剩余在零知识证明应用的大意, 需对零知识证明更深入了解的读者可参阅密码学相关文献.

3.4.7 二次剩余基础训练与拓展

1. 求下列同余方程的解数：

(1) $x^2 \equiv 3 \ (\text{mod } 31)$; (2) $x^2 \equiv 2(\text{mod } 31)$;

(3) $x^2 \equiv 6(\text{mod } 31)$; (4) $x^2 \equiv 2 \ (\text{mod } 231)$.

2. 求出模 $p = 19$ 的全部的二次剩余和二次非剩余.

3. 设 p 是奇素数, 证明：模 p 的两个二次剩余的乘积是二次剩余; 两个二次非剩余的乘积是二次剩余; 一个二次剩余和一个二次非剩余的乘积是二次非剩余.

4. 设 p 是奇素数,

(1) 证明：模 p 的所有二次剩余之积关于模 p 与 $(-1)^{\frac{p+1}{2}}$ 同余.

(2) 证明：模 p 的所有二次非剩余之积关于模 p 与 $(-1)^{\frac{p-1}{2}}$ 同余.

(3) 求模 p 的所有二次剩余之和关于模 p 的剩余是多少？

(4) 求模 p 的所有二次非剩余之和关于模 p 的剩余是多少？

*5. 设 p 是奇素数, 证明：若同余方程 $x^4 + 1 \equiv 0 \ (\text{mod } p)$ 有解, 则 $p \equiv 1 \ (\text{mod } 8)$.

6. 判断方程 $x^2 \equiv 286(\text{mod } 563)$ 是否有解？

7. 设素数 $p \equiv 3 \ (\text{mod } 4)$, $\left(\dfrac{a}{p}\right) = 1$, 证明：$x \equiv \pm a^{\frac{p+1}{4}}(\text{mod } p)$ 是同余方程 $x^2 \equiv a(\text{mod } p)$ 的解.

*8. 设 p 是奇素数, $(a, p) = 1, a$ 是正整数, 证明：同余方程 $x^2 \equiv a(\text{mod } p^\alpha)$ 有解的充分必要条件是 $\left(\dfrac{a}{p}\right) = 1$.

9. 若素数 $p \equiv 1(\mathrm{mod}\ 4)$, 证明: $\sum\limits_{r=1}^{p-1} r \cdot \left(\frac{r}{p}\right) = 0$.

10. 已知 383 是素数, 判定方程 $x^2 \equiv 219(\mathrm{mod}\ 383)$ 是否有解.

11. 求所有奇素数 p, (1) 使得 (-2) 是模 p 的二次剩余; (2) 使得 (-2) 和 3 同时是模 p 的二次剩余.

*12. 证明: x^4+1 的奇素因数 $p \equiv 1(\mathrm{mod}\ 8)$.

13. 证明: 形如 $8k+3(k \in \mathbf{Z})$ 的素数有无穷多个.

14. 已知 3371 是素数, 判断方程 $x^2 \equiv 12345(\mathrm{mod}\ 3371)$ 是否有解.

15. 设 a 与 b 是正奇数, 求 Jacobi 符号 $\left(\frac{2a}{4a+b}\right)$ 与 $\left(\frac{b}{a}\right)$ 的关系.

16. 解同余方程 $x^2 \equiv 57(\mathrm{mod}\ 64)$.

*17. 证明不定方程 $4xyz - x - y - t^2 = 0$ 无正整数解 x, y, z, t.

3.5　原根与离散对数

本节重点讨论二项同余方程

$$x^n \equiv a(\mathrm{mod}\ m), \quad (a, m) = 1 \tag{3.5.1}$$

在什么条件下有解. 为此, 我们需要引进阶、原根与离散对数等概念, 这些概念都建立在同余理论的基础之上. 它们自身在数论中很有用, 原根给出别具风格的构造整数模简化系的方法, 离散对数不仅在刻画同余方程 (3.5.1) 解的条件充当重要角色, 而且在密码学中也有重要应用.

3.5.1　阶与原根

我们知道, 当 $(a, m) = 1$ 时, 数列 $a, a^2, a^3, \cdots, a^n, \cdots$ 中的每一项也都与 m 互素, 然而与 m 互素的剩余类只有 $\varphi(m)$ 类, 因此在上述数列中必存在正整数 $k > \lambda$ 使得 $a^k \equiv a^\lambda(\mathrm{mod}\ m)$. 于是有

$$a^{k-\lambda} \equiv 1(\mathrm{mod}\ m).$$

这就是说必存在整数 d 使得 $a^d \equiv 1(\mathrm{mod}\ m)$.

定义 3.5.1　设 $m > 1$, 若 $(a, m) = 1$, 则称使得 $a^d \equiv 1(\mathrm{mod}\ m)$ 成立的最小正整数 d 为 a 关于模 m 的阶 (或指数), 并记作 $\delta_m(a)$.

如果 $\delta_m(a) = \varphi(m)$, 那么称 a 为模 m 的一个原根.

评注　原根概念是欧拉于 1773 年引入的. 易见, 若 $a \equiv b(\mathrm{mod}\ m)$, 则 $\delta_m(a) = \delta_m(b)$; 若 a 是模 m 的原根, 且 $a \equiv b(\mathrm{mod}\ m)$, 则 b 也是模 m 的原根. 因此, 模 m 的一个原根实际上是一个同类. 接下来, 如果不作特别说明, 始终默认 $(a, m) = 1$.

例 3.5.1 分别求模 7、模 9、模 15 的原根.

解 (1) 当 $n=7$ 时, 有 $\varphi(n)=6$, 模 7 的简化系为

$$1,2,3,4,5,6,7.$$

经简化的计算可知

$$\delta_7(1)=1,\quad \delta_7(2)=\delta_7(4)=3,\quad \delta_7(3)=\delta_7(5)=6,\quad \delta_7(6)=2.$$

因此 $3,5$ 为模 7 的全部原根.

(2) 当 $n=9=3^2$ 时, $\varphi(n)=6$, 模 9 的简化系为

$$1,2,4,5,7,8,$$

不难求得

$$\delta_9(1)=1,\quad \delta_9(2)=\delta_9(5)=6,\quad \delta_9(4)=\delta_9(7)=3,\quad \delta_9(8)=2.$$

因此 $2,5$ 为模 9 的全部原根.

(3) 当 $n=15=3\times 5$ 时, $\varphi(n)=8$, 模 15 的简化系为

$$1,2,4,7,8,11,13,14.$$

易知

$$\delta_{15}(1)=1,\delta_{15}(2)=\delta_{15}(7)=\delta_{15}(8)=\delta_{15}(13)=4,\delta_{15}(4)=\delta_{15}(11)=\delta_{15}(14)=2.$$

故模 15 没有原根.

命题 3.5.1 (阶的特性) $a^n\equiv 1(\bmod m)\Leftrightarrow \delta_m(a)|n$. 特别地, $\delta_m(a)|\varphi(m)$.

证 "$\Leftarrow$": 显然.

"$\Rightarrow$": 设 $n=q\delta_m(a)+r$, $0\leqslant r<\delta_m(a)$. 若 $r\neq 0$, 则由 $a^n=a^{q\delta_m(a)}\cdot a^r$ 得

$$a^r\equiv a^n\equiv 1(\bmod m),$$

这与 $\delta_m(a)$ 的定义矛盾! 故必有 $r=0$.

推论 3.5.1 $a^i\equiv a^j(\bmod m)\Leftrightarrow i\equiv j(\bmod \delta_m(a))$.

证 "$\Rightarrow$": 由定理 3.5.1 可得; "$\Leftarrow$": 由同余基本性质可得.

推论 3.5.2 若 $n|m$, 则 $\delta_n(a)|\delta_m(a)$.

证 若由 $a^{\delta_m(a)}\equiv 1(\bmod m)$ 及 $n|m$ 可得 $a^{\delta_m(a)}\equiv 1(\bmod n)$, 再由命题 3.5.1 即得.

命题 3.5.2 (简化系构造) $\{a^0,a^1,a^2,\cdots,a^{\varphi(m)-1}\}$ 中的数对模 m 两两不同余; 特别地, 当 a 是模 m 的原根时, $\{a^0,a^1,a^2,\cdots,a^{\varphi(m)-1}\}$ 构成模 m 的简化系.

评注 证明由推论 3.5.1 可得. 命题 3.5.2 告诉我们, 原根 a 的优美性体现在: 模 m 的简化系中任何整数都以 a 的某次幂出现.

命题 3.5.3 (阶的运算) 关于整数的阶, 下述结论成立:

(1) $\delta_m(a^{-1})=\delta_m(a)$;

(2) 若 $\lambda|\delta_m(a)$, 则 $\delta_m(a^\lambda)=\dfrac{\delta_m(a)}{\lambda}$;

(3) 若 $\delta_m(a)=t$, s 为正整数, 则 $\delta_m(a^s)=\dfrac{t}{(s,t)}$;

(4) $\delta_m(ab)=\delta_m(a)\delta_m(b)$ 当且仅当 $(\delta_m(a),\delta_m(b))=1$;

(5) 若 $(m_1,m_2)=1$, 则 $\delta_{m_1m_2}(a)=[\delta_{m_1}(a)\delta_{m_2}(a)]$.

评注 (5) 可推广到 n 个两两互素整数乘积的情形.

证 (1) 由逆元的定义可知, 对于任何整数 k 有

$$a^k\equiv 1(\text{mod } m)\Leftrightarrow (a^{-1})^k\equiv 1(\text{mod } m).$$

(2) 设 $\delta_m(a^\lambda)=d$, 由于 $(a^\lambda)^{\frac{\delta_m(a)}{\lambda}}\equiv 1(\text{mod } m)$, 由命题 3.5.1 可知 $d\Big|\dfrac{\delta_m(a)}{\lambda}$.

若 $d<\dfrac{\delta_n(a)}{\lambda}$, 则 $\lambda d<\delta_n(a)$, 但 $a^{\lambda d}\equiv 1(\text{mod } m)$, 这与 $\delta_m(a)$ 的定义矛盾, 故有 $d=\dfrac{\delta_m(a)}{\lambda}$.

(3) 设 $\delta_m(a^s)=\delta$, 则有 $a^{s\delta}\equiv 1(\text{mod } m)$, 由命题 3.5.1 有 $t|s\delta$.

另一方面, 因为

$$(a^s)^{\frac{t}{(s,t)}}=(a^t)^{\frac{s}{(s,t)}}\equiv 1(\text{mod } m),$$

由 $\delta_m(a^s)=\delta$ 及命题 3.5.1 可知 $\delta\Big|\dfrac{t}{(s,t)}$. 故 $\delta=\dfrac{t}{(s,t)}$.

(4) 设 $\delta'=\delta_m(a)$, $\delta''=\delta_m(b)$, $\delta=\delta_m(ab)$, $\eta=[\delta_m(a),\delta_m(b)]$.

充分性 由 $1\equiv(ab)^\delta\equiv(ab)^{s s''}\equiv a^{s s''}(\text{mod } m)$, 故 $\delta'|\delta\delta''$. 由此及 $(\delta',\delta'')=1$ 推出 $\delta'|\delta$. 同样有

$$1\equiv(ab)^\delta\equiv(ab)^{\delta\delta'}\equiv b^{\delta\delta'}(\text{mod } m),$$

故 $\delta''|\delta\delta'$. 由此及 $(\delta',\delta'')=1$ 推出 $\delta''|\delta$, 进而由 $\delta'|\delta$, $\delta''|\delta$ 及 $(\delta',\delta'')=1$ 推出 $\delta'\delta''|\delta$. 此外, 显然有 $(ab)^\eta\equiv 1(\text{mod } m)$, 故 $\delta|\delta'\delta''$, 因此 $\delta=\delta'\delta''$.

必要性 由 $(ab)^\eta\equiv 1(\text{mod } m)$, 得 $\delta|\eta$. 另一方面显然有 $\eta|\delta'\delta''$. 由此及 $\delta=\delta'\delta''$ 就推出 $\eta=\delta'\delta''$, 即 $(\delta',\delta'')=1$. 证毕.

(5) 令 $\delta=\delta_{mn}(a)$, $\gamma=[\delta_m(a),\delta_n(a)]$, 由推论 3.5.3 有 $\delta_m(a)|\delta$, $\delta_n(a)|\delta$, 从而由最小公倍数的性质有 $\gamma|\delta$; 另一方面, 又有 $a^\gamma\equiv 1(\text{mod } m)$, $a^\gamma\equiv 1(\text{mod } n)$, 由 $(m,n)=1$ 得 $a^\gamma\equiv 1(\text{mod } mn)$, 于是由命题 3.5.1 又有 $\delta|\gamma$, 故 $\delta=\gamma$.

命题 3.5.4 对任意与 m 互素的 a 和 b, 必有与 m 互素的 c 使得

$$\delta_m(c) = [\delta_m(a), \delta_m(b)].$$

证 设 $\delta = [\delta_m(a), \delta_m(b)] = q_1^{\alpha_1} q_2^{\alpha_2} \cdots q_s^{\alpha_s}$ 是标准分解, 这里 $q_i(1 \leqslant i \leqslant s)$ 为素数. 由最小公倍数的性质, 对于每个满足 $1 \leqslant i \leqslant s$ 的 i, $q_i^{\alpha_i} | \delta_m(a)$ 与 $q_i^{\alpha_i} | \delta_m(b)$ 两者中必有一个成立. 不妨设 $q_i^{\alpha_i} | \delta_m(a)$ 成立, 于是有 $\delta_m(a) = q_i^{\alpha_i} \gamma_i$, 令 $c_i = a^{\gamma_i}$, 则由命题 3.5.2(2) 有

$$\delta_n(c_i) = q_i^{\alpha_i}.$$

这样我们可推得存在 $c_1, c_2, \cdots, c_s$ 使得 $\delta_m(c_i) = q_i^{\alpha_i}(1 \leqslant i \leqslant s)$, 再令 $c = c_1 c_2 \cdots c_s$, 易见 $(c, m) = 1$, 由命题 3.5.3(5) 及数学归纳法可得

$$\delta_m(c) = \delta_m(c_1)\delta_m(c_2) \cdots \delta_m(c_s) = [\delta_m(a), \delta_m(b)].$$

3.5.2 原根存在定理

本段主要回答哪些整数 m 有原根, 即模 m 存在原根必须具备什么条件? 我们得从分析欧拉函数取值的情况入手.

设 m 的标准分解式为 $m = p_1^{\alpha_1} p_2^{\alpha_2} \cdots p_k^{\alpha_k}$. 对任意正整数 a, 若 $(a, m) = 1$, 则 $(a_i, p_i^{\alpha_i}) = 1$. 因此由欧拉定理得

$$a^{\varphi(p_i^{\alpha_i})} \equiv 1 (\text{mod } p_i^{\alpha_i}),$$

这里 $1 \leqslant i \leqslant k$. 令 $\alpha = [\varphi(p_1^{\alpha_1}), \varphi(p_2^{\alpha_2}), \cdots, \varphi(p_k^{\alpha_k})]$, 则有

$$a^{\alpha} \equiv 1 (\text{mod } p_i^{\alpha_i}),$$

其中 $1 \leqslant i \leqslant k$, 于是 $a^\alpha \equiv 1(\text{mod } m)$, 故 $\delta_m(a) \leqslant \alpha$.

另一方面, $\varphi(m) = \varphi(p_1^{\alpha_1})\varphi(p_2^{\alpha_2}) \cdots \varphi(p_k^{\alpha_k}) \geqslant \alpha$. 因为当 $\phi(m) > \alpha$ 时有 $\delta_m(a) < \phi(m)$, 所以此时 m 没有原根.

因此, 若 m 有原根, 则必须满足 $\varphi(m) = \alpha$, 这等价于 $\varphi(p_1^{\alpha_1}), \varphi(p_2^{\alpha_2}), \cdots, \varphi(p_k^{\alpha_k})$ 两两互素. 由于对任意奇素数 p, $\varphi(p^\alpha)$ 均为偶数, 所以当 m 有两个不同的奇素因数时, m 没有原根. 这意味着 m 若有原根, 则必为 2^s, p^α 或 $2^t p^\alpha (s > 0, \alpha > 0, t > 0)$ 三种形式之一.

若 $t > 1$, 则 $\varphi(2^t) = 2^t - 2^{t-1} = 2^{t-1}$ 与 $\varphi(p^\alpha)$ 将不互素, 故必有 $t = 1$. 在例 2.1.2 中, 我们已经证明对任何奇数 a 都有

$$a^{2^{n-2}} \equiv 1 (\text{mod } 2^n) \quad (n > 2).$$

这就是说, 当 $n \geqslant 3$ 时, $\delta_{2^n}(a) \leqslant 2^{n-2} < \varphi(2^n) = 2^n - 2^{n-1} = 2^{n-1}$, 因此任何奇数都不是 2^n 的原根.

综上所述, 除了下述三类数之外的整数 m 都没有原根:

$$2 \text{ 或 } 4, \quad p^\alpha(\alpha \geqslant 1), \quad 2p^\alpha(\alpha \geqslant 1),$$

其中 p 为奇素数. 下述定理告诉我们上述三类数都有原根, 这样, 我们就完全回答了原根存在的条件.

定理 3.5.1 (原根存在定理)　正整数 m 有原根当且仅当 $m = 2, 4, p^\alpha, 2p^\alpha$(其中 p 为奇素数, $\alpha \geqslant 1$).

证　在上面的分析中, 必要性已证. 下证充分性质.

易见当 $m = 2$ 时, 有原根 1, $m = 4$ 时有原根 3.

(1) 先证当 $\alpha = 1$ 时, 即 p 为奇素数时有原根, 由命题 3.5.4 及归纳法可知, 存在整数 g, $(g, p) = 1$, 使得

$$\delta = \delta_p(g) = [\delta_p(1), \delta_p(2), \cdots, \delta_p(p-1)].$$

由 $g^{p-1} \equiv 1 (\bmod\ p)$ 有

$$\delta | p-1, \quad \delta_p(j) | \delta (1 \leqslant j \leqslant p-1).$$

因 $1^{\delta_p(1)} \equiv 1(\bmod\ p)$, $2^{\delta_p(2)} \equiv 1(\bmod\ p)$, $\cdots$, $(p-1)^{\delta_p(p-1)} \equiv 1(\bmod\ p)$, 又

$$\delta_p(j) | \delta (1 \leqslant j \leqslant p-1),$$

故 $1^\delta \equiv 1(\bmod\ p)$, $2^\delta \equiv 1(\bmod\ p)$, $\cdots$, $(p-1)^\delta \equiv 1(\bmod\ p)$.

因此同余方程 $x^\delta \equiv 1(\bmod\ p)$ 有解 $x \equiv i(1 \leqslant i \leqslant p-1)$. 即该同余方程有 $p-1$ 个解, 由定理 3.3.4 可知同余方程解的个数不超过次数, 因而有 $p-1 \leqslant \delta$. 又 $\delta | p-1$, 故 $\delta = p-1$. 因此 g 是模 p 的原根, 即奇素数必有原根.

(2) 为证素数幂 p^α 有原根, 我们得先证明下面的引理.

引理 3.5.1　若 g 是素数 p 的原根, 而且下述同余式不成立:

$$g^{\varphi(p)} \equiv 1(\bmod\ p^2), \tag{3.5.2}$$

则对于任意整数 $\alpha \geqslant 2$, 下述同余式也不成立:

$$g^{\varphi(p^{\alpha-1})} \equiv 1(\bmod\ p^\alpha). \tag{3.5.3}$$

引理 3.5.1 证明　对 α 进行归纳证明.

当 $\alpha=2$ 时, (3.5.3) 即 (3.5.2) 式, 故引理成立.

假设引理对 $\alpha(\alpha\geqslant 2)$ 成立, 即 $g^{\varphi(p^{\alpha-1})}\equiv 1(\bmod\ p^{\alpha})$ 不成立. 因为 g 是 p 的原根, 故 $(g,p^{\alpha-1})=1$. 于是由欧拉定理得

$$g^{\varphi(p^{\alpha-1})}\equiv 1(\bmod\ p^{\alpha-1}),$$

因此, 存在 $k\in\mathbf{Z}$, 使得 $g^{\varphi(p^{\alpha-1})}=1+kp^{\alpha-1}$. 由归纳假设 $g^{\varphi(p^{\alpha-1})}\equiv 1(\bmod\ p^{\alpha})$ 不成立可知 $(p,k)=1$. 从而有

$$\begin{aligned}g^{\varphi(p^{\alpha})}&=g^{p^{\alpha}-p^{\alpha-1}}=g^{p\varphi(p^{\alpha-1})}=(g^{\varphi(p^{\alpha-1})})^{p}=(1+kp^{\alpha-1})^{p}\\&=1+kp^{\alpha}+k^{2}\cdot\frac{p(p-1)}{2}\cdot p^{2(\alpha-1)}+rp^{3(\alpha-1)},\end{aligned}\tag{3.5.4}$$

其中 r 为整数. 因为 $2(\alpha-1)\geqslant\alpha+1$, $3(\alpha-1)\geqslant\alpha+1$, 所以由 (3.5.4) 式得

$$g^{\varphi(p^{\alpha})}\equiv 1+kp^{\alpha}(\bmod\ p^{\alpha+1}).$$

由前面的论证有 $(p,k)=1$ 知, $g^{\varphi(p^{\alpha})}\equiv 1(\bmod\ p^{\alpha+1})$ 不成立. 故 (3.5.3) 式对 $\alpha+1$ 成立. 引理得证.

现在, 我们再回过头来证明素数幂 p^{α} 有原根.

定理 3.5.1 续证 设 g 是 p 的一个原根. 下面利用 g 构造 p^{α} 的原根.

若 $g^{\varphi(p)}\equiv 1(\bmod\ p^{2})$ 不成立, 取 $h=g$, 则有 $h^{\varphi(p)}\equiv 1(\bmod\ p^{2})$ 不成立.

如果 $g^{\varphi(p)}\equiv(\bmod\ p^{2})$, 则取 $h=g+p$, 此时 h 也是 p 的一个原根, 且

$$\begin{aligned}h^{\varphi(p)}-1&=h^{p-1}-1=(g+p)^{p-1}-1\equiv g^{p-1}+(p-1)pg^{p-2}-1\\&\equiv -pg^{p-2}(\bmod\ p^{2}).\end{aligned}$$

因为 $pg^{p-2}\equiv 0(\bmod\ p^{2})$ 不成立, 故 $h^{\varphi(p)}\equiv 1(\bmod\ p^{2})$ 不成立.

下证 h 是 $p^{\alpha}(\alpha\geqslant 2)$ 的原根.

设 $\delta_{p^{\alpha}}(h)=l$, 则有 $h^{l}\equiv 1(\bmod\ p^{\alpha})$, 所以 $h^{l}\equiv 1(\bmod\ p)$. 因为 h 是 p 原根, 所以 $\varphi(p)|l$. 设 $l=\varphi(p)q$. 因为 $\delta_{p^{\alpha}}(h)=l$, 所以 $l|\varphi(p^{\alpha})$, 即 $\varphi(p)q|\varphi(p^{\alpha})$, 亦即 $(p-1)q|p^{\alpha-1}(p-1)$, 故 $q|p^{\alpha-1}$. 设 $q=p^{\beta}$, 这里 $0\leqslant\beta\leqslant\alpha-1$.

若 $\beta<\alpha-1$, 则由 $l=\varphi(p)q$ 知

$$l=\varphi(p)p^{\beta}=(p-1)p^{\beta}|p^{\alpha-2}(p-1);$$

因此, $l|\varphi(p^{\alpha-1})$. 于是有 $h^{\varphi(p^{\alpha-1})}\equiv 1(\bmod\ p^{\alpha})$, 这与引理 3.5.1 矛盾! 故 $\beta=\alpha-1$, 从而有

$$l=\varphi(p)q=\varphi(p)p^{\beta}=(p-1)p^{\alpha-1}=\varphi(p^{\alpha}),$$

因此 h 是 p^α 的原根.

(3) 再设 $m=2p^\alpha$, 其中 p 是奇素数, α 是正整数. 由 (2) 知, p^α 有原根. 设 g 是 p^α 的一个原根, 下证当 g 是奇数时, g 也是 $2p^\alpha$ 的原根. 因为 $(g,2p^\alpha)=1$, 所以由欧拉定理得

$$g^{\varphi(2p^\alpha)}\equiv 1(\bmod\ 2p^\alpha).$$

设 $\delta_{2p^\alpha}(g)=l$, 有 $l|\varphi(2p^\alpha)=\varphi(p^\alpha)$, 即 $l|\varphi(p^\alpha)$. 另一方面, 由 $\delta_{2p^\alpha}(g)=l$, 所以 $g^l\equiv 1(\bmod\ p^\alpha)$, 从而 $\varphi(p^\alpha)|l$. 因此有 $l=\varphi(p^\alpha)=\varphi(2p^\alpha)$, 故 g 是 $2p^\alpha$ 的原根.

若 g 是偶数, 则考虑 $g+p^\alpha$, 它是 p^α 的一个原根, 且为奇数. 证毕.

评注 从上面引理 3.5.1 及定理 3.5.4 后半部分的证明过程中可知下述结论成立:

(1) 若 g 是素数 p 的原根, 则当 $g^{\varphi(p)}\equiv 1(\bmod\ p^2)$ 不成立时, g 是 p^2 的原根; 而当 $g^{\varphi(p)}\equiv 1(\bmod\ p^2)$ 成立时, $g+p$ 是 p^2 的原根.

(2) 若 g 是 p^2 的原根, 则 g 也是 $p^\alpha(\alpha\geqslant 3)$ 的原根.

(3) 若 g 是 $p^\alpha(\alpha\geqslant 1)$ 的原根, 则当 g 为奇数时, g 是 $2p^\alpha$ 的原根, 而当 g 为偶数时, $g+p^\alpha$ 是 $2p^\alpha$ 的原根.

3.5.3 原根的个数与求法

本段主要回答下述两个密切关联的问题:

如果模 m 有原根, 那么它有多少个原根? 如何求得这些原根?

定理 3.5.2 设 g 是 m 的原根, 则集合

$$S=\{g^s|1\leqslant s\leqslant\varphi(m),(s,\varphi(m))=1\}$$

中的元素给出 m 的全部原根. 因此, 若 m 有原根, 则 m 恰有 $\varphi(\varphi(m))$ 个关于模 m 两两互不同余的原根.

证 由命题 3.5.2 知, 任意 $g^s\in S$, 有

$$\delta_m(g^s)=\frac{\varphi(m)}{(s,\varphi(m))}=\varphi(m),$$

所以 g^s 是 m 的原根. 反过来, 设 h 是 m 的任一原根, 则由命题 3.5.2 知 $\{h,h^2,\cdots,h^{\varphi(m)}\}$ 构成 m 的一个简化系. 因为 $\{g,g^2,\cdots,h^{\varphi(m)}\}$ 也是 m 的一个简化系, 所以存在整数 k, $1\leqslant k\leqslant\varphi(m)$, 使得 $g^k\equiv h(\bmod\ m)$, 因此 $\delta_m(g^k)=\delta_m(h)=\varphi(m)$.

另一方面, 由命题 3.5.3 有

$$\delta_m(g^k)=\frac{\varphi(m)}{(k,\varphi(m))},$$

所以 $(k,\varphi(m))=1$. 因此 h 与 S 中的某个数关于模 m 同余, 又因为 S 中的数关于模 m 两两互不同余, 故 S 给出了 m 的全部互不同余的原根, 它们共 $\varphi(\varphi(m))$ 个.

评注 定理 3.5.2 不仅回答了原根的个数问题, 而且描述了如何从一个原根构造出所有原根的具体方法.

例 3.5.2 已知 2 是模 11 的原根, 试求出模 11 的全部原根.

解 因为 $\varphi(\varphi(11))=\varphi(10)=4$, 由定理 3.5.2 知, 模 11 有四个原根. 又已知 2 是模 11 的原根, 所以由命题 3.5.2 知, $\{1,2,\cdots,2^9\}$ 是模 11 的简化剩余系. 由于 $0,1,2,\cdots,9$ 中与 10 互素的整数有 $\varphi(1)=4$ 个, 它们分别是 $1,3,7,9$, 通过计算得

$$2^1\equiv 2(\bmod 11),\quad 2^3\equiv 8(\bmod 11),\quad 2^7\equiv 7(\bmod 11),\quad 2^9\equiv 6(\bmod 11),$$

由定理 3.5.2 可知, 模 11 的全部原根为 $x\equiv 2,6,7,8(\bmod 11)$.

下面的定理为我们提供一个是否原根的具体判别方法.

定理 3.5.3 设整数 $m>2$, $(g,m)=1$, 且设 $p_1,p_2,\cdots,p_k$ 是 $\varphi(m)$ 的所有不同的素因数. 则 g 是 m 的原根当且仅当对任意 $1\leqslant i\leqslant k$, 下述同余式都不成立:

$$g^{\frac{\varphi(m)}{p_i}}\equiv 1(\bmod m). \tag{3.5.5}$$

证 "⇒". 若 g 是 m 的原根, 则 $\delta_m(g)=\varphi(m)$. 但是对任意 $1\leqslant i\leqslant k$, 我们有

$$0<\frac{\varphi(m)}{p_i}<\varphi(m)<m,$$

所以对任意 $1\leqslant i\leqslant k$, 都有 $g^{\frac{\varphi(m)}{p_i}}\equiv 1(\bmod m)$ 不成立.

"⇐". 假设对任意 $i=1,2,\cdots,k$, (3.5.5) 式都不成立.设 $\delta_m(g)=l$. 若 $l<\varphi(m)$, 则因为 $l|\varphi(m)$, 所以 $\dfrac{\varphi(m)}{l}$ 是大于 1 的整数.于是存在 $\varphi(m)$ 的因素数 $p_i\Big|\dfrac{\varphi(m)}{l}$, 即存在整数 q, 使得 $\dfrac{\varphi(m)}{l}=p_iq$, 亦即 $\dfrac{\varphi(m)}{p_i}=lq$. 因此

$$g^{\frac{\varphi(m)}{p_i}}=g^{lq}\equiv 1(\bmod m),$$

这与 (3.3.5) 式矛盾! 故 $l=\varphi(m)$, 即 g 是 m 的一个原根. 这就完成了定理的证明.

例 3.5.3 求模 41 的一个最小正原根.

解 由于 $\varphi(41)=40=2^3\times 5$, 故由

$$1^{40/2}=1^{20}\equiv 1(\bmod 41),\quad 2^{40/2}=2^{20}\equiv 1(\bmod 41),\quad 3^{40/5}=3^8\equiv 1(\bmod 41),$$
$$4^{40/2}=4^{20}\equiv 1(\bmod 41),\quad 5^{40/2}=5^{20}\equiv 1(\bmod 41)$$

及定理 3.5.5 知 $1,2,3,4,5$ 都不是模 11 的原根.

又由 $6^{40/2}=6^{20}\equiv 40 \pmod{41}$ 及 $6^{40/5}=6^8\equiv 10 \pmod{41}$ 可知 $6^{40/2}\equiv 1 \pmod{41}$ 与 $6^{40/5}\equiv 1 \pmod{41}$ 都不成立, 所以 $x\equiv 6 \pmod{41}$ 是模 41 的一个最小正原根.

下面的定理为我们提供一种非原根的有效排除方法.

命题 3.5.5 设 p 是奇素数, 若 $\delta_p(a)=l<p-1$, 则 $a,a^2,\cdots,a^l$ 都不是 p 的原根.

证 对任意 $1\leqslant s\leqslant l$, 因为

$$\delta_p(a)=\frac{l}{(s,l)}\leqslant l<p-1=\varphi(p),$$

所以 $a,a^2,\cdots,a^l$ 都不是 p 的原根. 定理得证.

评注 基于命题 3.5.5, 我们可以采用下述 "消去法" 求奇素数的原根, 即在模 p 的简化系中, 先取 $a=2$, 若 $\delta_p(2)=p-1$, 则 2 是 p 的一个原根, 否则在 p 的简化系中删去

$$2 \bmod p,\quad 2^2 \bmod p,\quad \cdots,\quad 2^{\delta_p(2)} \bmod p;$$

再在 p 的简化系留下的数中再取一数, 重复刚才的程序, 一直到模 p 的简化系中恰好只留下此 $(p-1)$ 个元素为止, 这留下的 $\varphi(p-1)$ 个元素便是 p 的全部原根.

此外, 易见奇素数 p 的原根必是二次非剩余, 这就是说, 二次剩余首先可以排除出去.

例 3.5.4 求 41 的全部原根.

解 因为 $\delta_{41}(2)=20<\varphi(41)$, 所以在模 41 的最小正简化系中去掉以下各数:

$$2,4,8,16,32,23,5,10,20,40,39,37,33,25,9,18,36,31,21,1.$$

剩下的数为

$$3,6,7,11,12,13,14,15,17,19,22,24,26,27,28,29,30,34,35,38.$$

又由 $\delta_{41}(3)=8<\varphi(41)$, 所以在上述留下的数中又去掉以下各数:

$$3,9,27,40,38,32,14,1,$$

其中 $1,9,32,40$ 在此前已经去除, 最后仅留下 $\varphi(40)=16$ 个数:

$$6,7,11,12,13,15,17,19,22,24,26,28,29,30,34,35.$$

因此它们便是 41 的全部原根.

3.5.4 离散对数

命题 3.5.2 告诉我们, 若 m 有原根 g, 则 $\{1, g, g^2, \cdots, g^{\varphi(m)-1}\}$ 构成模 m 的一个简化系. 因此, 对任意整数 a, 若 $(a, m) = 1$, 则必存在 $0 \leqslant k \leqslant \varphi(m)$ 使得

$$a \equiv g^k (\text{mod } m),$$

并且这样的 k 是唯一的. 这个重要性质, 将对讨论二项同余方程的解的存在性带来便利. 为方便起见, 我们引入指标的概念并讨论其相关性质.

定义 3.5.2 设正整数 m 有原根 g, 则对任意满足 $(a, m) = 1$ 的整数 a, 必存在唯一的整数 r, $0 \leqslant r < \varphi(m)$, 使得

$$g^r \equiv a (\text{mod } m),$$

称 r 为模 m 以 g 为底 a 的离散对数, 记作 $r = \text{ind}_g a$, 在不混淆的情形下, 通常简记作 $\text{ind}(a)$. 有时, 离散对数也简称为指标.

评注 由定义可见, $g^{\text{ind}_g(a)} \equiv a (\text{mod } m)$, $\text{ind}_g(g) = 1$, $\text{ind}_g(1) = 0$. 我们知道, 与对数相呼应的概念是真数 (反对数), 为方便起见, 我们也可以称与指标相呼应的概念为本数. 离散对数与对数的巨大区别是对数具有单调性, 而指标却不具有单调性. 对数与真数可以在同一张对数表中查到, 而为了使用方便, 人们常常需要制作两张相对应的指标表格, 即指标表与本数表. 当然, 不怕使用麻烦的话, 一张表格自然也可以解决问题. 下面举例说明.

例 3.5.5 当 $m = 7$ 时, m 有原根 3. 因为

$$3^0 \equiv 1 (\text{mod } 7), \quad 3^1 \equiv 3 (\text{mod } 7), \quad 3^2 \equiv 2 (\text{mod } 7),$$

$$3^3 \equiv 6 (\text{mod } 7), \quad 3^4 \equiv 4 (\text{mod } 7), \quad 3^5 \equiv 5 (\text{mod } 7),$$

所以

$$\log_3 1 = 0, \quad \log_3 2 = 2, \quad \log_3 3 = 1$$

$$\log_3 4 = 4, \quad \log_3 5 = 5, \quad \log_3 6 = 3.$$

另外, 5 也是 7 的原根, 类似计算得

$$\log_5 1 = 0, \quad \log_5 2 = 4, \quad \log_5 3 = 5,$$

$$\log_5 4 = 2, \quad \log_5 5 = 1, \quad \log_5 6 = 3.$$

例 3.5.6 通过实际计算, 我们可以制作以 2 为底模 37 的指标表 (表 3.5.1).

表 3.5.1 以 2 为底模 37 的指标表

a	1	2	3	4	5	6	7	8	9	10	11	12	13	14	15	16	17	18
ind$a$	36	1	26	2	23	27	32	3	16	24	30	28	11	33	13	4	7	17
a	19	20	21	22	23	24	25	26	27	28	29	30	31	32	33	34	35	36
ind$a$	35	25	22	31	15	29	10	12	6	34	21	14	9	5	20	8	19	18

例 3.5.7 为简明之需, 人们常常制作更简洁的指标表. 下述表 3.5.2 是以 6 为底模 41 的指标表.

表 3.5.2 以 6 为底模 41 的指标表

	0	1	2	3	4	5	6	7	8	9
0		0	26	15	12	22	1	39	38	30
1	8	3	27	31	25	37	24	33	16	9
2	34	14	29	36	13	4	17	5	11	7
3	23	28	28	18	19	21	2	32	35	6

说明 表 3.5.2 的第一纵列表示本数的十位数, 第一横排表示本数的个位数. 例如, 从表中可查到 $\mathrm{ind}(33)=18$, 而指标 17 的本数是 26(即 $\mathrm{ind}(26)=17$). 上述表中还缺一个数, 即 $\mathrm{ind}(40)=20$.

命题 3.5.6 若 $m>2$, 则对于任何有原根的 m 以及 m 的任何原根 g 都有

$$\mathrm{ind}(-1)=\frac{\varphi(m)}{2}\quad (\text{其中 } \varphi(m) \text{ 是欧拉函数}).$$

解 由定理 3.5.1 知, 当 $m>2$ 时, m 有原根只能取值 4, p^α, $2p^\alpha$(其中 p 是奇素数, α 是正整数), 此时均有 $\varphi(m)\equiv 0(\bmod 2)$. 当 $m=4$ 时, 结论显然.

当 $m=p^\alpha$ 时, 设 g 为 p^α 的原根, 因 $(g,m)=1$, 所以由欧拉定理有 $g^{\varphi(m)}\equiv 1(\bmod p^\alpha)$, 于是由 $\left(g^{\frac{\varphi(m)}{2}}+1\right)\left(g^{\frac{\varphi(m)}{2}}-1\right)\equiv 0(\bmod p^\alpha)$ 可得

$$p^\alpha\left|\left(g^{\frac{\varphi(m)}{2}}-1\right)\text{或}p^\alpha\right|\left(g^{\frac{\varphi(m)}{2}}+1\right).$$

由 $\delta_{p^\alpha}(g)=\varphi(m)$ 可知 $g^{\frac{\varphi(m)}{2}}\equiv 1(\bmod p^\alpha)$ 不成立, 故有

$$g^{\frac{\varphi(m)}{2}}\equiv -1(\bmod p^\alpha).$$

再由 g 是奇数, 可得 $g^{\frac{\varphi(m)}{2}}\equiv -1(\bmod 2)$. 于是由 $(2,p^\alpha)=1$ 及最小公倍数的性质又有

$$g^{\frac{\varphi(m)}{2}}\equiv -1(\bmod 2p^\alpha).$$

证毕.

接下来, 我们讨论标数的基本性质.

定理 3.5.4 若 a 是一个与 m 互质的整数, g 是模 m 的一个原根, 则对模 m 来说, a 必有一个以 g 为底的指标 $r'(0 \leqslant r' < \varphi(m))$, 且以 g 为底的 a 对模 m 的一切指标 r 都满足下列同余条件:

$$r \equiv r'(\bmod\ \varphi(m)) \quad (\text{其中 } r \geqslant 0). \tag{3.5.6}$$

证 因 $(a,m)=1$, 由定理 3.5.2, 有一整数 $r'(0 \leqslant r' < \varphi(m))$ 存在, 使得

$$a \equiv g^{r'}(\bmod\ m).$$

若 $g^r \equiv a(\bmod\ m)$, 则有 $g^r \equiv g^{r'}(\bmod\ m)$. 因 g 是模 m 的一个原根, 故 g 对模 m 的指数是 $\varphi(m)$. 由推论 3.5.1 得 $r \equiv r'(\bmod\ \varphi(m))$. 即 a 的任一指标都是满足定理条件的整数.

反之, 若 $r \equiv r'(\bmod\ \varphi(m))$, 同样由推论 3.5.1 有

$$g^r \equiv g^{r'} \equiv a(\bmod\ m),$$

即满足同余条件 (3.5.6) 的整数 r 都是 a 的指标.

评注 定理 3.5.4 告诉我们, 给定原根与本数, 指标是一个模 $\varphi(m)$ 的同余类. 例如, 3 是 5 的原根, 即 $3^4 \equiv 1(\bmod\ 5)$. 对与 5 互素的整数 2 来说, 易知,

$$2 \equiv 3^3(\bmod\ 5), 2 \equiv 3^7(\bmod\ 5), 2 \equiv 3^{11}(\bmod\ 5), \cdots,$$

即 2 的指标有 $3, 7, 11, \cdots$, 但 3 最小.

命题 3.5.7 设 g 是模 m 的一个原根, r 是一个非负整数, 则以 g 为底, 对模 m 有同一指标 r 的一切整数是模 m 的一个与模 m 互素的剩余类.

证 显然 $\mathrm{ind}_g g^r = r$, 且 $(g^r, m) = 1$, 由定义知, $\mathrm{ind}_g a = r$ 的充要条件是

$$a \equiv g^r(\bmod\ m),$$

故以 g 为底, 对模 m 有同一指标 r 的一切整数就是 g^r 所在与模 m 互素的剩余类.

评注 命题 3.5.7 告诉我们, 对于给定的 r, g^r 能表示的数对模 m 来说是同余的. 例如, 3 是模 5 的原根,

$$2 \equiv 3^3(\bmod\ 5), 7 \equiv 3^3(\bmod\ 5), 12 \equiv 3^3(\bmod\ 5), \cdots.$$

显然, $2, 7, 12, \cdots$ 是与模 5 互素的一个剩余类.

命题 3.5.8 (指标法则) 若 $a_1, a_2, \cdots, a_n$ 是与 m 互质的 n 个整数, 则

(i) (**乘积法则**) $\mathrm{ind}(a_1a_2\cdots a_n) = \mathrm{ind}a_1 + \mathrm{ind}a_2 + \cdots + \mathrm{ind}a_n(\bmod\ \varphi(m))$;

(ii) (**幂法则**)　$\text{ind}a^n = n\text{ind}a(\text{mod } \varphi(m))$.

证　由指标的定义, 有

$$a_i \equiv g^{\text{ind}a_i}(\text{mod } m) \quad (i = 1, 2, \cdots, n),$$

故有

$$a_1a_2\cdots a_n \equiv g^{\text{ind}a_1+\text{ind}a_2+\cdots+\text{ind}a_n}(\text{mod } m).$$

由于 $a_1, a_2, \cdots, a_n$ 是与 m 互质的 n 个整数, 则 $a_1a_2\cdots a_n$ 也是与 m 互质的一个整数. 由指标的定义知, 有一整数 r 存在使得 $a_1a_2\cdots a_n \equiv g^r(\text{mod } m)$ 成立, 即

$$r \equiv \text{ind}(a_1a_2\cdots a_n),$$

从而

$$g^{\text{ind}(a_1a_2\cdots a_n)} \equiv g^{\text{ind}a_1+\text{ind}a_2+\cdots+\text{ind}a_n}(\text{mod } m).$$

由推论 3.5.1 即得

$$\text{ind}(a_1a_2\cdots a_n) = \text{ind}a_1 + \text{ind}a_2 + \cdots + \text{ind}a_n(\text{mod } \varphi(m)).$$

令 $a_1 = a_2 = \cdots = a_n$, 则

$$\text{ind}a^n \equiv n\text{ind}a(\text{mod } \varphi(m)).$$

下面我们再举例说明指标在简化同余计算及求解同余方程的应用.

例 3.5.8　试求 $23 \times 19(\text{mod } 37)$ 与 $29^{14}(\text{mod } 37)$.

解　(1) 如果要计算 $23 \times 19(\text{mod } 37)$, 以前我们需要把 23 与 19 相乘, 然后再把所得乘积除以 37, 就可以计算出 $23 \times 19(\text{mod } 37)$. 现在我们用指标法则计算, 查表 3.5.1 可得

$$\text{ind}(23 \times 19) \equiv \text{ind}23 + \text{ind}19 \equiv 15 + 35 \equiv 50 \equiv 14(\text{mod } 36).$$

再查表 3.5.1 可得 $\text{ind}30 = 14$. 从而有

$$23 \times 19 \equiv 30(\text{mod } 37).$$

(2) 由 $\text{ind}29^{14} \equiv 14\text{ind}29 \equiv 14 \cdot 21 \equiv 294 \equiv 6(\text{mod } 36)$, 查刚才同样的表得 $\text{ind}27 = 6$. 于是有

$$29^{14} \equiv 27(\text{mod } 37).$$

例 3.5.9　解下述同余方程

(1) $19x \equiv 23 \pmod{37}$;

(2) $3x^{30} \equiv 4 \pmod{37}$.

解 (1) 若 x 是同余方程的解, 则 $19x$ 的指标等于 23 的指标, 即

$$\mathrm{ind}(19x) = \mathrm{ind}23,$$

即

$$\mathrm{ind}19 + \mathrm{ind}x \equiv \mathrm{ind}23 \pmod{36}.$$

查表 3.5.1 得

$$35 + \mathrm{ind}x \equiv 15 \pmod{36},$$

从而有

$$\mathrm{ind}x \equiv -20 \equiv 16 \pmod{36},$$

再查相同的表得 $x \equiv 9 \pmod{37}$.

(2) 由 $\mathrm{ind}(3x^{30}) \equiv \mathrm{ind}4 \pmod{36}$ 得

$$\mathrm{ind}3 + 30\mathrm{ind}x \equiv \mathrm{ind}4 \pmod{36}.$$

查 (1) 相同的表可得

$$26 + 30\mathrm{ind}x \equiv 2 \pmod{36},$$

即 $30\mathrm{ind}x \equiv -24 \equiv 12 \pmod{36}$.

注意此时同余式两边不能同除以 6 得到, $5\mathrm{ind}x \equiv 2 \pmod{36}$. 不然方程会丢失一些解. 根据定理 3.1.2 可知, 一次同余方程 $30\mathrm{ind}x \equiv 12 \pmod{36}$ 有 6 个解, 易知其解为

$$\mathrm{ind}x \equiv 4, 10, 16, 22, 28, 34 \pmod{36}.$$

再查表 3.5.1 即得

$$x \equiv 16, 25, 9, 21, 12, 28 \pmod{36}.$$

3.5.5 离散对数在密码学中的应用

现在, 我们介绍离散对数在作信息加密和数字签名中的简单应用.

运用原根与离散对数进行加密和数字签名的密码公钥体制, 称之为离散对数方案. 它是由埃伽玛 (EIGamal) 于 1985 年提出的方案.

我们先对这种方案作大概介绍. 用户 A 选取一个大素数 p 和模 p 的一个原根 g. 通常取 p 为大约 100 位的素数, 而信息 x 编成从 1 到 $p-1$ 之间的数字. 用户

A 再取一个整数 $i(0 \leqslant i \leqslant p-2)$. 计算 $b \equiv g^i (\bmod\ p)$. 把 p, g, b 均公开, 而 i 由用户 A 保守秘密 (私钥).b 为用户 A 的公钥.

如果用户 B 将信息 $x(1 \leqslant x \leqslant p-1)$ 发给用户 A, 加密和解密的方式为

(1) 用户 B 随意选取一个整数 $k(1 \leqslant k \leqslant p-2)$, 计算

$$a \equiv g^k (\bmod\ p), \quad c \equiv b^k x (\bmod\ p),$$

将 (a, c) 传给用户 A, 此时 (a, c) 就是信息 x 的密文.

(2) 用户 A 收到密文 (a, c) 之后, 用自己的私钥 i 计算

$$ca^{-i} \equiv b^k x (g^k)^{-i} = (g^i)^k x (g^k)^{-i} \equiv x (\bmod\ p),$$

便恢复成明文 x. 用户 A 以外的人不知 A 的私钥 i, 由公开的 g, p, b, 求 i 是困难的离散对数问题, 所以外人由密文 (a, c) 很难算出明文 x.

用户 A 作数字签名时, 发送的信息 x 要满足 $0 \leqslant x \leqslant p-2$. 签名和认证的过程为

(1) 用户 A 随意取一个与 $p-1$ 互素的整数 k, 计算

$$c \equiv g^k (\bmod\ p) \quad (1 \leqslant c \leqslant p-1) \tag{3.5.7}$$

以及

$$d \equiv (x - ic) k^{-1} (\bmod\ (p-1)) \quad (0 \leqslant d \leqslant p-2) \tag{3.5.8}$$

这里的 (c, d) 就是用户 A 在信息 x 上的签名. 用户 A 把信息 x 和签名 (c, d) 同时发给用户 B.

(2) 任何人都可认证信息 x 来自用户 A, 因为由用户 A 的公钥 b 和签名 (c, d), 根据 (3.5.7) 和 (3.5.8) 式可知

$$b^c \cdot c^d \equiv g^{ic} \cdot g^{x - ic} \equiv g^x (\bmod\ p),$$

即由公开的 p, g, b, 签名 (c, d) 和信息 x 直接验证同余式 $b^c \cdot c^d \equiv g^x (\bmod\ p)$ 成立, 就可认证信息 x 来自用户 A.

接下来, 我们再分析这种数字签名的安全性.

首先, 如果用户 A 之外的人想要对信息 x 伪造用户 A 的签名, 即他要给出两个整数 c 和 $d(1 \leqslant c \leqslant p-1, 0 \leqslant d \leqslant p-2)$, 使得 $b^c c^d \equiv g^x (\bmod\ p)$. 如果给定 c 求指数 d, 这是困难的离散对数问题. 如果给定 d 求 c 满足此同余式, 目前也没有好的算法, 所以外人伪造用户 A 的签名是很困难的.

其次, 用户 A 在签名 (c, d) 中没有把他的私钥 i 泄漏出去. 因为在

$$d \equiv (x - ic) k^{-1} (\bmod\ (p-1))$$

中只有 d, x, c, p 是公开的, 破译 i 需要知道 k, 而从 $c \equiv g^k \pmod p$ 中求 k 是困难的离散对数问题.

不过这种签名与认证方式尚存一些缺点. 用户 A 不能用同一个值 k 对两个不同信息 x_1 和 x_2(x_1 与 x_2 模 $p-1$ 不同余) 同时做签名. 因若用同一个 k 同时对 x_1 和 x_2 分别做签名 (c_1, d_1) 和 (c_1, d_2), 则

$$c_1 \equiv g^k \equiv c_2 \pmod p \quad (1 \leqslant c_1, c_2 \leqslant p-1), \tag{3.5.9}$$

$$d_1 \equiv (x_1 - ic_1)k^{-1} (\mathrm{mod}\ (p-1)), \quad d_2 \equiv (x_2 - ic_2)k^{-1} (\mathrm{mod}\ (p-1)), \tag{3.5.10}$$

由 (3.5.9) 式可知 $c_1 = c_2$. 然后将 (3.5.10) 中两个同余式相减, 便得到

$$k(d_1 - d_2) \equiv x_1 - x_2 (\mathrm{mod}\ (p-1)), \tag{3.5.11}$$

这个同余式中外人不知道的只有 k.

记 $d = (d_1 - d_2, p-1)$, 可以证明: 满足 (3.5.11) 的 $k (1 \leqslant k \leqslant p-1)$ 只有 d 个, 并且这 d 个 k 由 (3.5.11) 式容易算出 (见下面例子).可以用 $c_1 \equiv g^k \pmod p$ 来验证哪个 k 是正确的 (这里 c_1, g, p 都是公开的). 如果 c_1 与 $p-1$ 互素 $\left(\text{当 } p \text{ 很大时, } c_1 \text{ 与 } p-1 \text{ 互素的概率 } \dfrac{\varphi(p-1)}{p-1} \text{ 接近于 } 1\right)$, 便可由 (3.5.10) 式算出

$$i \equiv (x_1 - d_1 k) c_1^{-1} (\mathrm{mod}\ (p-1)),$$

一旦用户 A 的私钥 i 被破译, 就可对任意信息伪造用户 A 的签名.

下面我们举一个具体的例子给予说明.

例 3.5.10 取 $p = 19$ 和模 19 的一个原根 $g = 2$. 用户 A 取私钥 $i = 5$. 则用户 A 的公钥为

$$b = 13 \quad (b \equiv g^i \equiv 2^5 \equiv 13 \pmod{19}).$$

(1) 加密. 用户 B 将信息 $x = 6$ 发给用户 A. 加密方法是: 用户取 $k = 3$, 计算

$$a \equiv g^k \equiv 2^3 \equiv 8 \pmod{19},$$

$$c \equiv b_x^k \equiv 13^3 \cdot 6 \equiv 15 \pmod{19}.$$

用户 B 把 $x = 6$ 的密文 $(a, c) = (8, 15)$ 传给用户 A. 用户 A 收到密文 $(a, c) = (8, 15)$ 后, 用自己的私钥 $i = 5$ 计算

$$\begin{aligned} x &\equiv c \cdot a^{-i} \equiv 15 \cdot 8^{-5} \equiv (-4) \cdot 2^{-15} \\ &\equiv -2^{-13} \pmod{19} \equiv -2^5 \equiv -32 \equiv 6 \pmod{19}. \end{aligned}$$

其中用到 $2^{18}\equiv 1(\bmod 19)$, 便得到明文 $x=6$.

(2) 签名和认证. 用户 A 将信息 $x=6$ 做数字签名, 取 $k=5$ (与 $p-1=18$ 互素), 然后计算

$$c=8^k\equiv 2^5=13(\bmod 19),$$

$$d\equiv(x-ic)k^{-1}\equiv\frac{6-5\cdot 13}{5}\equiv\frac{1}{5}-12\equiv\frac{1-2\times 18}{5}-12\equiv -7-12\equiv 17(\bmod 18),$$

则用户 A 对信息 $x=6$ 的签名为 $(c,d)=(13,17)$.

认证这个签名就是看 $b^c\cdot c^d\equiv g^x(\bmod 19)$ 是否正确, 即要验证 $13^{13}\cdot 13^{17}\equiv 2^6(\bmod 19)$. 可利用指标运算法则进行验证, 这里略.

(3) 如果用户 A 又用 $k=5$ 对信息 $x'=9$ 签名, 由于

$$c'\equiv g^k\equiv 13(\bmod 19),$$

$$d'\equiv(x'-ic)k^{-1}\equiv\frac{9-5\cdot 13}{5}\equiv\frac{45}{5}-13\equiv 14(\bmod 18),$$

则用户 A 对信息 $x'=9$ 的签名为 $(c',d')=(13,14)$.

某用户收到用户 A 对信息 $x=6$ 的签名 $(c,d)=(13,17)$ 和对信息 $x'=9$ 的签名 $(c',d')=(13,14)$. 由 $c=c'=13$ 可知用户 A 在这两个签名中使用了同一个 k 值. 于是

$$kd\equiv x-ic,\quad kd'\equiv x'-ic'\equiv x'-ic(\bmod (p-1)).$$

从而 $k(d'-d)\equiv x'-x(\bmod (p-1))$, 即 $(14-17)k\equiv 9-6(\bmod 18)$, $3k\equiv -3(\bmod 18)$, 这相当于 $k\equiv -1(\bmod 6)$. 在 $1\leqslant k\leqslant 18$, $(k,18)=1$ 条件下 $k=5$, 11 或 17. 由 $c\equiv g^k(\bmod p)$ 即 $13\equiv 2^k(\bmod 19)$ 可验证这三个可能的值中 $k=5$ 满足此同余式. 再由

$$kd\equiv x-ic(\bmod (p-1)),$$

即 $5\cdot 17\equiv 6-i\cdot 13(\bmod 18)$, 便破译用户 A 的私钥

$$i\equiv\frac{6-5\cdot 17}{13}\equiv\frac{6+5}{13}\equiv\frac{6+5}{-5}\equiv\frac{-30+5}{-5}\equiv 6-1\equiv 5(\bmod 18).$$

3.5.6 n 次剩余

现在, 我们利用指标来研究二次同余方程 (3.5.1) 的求解问题. 为叙述方便起见, 我们首先引进 n 次剩余与非剩余的概念.

定义 3.5.3 设 m 是正整数. 若同余方程 (3.5.1) 有解, 则 a 叫做模 m 的一个 n 次剩余. 不然的话, 则 a 叫做模 m 的 n 次非剩余.

定理 3.5.5 若 $(m,\varphi(m))=d$, $(a,m)=1$, 则同余方程 (3.5.1) 有解, 即 a 是模 m 的 n 次剩余的充分必要条件是 $d|\mathrm{ind}a$.

进一步, 在有解的情况下, 解数是 d; 在模 m 的一个简化剩余系中, n 次剩余的个数是 $\dfrac{\varphi(m)}{d}$.

证 容易验证同余方程 (3.5.1) 与下述同余方程

$$n\text{ind}x \equiv \text{ind}a(\text{mod } \varphi(m))$$

等价. 由命题 3.5.2 知, 同余方程 (3.5.4) 有解 $X = \text{ind}x$ 当且仅当 $d|\text{ind}a$, 且在有解的情况下, 解数是 d. 进而, 模 m 的 n 次剩余的个数就是序列

$$0, 1, 2, \cdots, \varphi(m) - 1$$

中 d 的倍数的个数, 此即 $\dfrac{\varphi(m)}{d}$. 定理获证.

推论 3.5.3 a 是模 m 的 n 次剩余的充分必要条件是

$$a^{\frac{\varphi(m)}{d}} \equiv 1(\text{mod } m), \quad d = (n, \varphi(m)).$$

证 由定理 3.5.4 可知, a 是 m 的 n 次剩余当且仅当 $d|\text{ind}a$, 即 $\text{ind}a \equiv 0$ $(\text{mod } d)$, 于是有

$$\frac{\varphi(m)}{d}\text{ind}a \equiv 0(\text{mod } \varphi(m)),$$

即 $\text{ind}a^{\frac{\varphi(m)}{d}} \equiv 0(\text{mod } m)$, 即 $a^{\frac{\varphi(m)}{d}} \equiv 1(\text{mod } m)$.

例 3.5.11 解同余方程 $x^8 \equiv \pm 16(\text{mod } 41)$.

解 因 $n = 8$, $\varphi(41) = 40$, $d = (8, 40) = 8$. 当 $a = 1$ 时, $\text{ind}16 = 24$, $8|24$, 故由定理 3.5.10 及其证明知, 该同余方程有 8 个解, 且其解为

$$8\text{ind}x \equiv 24(\text{mod } 40),$$

即同余方程 $\text{ind}x \equiv 3(\text{mod } 5)$ 的解, 即

$$\text{ind}x \equiv 3, 8, 13, 18, 23, 28, 33, 38(\text{mod } 40).$$

查表 3.5.2 得

$$x \equiv 8, 10, 11, 17, 24, 30, 31, 33(\text{mod } 41).$$

而当 $a \equiv -16$ 时, $\text{ind}(-16) = \text{ind}25 = 4$, 8 不整除 44, 故同余方程 $x^8 \equiv -16(\text{mod } 41)$ 无解.

定理 3.5.6 若 $(a, m) = 1$, 则 $\delta = \delta_m(a) = \dfrac{\varphi(m)}{(\text{ind}a, \varphi(m))}$. 特别地, a 是模 m 的原根的充分必要条件是 $(\text{ind}a, \varphi(m)) = 1$.

证 由 $a^{\delta}\equiv 1(\bmod\ m)$ 及指标运算法则可知

$$\delta\mathrm{ind}a=0(\bmod\ \varphi(m)).$$

注意到 $\delta|\varphi(m)$, 故而 $\mathrm{ind}a\equiv 0\left(\bmod\ \dfrac{\varphi(m)}{\delta}\right)$, $\dfrac{\varphi(m)}{\delta}$ 是 $\mathrm{ind}a$ 和 $\varphi(m)$ 的公因子, 故有

$$\frac{\varphi(m)}{\delta}\leqslant(\mathrm{ind}a,\varphi(m)),\quad 即\quad \frac{\varphi(m)}{(\mathrm{ind}a,\varphi(m))}\leqslant\delta.$$

又若令 $d=(\mathrm{ind}a,\varphi(m))$, 则有

$$\frac{\varphi(m)}{d}\mathrm{ind}a\equiv 0(\bmod\ \varphi(m)),$$

故而 $a^{\frac{\varphi(m)}{d}}\equiv 0(\bmod\ \varphi(m))$, 由 δ 的定义即得

$$\delta\leqslant\frac{\varphi(m)}{d}=\frac{\varphi(m)}{(\mathrm{ind}a,\varphi(m))}.$$

从而有 $\delta=\dfrac{\varphi(m)}{(\mathrm{ind}a,\varphi(m))}$. 定理 3.5.5 获证.

定理 3.5.7 在模 m 的简化系中, 指数是 δ 的整数个数是 $\varphi(\delta)$. 特别地, 原根的个数是 $\varphi(\varphi(m))$.

证 由定理 3.5.6, 模 m 的简化系中, 指数是 δ 的整数的个数等于满足条件

$$(\mathrm{ind}a,\varphi(m))=\frac{\varphi(m)}{\delta}$$

的 a 的个数. 这又等价于满足条件

$$(u,\varphi(m))=\frac{\varphi(m)}{\delta},\quad 0\leqslant u<\varphi(m)$$

的整数 u 的个数. 令 $u=\dfrac{\varphi(m)}{\delta}v$, 这又等价于满足

$$(v,\delta)=1,\quad 0<v<\delta,$$

此即 $\varphi(\delta)$. 定理 3.5.7 获证.

评注 由定理 3.5.7 的证明过程及 $a\equiv g^{\mathrm{ind}_g a}(\bmod\ m)$ 可知, 我们再次获知模 m 所有原根的集合为

$$\{g^j,1\leqslant j\leqslant\varphi(m),(j,\varphi(m))=1\}.$$

例 3.5.12 模 41 的简化剩余系中, 指数是 8 的整数 a 满足条件

$$(\mathrm{ind}a,40)=\frac{40}{8}=5,$$

即 $3, 14, 27, 38$. 而原根是满足条件 $(\text{ind}a, 40) = 1$ 的整数 a, 共 $\varphi(40) = 16$ 个, 它们是

$$6, 7, 11, 12, 13, 15, 17, 19, 22, 24, 26, 28, 29, 30, 34, 35.$$

研究二项同余方程 (3.5.1) 的求解问题还有许多更深入的话题, 这里没有展开讨论, 对此有兴趣的同仁可查阅有关的参考文献.

3.5.7 原根基础训练与拓展

1. 设 p 为素数, $\delta_p(a) = 3$, 证明: $\delta_p(1 + a) = 6$.

2. 设 p 为奇素数, 证明: 若同余方程 $x^4 + 1 \equiv 0(\bmod p)$ 有解, 则 $p \equiv 1(\bmod 8)$.

3. 求模 7 和 13 的全部原根.

4. 求模 14 和 26 的全部原根.

5. 设 p 为奇素数, 证明:

(1) 当 $p \equiv 1(\bmod 4)$ 时, 如果 $q = 2p + 1$ 是素数, 则 2 是模 q 的原根.

(2) 当 $p \equiv 3(\bmod 4)$ 时, 如果 $q = 2p + 1$ 是素数, 则 (-2) 是模 q 的原根.

(3) 如果 $p \equiv 1(\bmod 2)$ 时, $q = 4p + 1$ 是素数, 则 2 是模 q 的原根.

*6. 设 $p = 2^n + 1$ 是一个奇素数, 证明: 模 p 的全部二次非剩余就是模 p 的全部原根.

7. 设 n, a 都是正整数, 且 $a > 1$, 证明: $n | \varphi(a^n - 1)$.

8. 设 n 是任意大于 1 的正整数, 证明: n 不整除 $(2^n - 1)$.

*9. 设素数 $p \equiv 3(\bmod 4)$, 证明: a 是模 p 的四次剩余的充分必要条件是 $\left(\dfrac{a}{p}\right) = 1$.

10. 对于哪些整数 a, 同余方程 $10^x \equiv a(\bmod 41)$ 有解?

*11. 设素数 $p \equiv 2(\bmod 3)$, a 和 b 是整数, 证明: $a^3 \equiv b^3(\bmod p)$ 成立的充分必要条件是 $a \equiv b(\bmod p)$.

第 4 章

不定方程

5 世纪中国数学家张丘建在其所著的《张丘建算经》一书中提出了世界名题“百鸡问题”. 该问题原文如下:

“今有鸡翁一, 值钱五; 鸡母一, 值钱三; 鸡雏三, 值钱一. 百钱买百鸡, 问鸡翁、母、雏各几何?” 用现代语言叙述就是: 公鸡 1 只值 5 钱, 母鸡 1 只值 3 钱, 小鸡 1 钱买 3 只, 现在用 100 钱买 100 只鸡, 问: 公鸡、母鸡、小鸡各买了几只?

我们若用现代的数学方法解决这个问题, 可设买的鸡翁 (公鸡)、鸡母 (母鸡)、鸡雏 (小鸡) 只数分别为 x, y, z. 根据题意可得一个三元一次不定方程组

$$\begin{cases} x+y+z=100, \\ 5x+3y+\dfrac{1}{3}z=100, \end{cases}$$

消去 z 有 $14x+8y=200$, 即得

$$7x+4y=100.$$

这是一个含有两个未知数的方程. 通常把这类未知数的个数多于方程个数的整系数方程, 称为不定方程. 不定方程的解常常受到某种限制 (如整数或正整数等). 古希腊数学家丢番图 (Diophantus, 约公元 246—330) 于 3 世纪初就研究过不定方程, 故不定方程又名丢番图方程.

不论是理论还是实际应用, 不定方程在数论中都具有重要的地位.

本章介绍几类最简单的不定方程的求解及其应用, 主要内容包括: 实用的一次不定方程、诱惑人的费马方程及其魅力无限的同余与不定方程联姻.

4.1 实用的一次不定方程

稍后将会看到, 求解多元一次不定方程必可化归为求解二元一次不定方程. 因

此, 从讨论最简单的二元一次不定方程着手.

4.1.1 二元一次不定方程

若方程

$$ax+by=c \tag{4.1.1}$$

中的系数满足 $(a,b)=1$, 则由一次同余方程解的理论 (或利用最大公因数的线性表示) 立即可得到解的存在性定理及其通解公式.

定理 4.1.1 若 $(a,b)=1$, 则二元一次不定方程 (4.1.1) 必存在特解 (x_0,y_0); 而且其通解公式为

$$\begin{cases} x=x_0+bt, \\ y=y_0-at, \end{cases} \text{其中}t\text{为整数}. \tag{4.1.2}$$

证 若 $(a,b)=1$, 则由定理 3.1.1 可知同余方程

$$ax\equiv c(\bmod\ b) \tag{4.1.3}$$

在同余的意义下有唯一解 x_0. 即若 x 也满足方程 (4.1.3), 则必有

$$a(x-x_0)\equiv 0(\bmod\ b),$$

由 $(a,b)=1$ 可得 $x=x_0+tb(t$ 为整数).

若设 y_0 满足

$$ax_0+by_0=c,$$

则把此式及 $x=x_0+tb$ 代入 $ax+by=c$, 得

$$a(x_0+tb)+by=ax_0+by_0,$$

于是有

$$by=b(y_0-at),$$

由 $b\neq 0$ 即得

$$y=y_0-at.$$

定理获证.

推论 4.1.1 若 $d=(a,b)>1$, 则方程 (4.1.1) 有解当且仅当 $d|b$. 在有解的情形下, 若 (x_0,y_0) 是方程 (4.1.1) 的特解, 则方程 (4.1.1) 的通解为

$$\begin{cases} x=x_0+\dfrac{b}{d}t, \\ y=y_0-\dfrac{a}{d}t, \end{cases} \text{其中}t\text{为整数}.$$

证 若方程 (4.1.1) 有解 (x_0, y_0), 即

$$ax_0 + by_0 = c,$$

于是由整除的基本性质可知必有 $d|c$.

反之, 若 $d|c$, 则方程 (4.1.1) 等价于

$$\frac{a}{d}x + \frac{b}{d}y = \frac{c}{d}. \tag{4.1.4}$$

由 $\left(\frac{a}{d}, \frac{b}{d}\right) = 1$ 及定理 4.1.1 可知方程 (4.1.4) 有特解 (x_0, y_0), 且其通解为

$$\begin{cases} x = x_0 + \dfrac{b}{d}t, \\ y = x_0 - \dfrac{a}{d}t, \end{cases} \text{其中}t\text{为整数}.$$

再由方程 (4.1.1) 与方程 (4.1.4) 等价, 可知定理获证.

评注 求方程 (4.1.1) 的特解, 大多数文献中都是利用辗转相除法 (或利用最小公倍数的线性表示式), 其实有了同余概念, 利用同余法求解是最简的. 下面举例说明.

例 4.1.1 求解下列二元一次不定方程:

(1) $107x + 37y = 25$;

(2) $123x + 57y = 531$.

解 (1) 因 $(37, 107) = 1$, 由 $107x \equiv 25 (\mathrm{mod}\ 37)$, 可得

$$-4x \equiv -12 (\mathrm{mod}\ 37),$$

此即 $x \equiv 3 (\mathrm{mod}\ 37)$. 把 $x_0 = 3$ 代入原方程可得 $y_0 = -9$. 于是原不定方程的通解为

$$\begin{cases} x = 3 + 37t, \\ y = -9 - 107t, \end{cases} \quad t = 0, \pm 1, \pm 2, \cdots.$$

(2) 因 $(57, 123) = 3$, 且 $3|531$, 故原方程有解而且等价于

$$41x + 19y = 177, \tag{4.1.5}$$

由 $41x \equiv 177 (\mathrm{mod}\ 19)$ 得 $3x \equiv 6 (\mathrm{mod} 19)$, 即 $x \equiv 2 (\mathrm{mod} 19)$.

再把 $x = 2$ 代入方程 (4.1.5) 得 $y = 5$, 于是原不定方程的通解为

$$\begin{cases} x = 2 + 19t, \\ y = 5 - 41t, \end{cases} \quad t = 0, \pm 1, \pm 2, \cdots.$$

4.1.2 二元一次不定方程实际应用

本节将通过具体的例子阐述二元一次不定方程在解决实际问题中的巧妙应用.

例 4.1.2 求解“百鸡问题”.

解 由 $4|100$, 易见 $x_0=0, y_0=25$ 满足

$$7x+4y=100. \tag{4.1.6}$$

由 $(7,4)=1$ 及定理 4.1.1 可知, 方程 (4.1.5) 的通解为

$$\begin{cases} x=4t, \\ y=25-7t, \end{cases} \tag{4.1.7}$$

再把 $x_0=0, y_0=25$ 代入

$$x+y+z=100, \tag{4.1.8}$$

可得 $z_0=75$. 把式 (4.1.7) 代入式 (4.1.8) 得

$$z=75+3t.$$

于是“百鸡问题”的通解为

$$\begin{cases} x=4t, \\ y=25-7t, \quad \text{其中}t\text{为整数}. \\ z=75+3t. \end{cases}$$

由解的非负性, 我们可得“百鸡问题”有 4 组解:

$$(0,25,75), \quad (4,18,78), \quad (8,11,81), \quad (12,4,84).$$

《张丘建算经》中给出的 3 组完整的正整数解与此相符.

例 4.1.3 (猜生日) 某日有两位学数学的久未见面的老同学相聚, 同学甲向同学乙建议玩一个数学游戏. 甲问同学乙的出生月份是大月 (31 天) 还是小月 (30 天) 或者是 2 月份, 乙回答说是大月. 甲让乙用他出生的日子乘以 12, 用他出生的月份数乘以 31, 然后把两个乘积相加告诉甲. 乙经过简单计算得出结果是 170, 并将这个数字告诉甲. 甲稍加思索, 马上对乙说你的生日是 2 月 9 日. 请问甲是怎么得到答案呢?

解 其实这个问题的本质就是解二元一次不定方程

$$12x+31y=170, \tag{4.1.9}$$

由 $31y\equiv 170 \pmod{12}$ 得 $7y\equiv 2 \pmod{12}$, 不难求得 $y\equiv 2 \pmod{12}$.

把 $y_0=2$ 代入方程 (4.1.9) 得 $x_0=9$, 于是方程 (4.1.9) 的通解为

$$\begin{cases} x=9-31t, \\ y=2+12t, \end{cases} \quad 其中t为整数.$$

易见只有 $t=0$ 才符合题意, 故月份是 2, 日期是 9, 即 2 月 9 日.

例 4.1.4 (商店盘货) 某商店在进行账目盘点时, 发现有一份销售某品牌手机的记录上被滴上的墨水盖住了销售数量, 售价是每只 4936 元; 且销售金额的总数有 3 位数字也被墨水盖住, 但后 3 位金额是 728 元. 试问能用数学的方法根据这些痕迹恢复这份销售记录吗?

解 若设买出手机 x 只, 销售金额被盖住的数字是 y(最大值为 999), 则可以得出下述二元一次不定方程

$$4936x=1000y+728, \tag{4.1.10}$$

由于 $(4936,1000)=8$, 故方程 (4.1.10) 等价于

$$617x=125y+91, \tag{4.1.11}$$

由 $617x\equiv 91(\bmod\ 125)$ 得 $-8x\equiv 91(\bmod 125)$, 即 $8x\equiv 34(\bmod 125)$, 等价于

$$4x\equiv 17(\bmod\ 125),$$

又有

$$x\equiv \frac{17}{4}\equiv \frac{17-125}{4}\equiv -27\equiv 98(\bmod\ 125).$$

将 $x_0=98$ 代入方程 (4.1.11) 解得 $y_0=483$, 于是方程 (4.1.9) 的通解为

$$\begin{cases} x=98+125t, \\ y=483-617t, \end{cases} \quad 其中t为整数.$$

只有 $t=0$ 满足题意, 因此销售的手机是 98 只, 而金额是 483728 元.

例 4.4.5 (物体称重) 设有质量分别为 9g 和 13g 的两种砝码若干只, 试问如何用数量最少的砝码在天平上称出质量为 3g 的物体?

解 我们不妨设定称出的质量为 3g 的物体放在天平的左盘. 为了称出 3g 的物体, 显然这两种砝码在天平的左右盘应各放一种, 否则同样多的同种砝码放在天平两边就抵消掉了.

现在设 9g 的砝码用了 $|x|$ 个, 13g 的砝码用了 $|y|$ 个. 当 x 是正整数时, 9g 的砝码应放在天平的右盘, 而当 x 是负整数时, 它们应放在天平的左盘; 相应的, 若 y 是负整数, 则 $|y|$ 个 13g 的砝码应放在天平的左盘, 反之则放在右盘.

于是要在天平左盘称出 3g 的物体, 由左右盘平衡, 可得

$$9x+13y=3. \tag{4.1.12}$$

因 $(9,13)=1$, 由 $13y=3(\mathrm{mod}\ 9)$ 得 $4y\equiv 3(\mathrm{mod}\ 9)$, 通过解 $9u\equiv 3(\mathrm{mod}\ 4)$ 即 $u\equiv 3(\mathrm{mod}\ 4)$ 可得

$$y\equiv\frac{3}{4}\equiv\frac{3-3\times 9}{4}\equiv -6\equiv 3(\mathrm{mod}\ 9).$$

再把 $y_0=3$ 代入方程 (4.1.12) 得 $x_0=-4$, 于是方程 (4.1.11) 的通解为

$$\begin{cases} x=-4+13t, \\ y=3-9t, \end{cases} \quad \text{其中}t\text{为整数}.$$

若想保证砝码的数量最少, 只能取 $t=0$. 这就是说, 左盘放 4 只 9g 的砝码, 右盘放 3 只 13g 的砝码.

4.1.3 二元一次不定方程的非负解

在实际应用中, 经常只需考虑二元一次不定方程 (4.1.1) 的非负整数解或正整数解, 比如前面的 “百鸡问题” 就属于这种情形. 下面我们通过对方程 (4.1.1) 的通解公式 (4.1.2) 给出方程 (4.1.1) 有非负解 (正解) 的条件. 易见, 只需考虑 $(a,b)=1$ 的情形.

定理 4.1.2 若 $(a,b)=1$, 则当 $c>ab-a-b$ 时, 不定方程 (4.1.1) 有非负解, 其解数为

$$\left[\frac{c}{ab}\right] \quad \text{或} \quad \left[\frac{c}{ab}\right]+1.$$

当 $c=ab-a-b$ 时, 不定方程 (4.1.1) 没有非负解.

证 由于 $(a,b)=1$, 由定理 4.1.1 知, 方程 (4.1.1) 必有解. 设 x_0, y_0 是方程 (4.1.1) 的一组特解. 由通解公式 (4.1.2), 要保证解 x, y 是非负解, 参数 t 必须满足

$$x_0+bt\geqslant 0, \quad t\geqslant -\frac{x_0}{b},$$

$$y_0-at\geqslant 0, \quad t\leqslant\frac{y_0}{a},$$

即 $-\dfrac{x_0}{b}\leqslant t\leqslant\dfrac{y_0}{a}$.

由于 t 取整数值, 所以上式就是

$$-\left[\frac{x_0}{b}\right]\leqslant t\leqslant\left[\frac{y_0}{a}\right].$$

由此可知, 方程 (4.1.1) 的非负解的组数为

$$N=\left[\frac{y_0}{a}\right]+\left[\frac{x_0}{b}\right]+1.$$

(注意 $t=0$ 时也是一解), 利用取整函数的性质 ($[u]+[v]\leqslant[u+v]\leqslant[u]+[v]+1$) 可知

$$\left[\frac{y_0}{a}+\frac{x_0}{b}\right]\leqslant N\leqslant\left[\frac{y_0}{a}+\frac{x_0}{b}\right]+1. \tag{4.1.13}$$

上式等号中只有一个成立. 由于 x_0, y_0 是特解, 所以

$$ax_0+by_0=c,\quad 即\ \frac{x_0}{b}+\frac{y_0}{a}=\frac{c}{ab},$$

于是有

$$\left[\frac{x_0}{b}+\frac{y_0}{a}\right]=\left[\frac{c}{ab}\right].$$

由式 (4.1.13) 式可知, $N=\left[\frac{c}{ab}\right]$ 或 $N=\left[\frac{c}{ab}\right]+1$.

当 $c>ab-a-b$ 时,

$$\begin{aligned}1-\frac{1}{b}-\frac{1}{a}&=\frac{ab-a-b}{ab}<\frac{c}{ab}\\&=\frac{ax_0+by_0}{ab}=\frac{x_0}{b}+\frac{y_0}{a}\\&=\left[\frac{x_0}{b}\right]+\left\{\frac{x_0}{b}\right\}+\left[\frac{y_0}{a}\right]+\left\{\frac{y_0}{a}\right\},\end{aligned} \tag{4.1.14}$$

其中 $\left\{\frac{x_0}{b}\right\}$, $\left\{\frac{y_0}{a}\right\}$ 表示 $\frac{x_0}{b}$ 和 $\frac{y_0}{a}$ 的小数部分, 由整数的离散性可得

$$(4.1.14)\text{式最右边}\leqslant\left[\frac{x_0}{b}\right]+\frac{b-1}{b}+\left[\frac{y_0}{a}\right]+\frac{a-1}{a},$$

故有

$$1-\frac{1}{a}-\frac{1}{b}<\left[\frac{x_0}{b}\right]+\left[\frac{y_0}{a}\right]+1-\frac{1}{a}+1-\frac{1}{b},$$

即 $-1<\left[\frac{x_0}{b}\right]+\left[\frac{y_0}{a}\right]$. 从而有

$$N=\left[\frac{y_0}{a}\right]+\left[\frac{x_0}{b}\right]+1>0.$$

这说明方程 (4.1.1) 必有非负解.

接下来, 我们再证明, 当 $c=ab-a-b$ 时, 不定方程 (4.1.1) 没有非负解. 若不然, 则方程 (4.1.1) 有非负解 x_1, y_1, 于是有

$$ax_1+by_1=c=ab-a-b,$$

重新整理得

$$a(x_1+1)+b(y_1+1)=ab. \tag{4.1.15}$$

由 $(a,b)=1$ 可得 $b|(x_1+1)$, $a|(y_1+1)$, 再由 $x_1\geqslant 0$, $y_1\geqslant 0$ 可得

$$y_1+1\geqslant a\geqslant 1,\quad x_1+1\geqslant b\geqslant 1.$$

由 (4.1.15) 式可推得

$$ab=a(x_1+1)+b(y_1+1)\geqslant ab+ab=2ab.$$

这个矛盾说明, 当 $c=ab-a-b$ 时, 不定方程 (4.1.1) 没有非负解.

推论 4.1.2 若 $(a,b)=1$, 则当 $c>ab$ 时, 不定方程 (4.1.1) 有正解, 其正解数为

$$\left[\frac{c}{ab}\right] \quad 或 \quad \left[\frac{c}{ab}\right]-1.$$

而当 $c=ba$ 时, 方程 (4.1.1) 无正解.

证 通过简单的变量代换, 不难证明不定方程 (4.1.1) 有正解的条件是下述不定方程

$$ax+by=c-a-b$$

有非负解. 再由定理 4.1.2 即得.

评注 对于“百鸡问题”中的不定方程 (4.1.6), 由 $100>4\times 7$ 可知有正解, 其正解组数为

$$\left[\frac{100}{28}\right]=3 \quad 或 \quad \left[\frac{100}{28}\right]-1=2.$$

前面我们已经知道正解数组数为 3.

例 4.1.6 (立方体分割与粘合问题) 试问能否把一个立方体通过分割或粘合的手段获得 n 个新的立方体? 能够实现的 n 具备什么样的条件?

解 我们先对 $n(\geqslant 8)$ 的一些具体情况做些探索.

当 $n=8$ 时, 只要将立方体的每边二等分, 连接相应的中点, 就可得到 8 个大小一样的小立方体. 同理, 如果将立方体的每边 $k(k\geqslant 2)$ 等分, 连接相应的分点, 就可以得到 k^3 个大小一样的立方体.

这样, 通过边的等分, 就可以很方便地将一个大立方体分割成 8 个, 27 个, 64 个, $\cdots$, k^3 个小立方体. 除 $n=k^3$ 型的正整数外, 其他情况会是怎样呢?

其实这个问题是相当复杂的. 下面先对几个具体的 n 做些讨论.

从不定方程的角度看, 最简单的操作方式有两种情形, 即把 1 个立方体分为 8 个, 称其为二等分操作; 或把 1 个立方体分为 27 个, 称其为三等分操作. 若二等分操作了 x 次, 三等分操作了 y 次, 则操作完毕增加的立方体数为 $7x+26y$.

如果想通过分割的方式得到 n 个新的立方体, 那么下述不定方程

$$1+7x+26y=n \tag{4.1.16}$$

必须有非负解.

因 $(7,26)=1$, 故由定理 4.1.2 可知, 当

$$n-1>7\times 26-26-7,$$

即 $n>150$ 时, 不定方程 (4.1.16) 必有非负解. 这就是说, 当 $n>150$ 时, 肯定可以通过二等分或三等分获得 n 个新的立方体.

至于 $9\leqslant n\leqslant 150$ 的情形, 我们无法从定理 4.1.2 获得任何结果, 不妨考察几个具体的数字.

比如 $n=55$, 把 $n=55$ 代入方程 (4.1.16) 得

$$7x+26y=54, \tag{4.1.17}$$

由 $26y\equiv 54 \pmod 7$ 得 $5y\equiv 5 \pmod 7$, 即 $y\equiv 1 \pmod 7$. 把 $y=1$ 代入方程 (4.1.17) 得 $x=4$, 这样, 我们将 1 个立方体通过 4 次二等分操作与 1 次三等分操作, 就可获得 55 个新的立方体.

我们再看 $n=100$ 的情形, 把 $n=100$ 代入方程 (4.1.16) 得

$$7x+26y=99, \tag{4.1.18}$$

由 $26y\equiv 99 \pmod 7$ 得 $5y\equiv 1 \pmod 7$, 易解得 $y\equiv 3 \pmod 7$.

把 $y=3$ 代入 (4.1.18) 得 $x=3$. 这就是说 1 个立方体通过二等分操作与三等分操作各 3 次就可获得 100 个新的立方体.

若把 $n=9$ 代入方程 (4.1.16) 可得

$$7x+26y=8, \tag{4.1.19}$$

由 $26y\equiv 8 \pmod 7$ 得 $5y\equiv 1 \pmod 7$, 易解得 $y\equiv 3 \pmod 7$. 把 $y=3$ 代入方程 (4.1.19) 得 $x=-10$. 出现负数解时, 要考虑粘合操作, 在这里粘合 10 次需要 80 个小正方形, 而三等分操作 3 次仅获得 79 个新的立方体. 因此无法通过分割或粘合的方式获得 9 个新的立方体.

若把 $n=10$ 代入方程 (4.1.16), 则得

$$7x+26y=9, \tag{4.1.20}$$

由 $26y\equiv 9 \pmod 7$ 得 $5y\equiv 2 \pmod 7$, 解得 $y\equiv 6 \pmod 7$. 把 $y=6$ 代入方程 (4.1.19) 可得 $x\equiv -21 \pmod 7$. 此时需要粘合 21 次共需 $21\times 8=168$(个) 小的立

方体, 而三等分操作 6 次后只获得 157 个新的立方体 (包括原来的 1 个). 因此无法实现操作目的.

若把 $n=11$ 代入方程 (4.1.16), 则得

$$7x+26y=10, \tag{4.1.21}$$

由 $26y\equiv 10 \pmod 7$ 得 $5y\equiv 3 \pmod 7$, 易得 $y\equiv 2 \pmod 7$. 把 $y=2$ 代入方程 (4.1.21) 得 $x=-6$. 此时三等分操作 2 次, 共获得 53 个新的正方形, 再将其中的 48 个小立方体粘合成 6 个新的立方体, 加上留下的 5 个, 即可获得 11 个新的立方体. 这就是说, 通过 "分割" 与 "粘合" 两种操作方式可实现目的.

若把 $n=12$ 代入方程 (4.1.16), 则可得

$$7x+26y=11, \tag{4.1.22}$$

方程 (4.1.22) 的解为 $x=-17, y=5$. 易见此时能实现操作目的.

通过上面几个具体例子, 我们发现当方程 (4.1.16) 的解 (x_0, y_0) 满足

$$|7x_0|<26y_0 \quad (y_0>0) \tag{4.1.23}$$

时, 可通过 "分割" 或 "粘合" 的手段, 达到实现操作目的; 而当 (x_0, y_0) 是一对非负解时, 就可通过 "分割" 的手段实现操作目的.

问题是我们还不知道当 $13\leqslant n\leqslant 150$ 时应满足什么条件, 才能保证方程 (4.1.16) 有非负解或者满足 (4.1.23) 式. 有兴趣的同仁不妨显露一下您的才能.

4.1.4 多元一次不定方程

定义 4.1.1 设 $a_1, a_2, \cdots, a_n$ 是非零整数, c 是整数, 关于未知数 $x_1, x_2, \cdots, x_n$ 的方程

$$a_1x_1+a_2x_2+\cdots+a_nx_n=c \tag{4.1.24}$$

称为 n 元一次不定方程. 若存在整数 $x_1^0, x_2^0, \cdots, x_n^0$ 满足方程 (4.1.24), 则称 $(x_1^0, x_2^0, \cdots, x_n^0)$ 是不定方程 (4.1.24) 的解.

多元一次不定方程最终归结为二元一次不定方程的求解, 首先建立有解的充要条件.

定理 4.1.3 设 $d=(a_1, a_2, \cdots, a_n)$, 不定方程 (4.1.24) 有解当且仅当 $d|c$.

证 "$\Rightarrow$" 显然."$\Leftarrow$": 用数学归纳法证之. 当 $n=2$ 时, 由推论 4.1.1 可知充分性成立. 假设上述条件对 $n-1$ 元一次不定方程是充分的. 下证上述条件对 n 元一次不定方程也是充分的.

令 $d_2=(a_1, a_2)$, 由最大公因数的化归性 (定理 1.2.5) 有

$$(d_1, a_3, a_4, \cdots, a_n)=d|c.$$

由归纳假设不定方程

$$d_2t_2+a_3x_3+\cdots+a_nx_n=c$$

有解, 设其一解为 $t_2',x_3',\cdots,x_n'$. 再考虑

$$a_1x_1+a_2x_2=d_2t_2'.$$

由推论 4.1.1 及 $(a_1,a_2)=d_2$, 上述二元一次不定方程有解, 设其一解为 x_1',x_2', 则有

$$\begin{aligned}&a_1x_1'+a_2x_2'+a_3x_3'+\cdots+a_nx_n'\\=&d_2t_2'+a_3x_3'+\cdots+a_nx_n'=c,\end{aligned}$$

故 $x_1',x_2',\cdots,x_n'$ 是方程 (4.1.24) 的解. 这就证明了条件的充分性.

评注 定理 4.1.3 的证明过程还给我们提供了一个求不定方程 (4.1.24) 的解的方法, 即按顺序求出 $(a_1,a_2)=d_2$, $(d_2,a_3)=d_3$, $\cdots$, $(d_{n-1},a_n)=d_n$. 由定理 1.2.5 及定理 4.1.3, 若 d_n 不整除 N, 则方程 (4.1.24) 无解; 若 $d_n|N$, 则方程 (4.1.24) 有解.

考察下述系列二元一次不定方程组:

$$\begin{cases}a_1x_1+a_2x_2=d_2t_2,\\d_2t_2+a_3x_3=d_3t_3,\\\vdots\\d_{n-2}t_{n-2}+a_{n-1}x_{n-1}=d_{n-1}t_{n-1},\\d_{n-1}t_{n-1}+a_nx_n=c.\end{cases}\tag{4.1.25}$$

首先求出最后一个方程的一切解, 然后把 t_{n-1} 的每一个值代入倒数第二个方程求出它的一切解, 这样做下去即可得出方程 (4.1.24) 的一切解. 证明很容易, 留给读者完成.

在求解多元一次不定方程的实际过程中, 我们总是把 t_i 看成常数, 求出二元一次方程组 (4.1.25) 中的 $n-1$ 个不定方程的整数解的一般形式, 再从结果中消去 $t_2,t_3,\cdots,t_{n-1}$, 即得方程 (4.1.24) 的解.

下面看一个具体例子.

例 4.1.7 求不定方程 $9x+24y-5z=1000$ 的一切解.

解 $(9,24)=3$, $(3,-5)=1$, 故原不定方程有解.

考虑二元一次不定方程组

$$\begin{cases}9x+24y=3t,\\3t-5z=1000,\end{cases}\tag{4.1.26}$$

即

$$\begin{cases} 3x+8y=t, \\ 3t-5z=1000. \end{cases}$$

由推论 4.1.1 可得

$$\begin{cases} x=3t-8u, \\ y=-t+3u, \end{cases} \quad 以及 \quad \begin{cases} t=2000+5v, \\ z=1000+3v, \end{cases}$$

其中 u, v 为整数. 消去 t, 得

$$\begin{cases} x=6000+15v-8u, \\ y=-2000-5v+3u, \\ z=1000+3v. \end{cases}$$

这就是我们所要求的结果.

例 4.1.8 (五猴分桃问题) 20 世纪 80 年代初, 中国科技大学在全国早慧少年中招收少年班学员. 美籍华人物理学家李政道 (1926—) 非常喜爱这些小 "神童". 在一次座谈会上即兴向小学生提出下面一个有趣的问题:

"今有桃若干, 将它们分成五等份时正好多出一个. 取出其中一份又一个, 将余下部分再分成五等份时, 又恰好多一个.…… 如此下去, 到第五次分时, 仍是五等份且多一个. 问桃子至少有多少个?"

评注 这个问题有许多种解法, 这里利用上述介绍的求多元一次不定方程的思想提供一个非常简洁的解法.

解 设桃子至少有 N 个, 又 x_i 表示每次均分的一份桃子数 $(i=1,2,\cdots,5)$, 依题意有

$$\begin{cases} N=5x_1+1, \\ 4x_1=5x_2+1, \\ 4x_2=5x_3+1, \\ 4x_3=5x_4+1, \\ 4x_4=5x_5+1, \end{cases}$$

逐步代回可得到

$$N=\frac{5^5}{4^4}(x_5+1)-4.$$

由于 x_5+1 应该被 4^4 整除, 则它至少是 256, 故 $x_5=255$.

从而 $N=5^5-4=3121$, 即桃子总数为 3121 个.

4.1.5 一次不定方程基础训练与拓展

1. 解下列不定方程：(1) $107x+37y=25$; (2) $306x-360y=630$.

2. 已知二元一次不定方程 $ax+by=c$(其中 $ab\neq 0$) 的两个整数解 $x=1, y=-2$; $x=-5, y=3$, 求该方程的全部整数解.

3. 如果你只有两个没有刻度的容量分别为 4 升和 9 升的容器, 怎样从一条河中恰好取出 6 升水? 你觉得如何操作最优?

4. 有 3 个容器, 它们的容量分别为 3 升、7 升和 10 升. 今有 10 升液体, 想把它们等分成两半, 如果只用这 3 个容器, 问应如何操作? 如果不计 3 升和 7 升两个容器之间相互倒的次数, 问最少操作多少步?

5. 求不定方程 $3x+6y+12z=15$ 的整数解.

6. 四种小商品 A, B, C, D 的价格分别为 0.13, 0.17, 0.22, 0.35. 现在用 2 元钱恰好买了 10 件小商品, 问买得小商品 A, B, C, D 各为多少?

7. 设 a, b, c 是整数, $(a, b)=1$. 证明：在直线 $ax+by=c$ 上, 任何一个长度大于 $\sqrt{a^2+b^2}$ 的线段上至少有一个点的坐标都是整数.

8. 证明：一个正方形可以不重复不遗漏地分割成 $n(n>5)$ 个小正方形.

9. 将 $\dfrac{19}{30}$ 写成三个分数之和, 它们的分母分别是 2, 3 和 5.

*10. 设 a 与 b 是正整数, $(a, b)=1$, 证明：$1, 2, \cdots, ab-a-b$ 中恰有 $\dfrac{(a-1)(b-1)}{2}$ 个整数可以表示成 $ax+by(x\geqslant 0, y\geqslant 0)$ 的形式.

*11. 设 a_1, a_2, a_3 是两两既约的正整数, 证明: 不定方程 $a_2a_3x_1+a_3a_1x_2+a_1a_2x_3=c$, 当 $c>2a_1a_2a_3-a_1a_2-a_2a_3-a_3a_1$ 时一定有非负解; 当 $c=2a_1a_2a_3-a_1a_2-a_2a_3-a_3a_1$ 时无非负解.

4.2 诱惑人的费马方程

法国业余数学家费马 (Pierre de Fermat, 1601—1665) 在微积分、解析几何、数论等学科中都做出了杰出贡献.1637 年左右, 他在阅读丢番图的《算术》时, 在页边用拉丁文写下了以下一段话:

“不可能把一个立方数分成两个立方数, 或者把一个四方数分成两个四方数, 而且一般说来, 不可能把任何一个大于二次幂的方幂数分成两个同次幂的方幂数.”“我对此找到了一个绝妙的证明, 可惜这里空白太小, 写不下.”

他这段话用不定方程语言表述就是：当 $n>2$ 时, 不定方程

$$x^n+y^n=z^n \qquad (4.2.1)$$

无平凡解, 即不存在整数 x, y, z 满足方程 (4.2.1) 而且 $xyz\neq 0$.

费马的这段话是在他死后才被发现的, 这是费马留下的最后一个尚未证明的“定理”. 因此, 被后人称之为费马猜想, 也称为费马大定理 (区别于同余理论中的费马小定理), 或称费马最后定理.

评注 自从这个费马猜想被发现开始, 困惑了全世界顶级数学家 350 余年. 大数学家希尔伯特曾把费马大定理喻为 “一只会下金蛋的鸡”. 这是因为攻克这个世界难题的过程中, 数学家使用了很多复杂的数学新工具, 发展了全新的数学观念, 极大地推动了代数数论与代数几何等数学分支的大发展. 经过一代又一代数学家的前赴后继, 艰苦探索, 终于在 1995 年被英国数学家怀尔斯 (Andrew Wiles, 1953—) 利用模椭圆曲线理论给出彻底证明. 这被公认为 20 世纪数学史上的一件大事. 数学家科茨 (John Cotes) 说: “用数学的术语来说, 这个最终的证明可与分裂元子或发现 DNA 的结构相比, 对费马大定理的证明是人类智力活动的一曲凯歌, 同时, 不能忽视的事实是它一下子使数论发生了革命性的变化. 对我来说, 怀尔斯的成果的美和魅力在于它是走向代数数论的巨大一步.”

人们把不定方程 (4.2.1) 称之为费马不定方程, 简称费马方程. 本节仅对 $n=2$ 与 $n=4$ 两种情形的费马方程给予简介.

4.2.1 毕达哥拉斯方程

当 $n=2$ 时, 不定方程

$$x^2+y^2=z^2 \tag{4.2.2}$$

被称为毕达哥拉斯方程. 这是因为古希腊毕达哥拉斯学派对这种方程做了彻底深入的研究. 其实, 我国古代《周髀算经》中就有 “勾广三, 股修四, 弦隅五” 的记载, 即

$$(x,y,z)=(3,4,5)$$

是直角三角形三边的长. 因此, 适合 $x^2+y^2=z^2$ 的一组正整数解 (x,y,z) 也称为勾股数, 而称相应的方程为勾股方程. 在刘徽的《九章算术》(公元 263 年) 中还记载了这个方程的另外四组整数解, 即

$$(x,y,z)=(5,12,13),\quad (8,15,17),\quad (7,24,25),\quad (20,21,29).$$

反过来, 若整数 a, b, c 是方程 (4.2.2) 的一组正整数解, 且最大公因数 $d=(a,b,c)$, 则易见

$$\frac{a}{d},\quad \frac{b}{d},\quad \frac{c}{d}$$

也是方程 (4.2.2) 的一组整数解. 因此, 我们只需考察 a,b,c 的最大公因子是 1 的情形下, 方程 (4.2.2) 的正整数解.

定义 4.2.1 若 a, b, c 是方程 (4.2.2) 的正整数解, 而且最大公因数 $(a, b, c) = 1$, 则称 a, b, c 为方程 (4.2.2) 的一组基本解.

评注 不难利用整除的基本性质 (余数分析法) 证明, 对于方程 (4.2.2) 的任一组基本解 a, b, c, 有下列结论成立:

(1) $3|a$ 与 $3|b$ 有且仅有一个成立;

(2) $4|a$ 或 $4|b$ 有且仅有一个成立;

(3) $5|a, 5|b, 5|c$ 有且仅有一个成立.

引理 4.2.1 若 a, b, c 是方程 (4.2.2) 的一组基本解, 则必有

$$(a, b) = (a, c) = (b, c) = 1,$$

即 a, b, c 两两互素.

证 若不然, 比如说 $(a, c) \neq 1$, 则必有素因子 $p|(a, c)$, 于是 $p|c^2 - a^2 = b^2$, 由于 p 是素数, 必有 $p|b$, 这与 $(a, b, c) = 1$ 矛盾!

$(a, b) = 1$ 与 $(b, c) = 1$ 同理可证.

定理 4.2.1 方程 (4.2.2) 的全部基本解为

$$\begin{cases} x = m^2 - n^2, \\ y = 2mn, \\ z = m^2 + n^2, \end{cases} \quad 或者 \begin{cases} x = 2mn, \\ y = m^2 - n^2, \\ z = m^2 + n^2, \end{cases} \tag{4.2.3}$$

其中 m 和 n 是两个互素的正整数, $m > n$, 且 $m + n$ 是奇数 (即 m 和 n 中有一个为奇数, 而另一为偶数).

证 我们先证满足式 (4.2.3) 的 x, y, z 是方程 (4.2.2) 的基本解. 首先有

$$(m^2 - n^2)^2 + (2mn)^2 = m^4 - 2m^2n^2 + n^4 + 4m^2n^2 = (m^2 + n^2),$$

并且再由 $m > n$ 可知 (4.2.3) 式是方程 (4.2.2) 的正整数解.

为证它是基本解, 我们要证明每个素数 p 都不能是 $m^2 - n^2, 2mn, m^2 + n^2$ 的公因子. 首先, 由于 m 和 n 一奇一偶, 可知 $m^2 \pm n^2$ 为奇数, 而 $2mn$ 为偶数, 所以 2 不是它们的公因子. 现在设奇素数 p 除尽

$$(m^2 - n^2) + (m^2 + n^2) = 2m^2 \quad 和 \quad (m^2 + n^2) - (m^2 - n^2) = 2n^2.$$

由于 p 是奇素数, 所以 p 除尽 m 和 n. 这就与 m 和 n 互素假设相矛盾. 这就表明 (4.2.3) 式给出的解是基本解.

现在我们证明方程 (4.2.2) 的基本解一定有 (4.2.3) 式的形式, 并且 m 和 n 一定满足定理中所述条件.

设 (x,y,z) 是方程 (4.2.2) 的基本解, 由引理 4.2.1 可知 x, y, z 两两互素. 因此 x 和 y 不能同时为偶数. 另一方面, x 和 y 也不能同时是奇数. 这是因为奇数的平方被 4 除余 1, 所以若 x 和 y 都是奇数, 则 $z^2=x^2+y^2$ 被 4 除余 2, 但是 z^2 被 4 除不可能余 2, 这就表明 x 和 y 一奇一偶.

以下设 y 为偶数 (从而 x 和 z 均为奇数), 我们要证 (x,y,z) 必可表示成 (4.2.3) 式的第一种表达式 (同理可证: 若 x 为偶数, 则 (x,y,z) 必可表示成 (4.2.3) 式的第二种表达式).

由于 y 为偶数, x 和 z 为奇数, 因此 $\dfrac{z\pm x}{2}$ 和 $\dfrac{y}{2}$ 都是正整数 (注意由 $x^2+y^2=z^2$ 可知 $z>x$), 并且

$$\frac{z+x}{2}\cdot\frac{z-x}{2}=\frac{z^2-x^2}{4}=\frac{y^2}{4}=\left(\frac{y}{2}\right)^2. \tag{4.2.4}$$

正整数 $\dfrac{z+x}{2}$ 和 $\dfrac{z-x}{2}$ 必然互素, 因为若它们有公共素因子 p, 则 p 也是

$$\frac{z+x}{2}+\frac{z-x}{2}=z \quad 和 \quad \frac{z+x}{2}-\frac{z-x}{2}=x$$

的公因子, 但我们已知 x 和 z 是互素的. 这一矛盾表明 $\dfrac{z+x}{2}$ 和 $\dfrac{z-x}{2}$ 是互素的正整数.

但 (4.2.3) 式表明它们的乘积是整数 $\dfrac{y}{2}$ 的平方, 由推论 1.3.5 知 (其实也可由算术基本定理直接推知)$\dfrac{z+x}{2}$ 和 $\dfrac{z-x}{2}$ 均是整数的平方, 即

$$\frac{z+x}{2}=m^2, \quad \frac{z-x}{2}=n^2, \tag{4.2.5}$$

其中 m 和 n 是正整数. 由 $\dfrac{z+x}{2}$ 和 $\dfrac{z-x}{2}$ 互素, 可知 m 和 n 互素. 并且由 (4.2.5) 式可知

$$z=m^2+n^2, \quad x=m^2-n^2,$$

从而

$$y^2=z^2-x^2=(m^2+n^2)^2-(m^2-n^2)^2=4m^2n^2,$$

即 $y=2mn$. 最后由 $x>0$ 可知 $m>n$. 这就完全证明了定理.

例 4.2.1 求证: 如果在一组勾股数中, 弦与股的差是 1, 那么不定方程 (4.2.2) 的解之形式为

$$2a+1, \quad 2a^2+2a, \quad 2a^2+2a+1,$$

其中, a 为任意正整数.

证 设 x, y, z 是一组勾股数. 因弦与股的差是 1, 所以 y 是偶数, x, z 为奇数, 且 $(y, z) = 1$. 由定理 4.2.1 得

$$x = s^2 - t^2, \quad y = 2st, \quad z = s^2 + t^2$$

其中, s, t 满足 $s > t > 0$, $(t, s) = 1$, 且 $s + t$ 是奇数.

由 $z - y = 1$ 得 $s^2 + t^2 - 2st = 1$, 亦即 $(s - t)^2 = 1$. 因 $s > t > 0$, 所以 $s = t + 1$. 因此

$$x = s^2 - t^2 = 2t + 1, \quad y = 2st = 2t^2 + 2t, \quad z = s^2 + t^2 = 2t^2 + 2t + 1.$$

4.2.2 4 次幂费马方程

作为定理 4.2.1 的直接应用, 我们这里给出 4 次幂费马方程没有非平凡解的结果, 先证明下述结论更强的定理.

定理 4.2.2 下述方程没有正整数解:

$$x^4 + y^4 = z^2. \tag{4.2.6}$$

证 若不然, 则在这些解中, 一定有一个解使得 z 的值比其余的解中 z 的值小, 即存在一个最小的正整数 u, 满足

$$x^4 + y^4 = u^2, \quad x > 0, \quad y > 0, \quad u > 0. \tag{4.2.7}$$

此时 $(x, y) = 1$, 不然的话, 就有 $(x, y) > 1$, 且

$$\left(\frac{x}{(x,y)}\right)^4 + \left(\frac{y}{(x,y)}\right)^4 = \left(\frac{u}{(x,y)^2}\right)^2.$$

但

$$0 < \frac{u}{(x,y)^2} < u,$$

这与 u 的假定矛盾. 其次由定理 4.2.1 证明中的讨论可知, x^2, y^2 必定一奇一偶, 因此不妨假定 $2|x^2$, 从而 x 为偶数. 由定理 4.2.1 即得

$$x^2 = 2ab, \quad y^2 = a^2 - b^2, \quad u = a^2 + b^2, \tag{4.2.8}$$

其中 $a > b > 0$, $(a, b) = 1$, a, b 一奇一偶.

因此 x 为偶数, y 为奇数, 并且 a 是奇数, b 是偶数. 若不然的话, 就有

$$b = 2b_1 + 1, \quad a = 2a_1,$$

而 $y^2=4(a_1^2-b_1^2-b_1)-1$. 但又有

$$y=2y_1+1,\quad y^2=4(y_1^2+y_1)+1.$$

比较两个结果, 就得到了矛盾. 于是可设 $b=2c$, 得到

$$\left(\frac{x}{2}\right)^2=ac,\quad (a,c)=1.$$

这是因为 $1=(a,b)=(a,2c)=(a,c)$. 由推论 (1.3.5) 得

$$a=d^2,\quad c=f^2,\quad d>0,\quad f>0,\quad (d,f)=1.$$

再由 (4.2.8) 即得

$$y^2=d^4-4f^4,$$

即

$$(2f^2)^2+y^2=(d^2)^2.$$

再由

$$(2f^2,y)^2=((2f^2)^2,y^2)=(2f^2,d^2)^2$$

可得

$$(2f^2,y)=(2f^2,d^2)=(b,a)=1,\quad 2f^2>0,\quad y>0.$$

故由定理 4.2.1 即得

$$2f^2=2lm,\quad y=l^2-m^2,\quad d^2=l^2+m^2,\quad l>m>0,\quad (l,m)=1. \tag{4.2.9}$$

再由推论 1.3.5 即得

$$l=r^2,\quad m=s^2,\quad r>0,\quad s>0.$$

将此代入式 (4.2.9) 即得

$$r^4+s^4=d^2,\quad r>0,\quad s>0,\quad d>0.$$

但 $d\leqslant d^2=a<a^2+b^2=u$. 这与 u 的定义矛盾, 引理获证.

推论 4.2.1 当 $n=4$ 时, 不定方程 (4.2.1) 没有正整数解.

推论 4.2.2 若存在正整数 k, 使得 $n=4k$, 则不定方程 (4.2.1) 没有正整数解.

相关链接 费马无穷递降法.

定理 4.2.2 中使用的证明方法称为无穷递降法. 这是费马首创的一个重要方法, 其论证的核心是: 从相反的结论出发, 假设存在一组正整数解, 设法构造出这个方

程 (或者同类方程) 的另一组正整数解, 而证明新的解比已选择的解 "严格地小", 由此产生矛盾.

无穷递降法常用来判别不定方程的可解性. 定理 4.2.3 与两个例题是应用费马无穷递降法的典型例子.

定理 4.2.3 丢番图方程

$$x^4 - y^4 = z^2 \tag{4.2.10}$$

没有正整数解.

证 假设 x_0, y_0, z_0 是方程 (4.2.10) 的所有正整数解中使 x_0 取值最小的一组整数解.

不失一般性, 设 $(x_0, y_0) = 1$. 否则, 若 $(x_0, y_0) = d > 1$, 记 $x_0 = dx_1$, $y_0 = dy_1$, 则有

$$d^4(x_1^4 - y_1^4) = z_0^2.$$

于是, 存在某个正整数 z_1 使得 $z_0 = d^2 z_1$, 即得到方程 (4.2.10) 的另一组正整数解 x_1, y_1, z_1, 且 $0 < x_1 < x_0$, 这与 x_0 的最小性矛盾.

下面分 y_0 的奇偶性讨论解的情况.

(1) 若 y_0 是奇数, 则将 $x_0^4 - y_0^4 = z_0^2$ 变形为

$$z_0^2 + (y_0^2)^2 = (x_0^2)^2.$$

由 $(x_0, y_0) = 1$ 可知 z_0, y_0^2, x_0^2 是方程 (4.2.2) 的一组本原勾股数. 由定理 4.2.1 可知存在互素且一奇一偶的正整数 $s > t > 0$, 满足

$$y_0^2 = s^2 - t^2, \quad z_0 = 2st, \quad x_0^2 = s^2 + t^2.$$

于是有

$$s^4 - t^4 = (s^2 + t^2)(s^2 - t^2) = x_0^2 y_0^2 = (x_0 y_0)^2,$$

从而得到方程 (4.2.10) 的一组正整数解 $s, t, x_0 y_0$, 且

$$0 < s < \sqrt{s^2 + t^2} = x_0,$$

这与 x_0 的最小性矛盾.

(2) 若 y_0 是偶数, 则与 (1) 类似可得 z_0, y_0^2, z_0^2 是方程 (4.2.2) 的一组基本解. 由定理 4.2.1 可知存在互素且一奇一偶的正整数 $s > t > 0$(不妨设 s 为偶数, t 为奇数), 满足

$$y_0^2 = 2st, \quad z_0 = s^2 - t^2, \quad x_0^2 = s^2 + t^2.$$

由于 $y_0^2 = 2st$, 且 $(2s, t) = 1$, 据推论 1.3.5 可知, 存在正整数 w, v 使得 $w^2 = 2s$, $v^2 = t$. 此时 w 必须是偶数, 设 $w = 2u$, 那么有 $s = 2u^2$. 因而

$$x_0^2 = s^2 + t^2 = 4u^4 + v^4, \quad \text{且} \ (2u^2, v^2) = 1,$$

从而 $2u^2$, v^2, x_0 又是方程 (4.2.2) 的一组基本解.

再由定理 4.2.1 可知, 存在互素的正整数 $a > b > 0$, 使得

$$2u^2 = 2ab, \quad v^2 = a^2 - b^2, \quad x_0 = a^2 + b^2.$$

由于 $2u^2 = 2ab$, 即得 $u^2 = ab$, 据推论 1.3.5 可知, 存在正整数 c, d, 使得

$$a = c^2, \quad b = d^2.$$

因此有

$$v^2 = a^2 - b^2 = c^4 - d^4,$$

于是, 就得到方程 (4.2.10) 的另一组正整数解 c, d, v, 且满足

$$0 < c = \sqrt{a} < a^2 + b^2 = x_0.$$

这与 x_0 的最小性矛盾.

综上所述, 方程 (4.2.10) 无正整数解.

例 4.2.2 求证: 不定方程 $x^2 + y^2 + z^2 = 2xyz$ 无非零整数解.

证 显然, 只需考虑 $x, y, z > 0$. 这时, 只有两种情况:

$$x, y, z\text{中有且仅有一个偶数}; \quad x, y, z\text{都是偶数}.$$

若 x, y, z 两奇一偶, 不妨设 x, y 是奇数, z 是偶数, 于是

$$x^2 + y^2 + z^2 \equiv 2 (\text{mod } 4).$$

另一方面, 又有 $2z \equiv 0 (\text{mod } 4)$, 故 $2xyz \equiv 0 (\text{mod } 4)$. 这与式 (4.2.11) 矛盾! 因而 x, y, z 不可能两奇一偶.

若 x, y, z 都是偶数, 则可设 $x = 2x_1$, $y = 2y_1$, $z = 2z_1$, 故

$$x_1^2 + y_1^2 + z_1^2 = 4x_1y_1z_1.$$

类似于前面的讨论, 可以证明 x_1, y_1, z_1 都是偶数. 这样, 又有

$$x_1 = 2x_2, \quad y_1 = 2y_2, \quad z_1 = 2z_2.$$

如此继续下去, 将有

$$x = 2^k x_k, \quad y = 2^k y_k, \quad z = 2^k z_k.$$

由于上述过程可以无限地进行下去, 因而 k 将无限地增大. 这是不可能的. 命题得证.

例 4.2.3 求证: Diophantione 方程

$$x^4 - 4y^4 = z^2 \tag{4.2.11}$$

没有正整数解.

证 将方程两端同时平方可得

$$\begin{aligned} z^4 &= (x^4 - 4y^4)^2 = x^8 - 8x^4y^4 + 16y^8 \\ &= x^8 + 8x^4y^4 + 16y^8 - 16x^4y^4 = (x^4 + 4y^4)^2 - (4xy)^4, \end{aligned}$$

于是有

$$(4xy)^4 + z^4 = (x^4 + 4y^4)^2.$$

由定理 4.2.2 知

$$(4xy)^4 + z^4 = (x^4 + 4y^4)^2$$

无整数解, 因此, 方程 (4.2.11) 无整数解.

4.2.3 费马方程基础训练与拓展

1. (1) 在不定方程 $x^2 + y^2 = z^2$ 中, $(x,y)=1$, $2|x$, $z=65$, 试求出方程的全部正整数解.

(2) 已知正整数 x, y, z 是直角三角形 XYZ 的三边, $\angle Z = 90°$, $(x,y)=1$, 且 $x=15$, 求出全部符合要求的其他两边.

2. 已知直角三角形斜边与一直角边的差为 9, 三边的长互质且和小于 88, 求此直角三角形的三边的长.

3. 求证: 单位圆周上的一切有理点可以表成 $\left(\pm\dfrac{2ab}{a^2+b^2}, \pm\dfrac{a^2-b^2}{a^2+b^2}\right)$ 及 $\left(\pm\dfrac{a^2-b^2}{a^2+b^2}, \pm\dfrac{2ab}{a^2+b^2}\right)$, 其中 a, b 不全为 0, $\pm$ 号可任意取.

4. 设 x, y, z 是勾股数, x 是素数, 证明: $2z-1$, $2(x+y+1)$ 都是平方数.

*5. 求在直角坐标平面上, 以 (199,0) 为圆心, 199 为半径的圆周上整点的个数.

6. 试证: 不论 n 为何正整数, $x^2 + y^2 = z^n$ 总有正整数解.

7. 试证: $2x^2 + y^2 + 3z^2 = 10t^2$ 无正整数解.

8. 证明方程 $x^2 + y^2 = x^2y^2$ 没有满足 $xy \neq 0$ 的整数解.

*9. 试证 $x^2+2y^2=z^2$, $(x,y,z)=1$ 的整数解可以写成

$$x=\pm(a^2-2b^2),\quad y=2ab,\quad z=a^2+2b^2.$$

*10. 如果一个直角三角形的三边的长都是整数, 证明它的面积不可能是平方数.

4.3 魅力无限的同余与不定方程联姻

受勾股定理与勾股数的启发, 人们对于将一个正整数表示为平方和的问题特别感兴趣.1770 年拉格朗日证明了每个正整数能表为四个整数的平方和, 称其为拉格朗日平方和定理, 这是本节要介绍的最精彩的结果. 拉格朗日平方和定理的证明建立在同余理论的基础之上, 下述欧拉恒等式也起着重要作用.

引理 4.3.1 (欧拉恒等式) 对于实数, 下述等式恒成立:

(1) $(a^2+b^2)(c^2+d^2)=(ac-bd)^2+(ad+bd)^2$;

(2) $(a_1^2+a_2^2+a_3^2+a_4^2)(b_1^2+b_2^2+b_3^2+b_4^2)$

$$\begin{aligned}&=(a_1b_1+a_2b_2+a_3b_3+a_4b_4)^2+(a_1b_2-a_2b_1+a_3b_4-a_4b_3)^2\\&\quad+(a_1b_3-a_3b_1+a_4b_2-a_2b_4)^2+(a_1b_4-a_4b_1+a_2b_3-a_3b_2)^2.\end{aligned}$$

注 证明可直接展开验证, 或利用复数及四元数的性质证之 (这里略).

在介绍拉格朗日平方和定理之前, 首先要介绍奇素数平方和表示为其作准备. 此外, 本节还将介绍佩尔方程以及用同余观点看不定方程的两类基本问题.

4.3.1 奇素数平方和表示

证明奇素数平方和表示定理, 需要用到下面的引理.

引理 4.3.2 若 p 是奇素数, 且 $(a,p)=1$, 则同余方程

$$ax\equiv y(\bmod p) \tag{4.3.1}$$

存在一组解 (x_0,y_0), 满足

$$0<|x_0|<\sqrt{p}\quad 且\quad 0<|y_0|<\sqrt{p}.$$

证 设 $k=[\sqrt{p}]+1$. 考虑整数集合

$$S=\{ax-y|0\leqslant x\leqslant k-1,0\leqslant y\leqslant k-1\},$$

由于 S 含有 $k^2(>p)$ 个元素, 因此, 根据抽屉原理可知 S 中至少有两个元素, 不妨设为 ax_1-y_1 和 ax_2-y_2, 它们对模数 p 同余, 且 $x_1\neq x_2$, $y_1\neq y_2$. 于是,

$$a(x_1-x_2)\equiv(y_1-y_2)(\bmod p).$$

令 $x_0 = x_1 - x_2$, $y_0 = y_1 - y_2$, 则 (x_0, y_0) 是同余方程 (4.3.1) 的一个解.

如果 x_0 或 y_0 等于零, 那么由 $(a,p)=1$ 可得 x_0 和 y_0 都等于零, 这与 $x_1 \neq x_2$, $y_1 \neq y_2$ 矛盾. 因此,

$$0 < |x_0| \leqslant k-1 < \sqrt{p}, \quad 0 < |y_0| \leqslant k-1 < \sqrt{p}.$$

定理 4.3.1 (费马) 奇素数 p 可以表示成两个整数平方和当且仅当 $p \equiv 1(\bmod 4)$. 进一步, 若可表示则方式必唯一 (不考虑前后次序).

证 "⇒": 若 p 是奇素数, 则必有 $p \equiv 3(\bmod 4)$ 或 $p \equiv 1(\bmod 4)$.

首先注意到, 对于任意的整数 a, 则有

$$a \equiv 0,1,2\text{或}3(\bmod 4).$$

因此有

$$a^2 \equiv 0\text{或}1(\bmod 4),$$

于是对任意的整数 a, b, 有

$$a^2 + b^2 \equiv 0,1\text{或}2(\bmod 4).$$

故 $p \equiv 3(\bmod 4)$ 时, 方程 $p = a^2 + b^2$ 无整数解. 因此必要性成立.

"⇒": 如果 $p \equiv 1(\bmod 4)$, 那么由第 3 章的 -1 是模数 p 的二次剩余, 即存在一个整数 a, 使得 $a^2 \equiv -1(\bmod p)$. 事实上, 取 $a = ((p-1)/2)!$ 即可.

又由于 $(a,p)=1$, 则由引理 4.3.2 可知同余方程 (4.3.1) 有一组解 x_0, y_0, 满足

$$0 < |x_0| < \sqrt{p} \quad \text{及} \quad 0 < |y_0| < \sqrt{p}.$$

因此, 有

$$-x_0^2 \equiv a^2 x_0^2 \equiv (ax_0)^2 \equiv y_0^2 (b \bmod p),$$

此即

$$x_0^2 + y_0^2 \equiv 0(\bmod p),$$

亦即存在某正整数 $k \geqslant 1$, 使得

$$x_0^2 + y_0^2 = kp.$$

但由于

$$0 < |x_0| < \sqrt{p}, \quad 0 < |y_0| < \sqrt{p},$$

故有

$$0 < x_0^2 + y_0^2 < 2p.$$

因此有 $k=1$, 即 $p=x_0^2+y_0^2$. 充分性得证.

再证表示唯一. 假设奇素数 p 可以表示成

$$p=a^2+b^2=c^2+d^2, \tag{4.3.2}$$

其中, a,b,c,d 都是正整数, 于是有

$$\begin{aligned}a^2d^2-b^2c^2&=(p-b^2)d^2-b^2(p-d^2)\\&=p(d^2-b^2)\equiv 0(\mathrm{mod}\ p),\end{aligned}$$

从而有

$$ad-bc\equiv 0(\mathrm{mod}\ p) \quad 或 \quad ad+bc\equiv 0(\mathrm{mod}\ p).$$

由于 a,b,c,d 都小于 $\sqrt{p}$, 于是有

$$ad-bc=0 \quad 或 \quad ad+bc=p.$$

若 $ad+bc=p$, 则由引理 4.3.1(1) 有

$$p^2=(a^2+b^2)(c^2+d^2)=(ad+bc)^2+(ac-bd)^2=p^2+(ac-bd)^2,$$

由此可推得

$$ac=bd.$$

由此可得出必有

$$ad=bc \quad 或 \quad ac=bd.$$

若 $ad=bc$, 则 $a|bc$, 由于 $(a,b)=1$, 于是有 $a|c$. 设 $c=ka$, 那么有

$$ad=bc=b(ka),$$

即有 $d=bk$. 但

$$p=c^2+d^2=k^2(a^2+b^2),$$

于是由式 (4.3.2) 得 $k=1$, 因此有

$$a=c, \quad b=d.$$

同理可证, 若 $ac=bd$, 也同理可推得 $a=d$, 且 $b=c$.

由此证得奇素数 p 必可唯一地表示成两个整数平方和. 证毕.

除了奇素数可以表示成两个整数的平方和之外, 到底还有哪些正整数也可以表示成两个整数的平方和呢? 下述定理给出回答.

定理 4.3.2 若正整数 $n=q^2m$(其中 m 无平方因子), 则 n 能表示成两个整数的平方和当且仅当 m 没有形如 $4k+3$ 的素因子.

证 假设 m 没有形如 $4k+3$ 的素因子. 如果 $m=1$, 那么, $n=q^2+0^2$.

如果 $m>1$, 设

$$m=p_1p_2\cdots p_r$$

是 m 的不同素因子分解式. 每一个 $p_i(i=1,2,\cdots,r)$ 等于 2 或形如 $4k+1$, 而 2 或形如 $4k+1$ 的奇素数都可以表示成两个整数的平方和. 再由引理 4.3.1(1) 可知, 能表示成两个整数平方和的任意有限多个整数的乘积也能表示成两个整数的平方和. 于是存在整数 s,t, 使得

$$m=s^2+t^2,$$

因此有

$$n=q^2m=q^2(s^2+t^2)=(qs)^2+(qt)^2.$$

反之, 设 n 能表示成两个整数的平方和, 即

$$n=q^2m=a^2+b^2.$$

设 p 是 $m(>1)$ 的任意一个素因子. 如果 $d=(a,b)$, 那么存在整数 r,s, 使得

$$a=rd \text{ 与 } b=sd \text{ 且 } (r,s)=1,$$

于是有

$$d^2(r^2+s^2)=q^2m.$$

已知 m 无平方因子, 故 $d^2|q^2$. 因此, 存在某个整数 k 使得

$$r^2+s^2=\left(\frac{q^2}{d^2}\right)\cdot m=kp,$$

由此得

$$r^2+s^2\equiv 0(\text{mod } p).$$

由于 $(r,s)=1$, 由式 (4.3.3) 得

$$(r,p)=1 \text{ 或 } (s,p)=1.$$

不妨设 $(r,p)=1$, 则 r 模 p 的逆元 r^{-1} 存在, 即有

$$r\cdot r^{-1}\equiv 1(\text{mod } p).$$

把同余式 $r^2+s^2\equiv 0(\bmod p)$ 两端同乘 $(r^{-1})^2$ 可得

$$(sr^{-1})^2+1\equiv 0(\bmod p) \quad 或 \quad (sr^{-1})^2\equiv -1(\bmod p),$$

即 -1 是模数 p 的二次剩余, 因此有 $p\equiv 1(\bmod 4)$. 故 m 没有形如 $4k+3$ 的素因子.

推论 4.3.1 (欧拉) 正整数 n 能表示成两个整数的平方和当且仅当形如 $4k+3$ 的素因子是偶数次方幂.

例 4.3.1 分别把 459, 153, 54145 表示成两个整数的平方和.

解 (1) 由于 $459=3^3\times 17$, 而素数 3 的方幂是 3, 为奇数. 因此, 由推论 4.3.1 可知 459 不能表示成两个整数的平方和.

(2) 由于 $153=3^2\times 17$, 而素数 3 的方幂是 2 为偶数且 $17\equiv 1(\bmod 4)$, 因此, 153 可以表示成两个整数的平方和. 事实上,

$$153=3^2\times(4^2+1^2)=12^2+3^2.$$

(3) 用试除法可得

$$54145=5\times 7^2\times 13\times 17=7^2(2^2+1^2)(3^2+2^2)(4^2+1^2),$$

两次利用引理 4.3.1(1) 可得

$$54145=231^2+28^2.$$

4.3.2 拉格朗日平方和定理

证明拉格朗日平方和定理, 需要用到下面的引理.

引理 4.3.3 若 p 是奇素数, 则同余方程

$$x^2+y^2+1\equiv 0(\bmod p) \tag{4.3.3}$$

存在一个解 x_0, y_0, 满足

$$0\leqslant x_0\leqslant (p-1)/2 \quad 及 \quad 0\leqslant y_0\leqslant (p-1)/2.$$

证 首先构造下述两个集合:

$$S_1=\left\{1+0^2, 1+1^2, 1+2^2, \cdots, 1+\left(\frac{p-1}{2}\right)^2\right\},$$

$$S_2=\left\{-0^2, -1^2, -2^2, \cdots, -\left(\frac{p-1}{2}\right)^2\right\}.$$

显然, S_1 中的任意两个元素对模 p 不同余. 否则有

$$1+x_1^2\equiv 1+x_2^2 \pmod p,$$

则有 $x_1\equiv x_2 \pmod p$ 或者 $x_1\equiv -x_2 \pmod p$. 由于

$$0\leqslant x_1\leqslant \frac{p-1}{2},\quad 0\leqslant x_2\leqslant \frac{p-1}{2},$$

故 $0<x_1+x_2<p$ 或 $x_1=x_2=0$, 因此必有 $x_1\equiv x_2 \pmod p$ 成立, 从而 $x_1=x_2$.

同理可证, S_2 中的任意两个元素对模 p 也不同余. 由于 S_1 和 S_2 共包含

$$2\left(1+\frac{p-1}{2}\right)=p+1$$

个整数, 由抽屉原理可知, S_1 中某个元素一定与 S_2 中的某个元素关于模 p 同余, 也就是说, 存在 x_0, y_0 使得

$$1+x_0^2\equiv -y_0^2 \pmod p,\quad 即\quad x_0^2+y_0^2+1\equiv 1 \pmod p,$$

其中 x_0, y_0 满足

$$0\leqslant x_0\leqslant \frac{p-1}{2},\quad 0\leqslant y_0\leqslant \frac{p-1}{2}.$$

推论 4.3.2 若 p 是奇素数, 则存在整数 $k<p$ 使得 kp 可以表示成 4 个整数的平方和.

证 由引理 4.3.3 可知, 对于一个适当的整数 k, 存在整数 x_0, y_0 使得

$$x_0^2+y_0^2+1^2+0^2=kp,$$

其中 $0\leqslant x_0\leqslant (p-1)/2$ 及 $0\leqslant y_0\leqslant (p-1)/2$. 于是可得

$$kp=x_0^2+y_0^2+1^2<\frac{p^2}{4}+\frac{p^2}{4}+1<p^2,$$

因此, $k<p$.

引理 4.3.4 任意素数 p 都可以表示成 4 个整数的平方和.

证 当 $p=2$ 时命题显然成立, 因为

$$2=1^2+1^2+0^2+0^2.$$

设 p 为奇素数, 由推论 4.3.2 知, 存在小于 p 的且使 kp 能表示成 4 个整数平方和的最小正整数 k, 即存在正整数 x, y, z, w, 使得

$$kp=x^2+y^2+z^2+w^2. \tag{4.3.4}$$

先证 k 必是奇数. 若 k 是偶数, 那么 x, y, z, w 都是偶数, 或都是奇数, 或两个奇数两个偶数. 不妨设 $x \equiv y \pmod 2$, $z \equiv w \pmod 2$, 从而

$$\frac{x-y}{2},\quad \frac{x+y}{2},\quad \frac{z-w}{2},\quad \frac{z+w}{2}$$

都是整数, 且有

$$\frac{kp}{2} = \left(\frac{x-y}{2}\right)^2 + \left(\frac{x+y}{2}\right)^2 + \left(\frac{z-w}{2}\right)^2 + \left(\frac{z+w}{2}\right)^2.$$

因此, $(k/2)p$ 能表示成 4 个整数的平方和, 这与 k 的最小性矛盾.

再证明 $k = 1$. 否则, 由于 k 是奇数, 且最小的奇数是 3, 因此可取到 a, b, c, d 使得

$$a \equiv x \pmod k,\quad b \equiv y \pmod k,\quad c \equiv z \pmod k,\quad d \equiv w \pmod k,$$

且

$$|a| < \frac{k}{2},\quad |b| < \frac{k}{2},\quad |c| < \frac{k}{2},\quad |d| < \frac{k}{2}.$$

(如为了得到整数 a, 取 x 被 k 整除所得的余数 r. 当 $r < k/2$ 时, 令 $a = r$; 当 $r > k/2$ 时, 令 $a = r - k$), 于是有

$$a^2 + b^2 + c^2 + d^2 \equiv x^2 + y^2 + z^2 + w^2 \equiv 0 \pmod k.$$

从而存在某个非负整数 t, 使得

$$a^2 + b^2 + c^2 + d^2 = tk. \tag{4.3.5}$$

又由于 $|a| < \frac{k}{2}, |b| < \frac{k}{2}, |c| < \frac{k}{2}, |d| < \frac{k}{2}$, 故有

$$0 \leqslant tk = a^2 + b^2 + c^2 + d^2 < 4\left(\frac{k}{2}\right)^2 = k^2.$$

若 $t = 0$, 则有 $a = b = c = d = 0$, 于是 k 整除 x, y, z, w 中每一个数, 进而可得 $k^2 | kp$ 或 $k | p$, 这与 $1 < k < p$ 矛盾, 因此 $t \neq 0$. 再由 $tk < k^2$, 可得 $t < k$.

令

$$r = xa + yb + zc + wd,\quad s = xb - ya + zd - wc,$$

$$t = xc - za + wb - yd,\quad u = xd - wa + yc - zb,$$

由 (4.3.4), (4.3.5) 及引理 4.3.1(2) 有

$$k^2tp = (kp)(tk) = (x^2 + y^2 + z^2 + w^2)(a^2 + b^2 + c^2 + d^2) = r^2 + s^2 + t^2 + u^2.$$

此外, 由

$$r = xa + yb + zc + wd \equiv a^2 + b^2 + c^2 + d^2 \equiv 0 (\bmod\ k)$$

可得 $k|r$, 由

$$s = xb - ya + zd - wc \equiv ab - ba + cd - dc \equiv 0 (\bmod\ k)$$

可得 $k|s$. 同理, 可得 $k|r$, $k|u$. 因此有

$$tp = \left(\frac{r}{k}\right)^2 + \left(\frac{s}{k}\right)^2 + \left(\frac{t}{k}\right)^2 + \left(\frac{u}{k}\right)^2,$$

其中 $r/k, s/k, t/k, u/k$ 都是整数, 且有 $0 < t < k$, 这与 k 的最小性矛盾, 故 $k = 1$.

定理 4.3.3 (拉格朗日平方和定理) 任意正整数 n 都可以表示成 4 个整数的平方和.

证 当 $n = 1$ 时, 由

$$1 = 1^2 + 0^2 + 0^2 + 0^2$$

可知命题成立. 当 $n > 1$ 时, 设 n 的标准分解式为 $n = p_1 p_2 \cdots p_r$, 其中 $p_1, p_2, \cdots, p_r$ 是素数, 则由引理 4.3.1(2) 和引理 4.3.4 可知定理获证.

评注 定理 4.3.3 只是解决了所谓华林问题的一个特例. 我们现在介绍一下华林问题: 华林在 1770 年提出每一个正整数是 4 个整数的平方和, 是 9 个整数的立方和, 是 19 个整数的四方和等. 从他的话看来, 他相信下述的结论是正确的:

对于一个给定的正整数 k, 存在一个整数 $s = s(k)$ 使得每一个正整数 n 能够表成 s 个非负整数的 k 方和.

但是华林自己并没有能够证明这个断言是正确的, 而这个断言就是堆垒数论里著名的华林问题. 首先解决华林问题的是希尔伯特, 他在 1909 年证明了对于每一个 k 都可以找到 $s = s(k)$, 使每一正整数都能表成 s 个非负整数的 k 方和. 进一步要问究竟最小的 s 是什么. 通常用 $g(k)$ 代表最小的 s, 于是每一个正整数都可以表成 $g(k)$ 个非负整数的 k 方和. 但至少有一个正整数不能表成 $g(k) - 1$ 个非负整数的 k 方和. 由定理 4.3.3 知道 $g(2) \leqslant 4$, 另一方面可以验证 $7 = 2^2 + 3 \times 1^2$ 不能用三个平方和去表示, 故 $g(2) = 4$. 在这个问题的进一步研究中, 我国数学家华罗庚、陈景润等做出了重大贡献.

例 4.3.2 把 555 表示成四个整数的平方和.

解 由 $555 = 3 \times 5 \times 37$ 得

$$\begin{aligned}555 = 3 \times 5 \times 37 &= (1^2 + 1^2 + 1^2 + 0^2)(1^2 + 2^2 + 0^2 + 0^2)(1^2 + 6^2 + 0^2 + 0^2)\\ &= ((1^2 + 1^2 + 1^2 + 0^2)(1^2 + 2^2 + 0^2 + 0^2)) \cdot (1^2 + 6^2 + 0^2 + 0^2)\end{aligned}$$

$$= (3^2 + 1^2 + 1^2 + 2^2)(1^2 + 6^2 + 0^2 + 0^2)$$
$$= 9^2 + 17^2 + 11^2 + 8^2.$$

4.3.3 奇异的佩尔方程

下述二元二次不定方程

$$x^2 - dy^2 = 1 \tag{4.3.6}$$

(其中 d 不是完全平方数) 被欧拉误称为佩尔方程. 这是因为英国数学家佩尔 (J.Pell, 1610—1685) 在代数方面曾系统地研究过丢番图的不定方程, 他也对方程 (4.3.6) 作过研究.

费马、欧拉、拉格朗日等数学家都研究过这类方程. 这种方程很奇异, 看似简单, 实际很难. 若把方程 (4.3.6) 中等号右边的 1 换作一般自然数, 则称其为二次伪齐次佩尔方程. 该类不定方程的求解问题是多年来初等数论研究的一个热点课题, 取得的有关研究成果也非常丰富. 本段仅对佩尔方程 (4.3.6) 的求解问题作简单介绍.

讨论佩尔方程 (4.3.6) 求解, 需用到下面的引理.

引理 4.3.5 若 α 是任意实数, m 是正整数, 则必有适当的整数 x, y 能使

$$|x - \alpha y| < \frac{1}{m}, \quad 0 < y \leqslant m.$$

证 在 $u - \alpha v$ 这个式子内令 v 相继等于

$$0, 1, 2, \cdots, m$$

并且每次都令 $u = [\alpha v] + 1$, 由高斯符号的性质可得

$$0 < u - \alpha v \leqslant 1.$$

现把从 0 到 1 的全体实数分成 m 个小区间如下:

$$\frac{h}{m} < \xi \leqslant \frac{h+1}{m}, \quad h = 0, 1, 2, \cdots, m-1.$$

由抽屉原理, 形状为 $u - \alpha v$ 的 $m+1$ 个数当中最少必有两个同落在一个小区间内, 设这两个数是

$$u_1 - \alpha v_1, \quad u_2 - \alpha v_2, \quad 0 \leqslant v_1 < v_2 \leqslant m,$$

于是有

$$|(u_2 - u_1) - \alpha(v_2 - v_1)| = |(u_2 - \alpha v_2) - (u_1 - \alpha v_1)| < \frac{1}{m}.$$

若用 x 代替 u_2-u_1, y 代替 v_2-v_1, 则得

$$|x-\alpha y|<\frac{1}{m}, \quad 0<y\leqslant m.$$

引理 4.3.6 若 $d>0$ 不是完全平方数, 则

$$|x-y\sqrt{d}|<\frac{1}{y} \tag{4.3.7}$$

有无限多组正整数解.

证 在式 (4.3.7) 内当然要求 $y>0$. 又因 $\sqrt{d}>1$, 所以

$$x>y\sqrt{d}-\frac{1}{y}>\sqrt{d}-1>0.$$

由引理 4.3.5 可知, 无论 $m>0$ 是什么数, 必有二正整数 x, y 能使

$$|x-y\sqrt{d}|<\frac{1}{m}, \quad 0<y\leqslant m.$$

因为 $0<y\leqslant m$, 故得 $1/m\leqslant 1/y$. 所以我们一定能得到一组 x, y 能使

$$|x-y\sqrt{d}|<\frac{1}{y}.$$

如果我们能证明, 从式 (4.3.7) 的一组解 (x_k, y_k) 得出另一组解 (x_{k+1}, y_{k+1}), 而且满足

$$|x_{k+1}-y_{k+1}\sqrt{d}|<|x_k-y_k\sqrt{d}|,$$

那么问题就解决了. 因为这将由

$$|x_1-y_1\sqrt{d}|>|x_2-y_2\sqrt{d}|>\cdots>|x_n-y_n\sqrt{d}|>\cdots$$

得出式 (4.3.7) 的无限多个解, 并且显然 x_k, y_k 不等于 x_λ, y_λ, 若 $k\neq\lambda$.

设 x_k, y_k 是一组解, 由 $\sqrt{d}$ 是无理数必有一正整数 m, 使得

$$\frac{1}{m}<|x_k-y_k\sqrt{d}|.$$

由引理 4.3.5 可知, 必有二正整数 x_{k+1}, y_{k+1}, 能使得

$$|x_{k+1}-y_{k+1}\sqrt{d}|<\frac{1}{m}, \quad 0<y_{k+1}\leqslant m.$$

于是有

$$|x_{k+1}-y_{k+1}\sqrt{d}|<|x_k-y_k\sqrt{d}|.$$

证毕.

定理 4.3.4 对于每个不是完全平方数的 d, 必有一整数 $k>0$ 或 $k<0$, 它能使方程

$$x^2-dy^2=k \tag{4.3.8}$$

有无限多组正整数解.

证 对于满足式 (4.3.7) 的任何正整数解 (x,y), 都有

$$\begin{aligned}|x+y\sqrt{d}|=&\ |(x-y\sqrt{d})+2y\sqrt{d}|\ <\frac{1}{y}+2y\sqrt{d}\\ &\leqslant y+2y\sqrt{d}=(1+2\sqrt{d})y,\end{aligned}$$

故有

$$0<\ |x^2-dy^2|\ =\ |(x+y\sqrt{d})(x-y\sqrt{d})|\ <(1+2\sqrt{d})y\cdot\frac{1}{y}=1+2\sqrt{d}.$$

于是有

$$x^2-dy^2=k,\quad 0<|k|<1+2\sqrt{d}.$$

因为 k 的个数是有限多的, 而满足式 (4.3.7) 的正整数组 (x,y) 是无限多的, 所以必定有一个固定的 k, 它使方程 (4.3.8) 有无限多组正整数解.

定理 4.3.5 佩尔方程 (4.3.6) 最少有一组正整数解.

证 由定理 4.3.4, 方程 (4.3.8) 对于一个固定的 k 有无限多组正整数解. 若用

$$\begin{cases}x\equiv 0\text{或}1\text{或}2\text{或}\cdots\text{或}(|k|-1)(\bmod\ |k|),\\ y\equiv 0\text{或}1\text{或}2\text{或}\cdots\text{或}(|k|-1)(\bmod\ |k|)\end{cases}$$

来观察这无限多的正整数组, 则它们可以被分成 k^2 类. 当然, 可能在某一类内一组数也没有. 可是因为类别是有限多的, 正整数组是无限多的, 故至少必有一类, 其中必包含有无限多的正整数组.

设 x_1,y_1 和 x_2,y_2 是这一类内的两组数, $x_1\neq x_2$, $y_1\neq y_2$, 那么我们就得到

$$x_1^2-dy_1^2=k,\quad x_2^2-dy_2^2=k,$$

$$x_2\equiv x_2(\bmod\ |k|),\quad y_1\equiv y_2(\bmod\ |k|).$$

现在令

$$\begin{cases}x=\dfrac{x_1x_2-dy_1y_2}{k},\\[2mm] y=\dfrac{x_1y_2-x_2y_1}{k}.\end{cases}$$

如果我们能证明下列结论:

(1) x, y 都是整数;

(2) $x^2 - dy^2 = 1$;

(3) $y \neq 0$,

那么问题就全部解决了.

关于 (1), 因为

$$x_1x_2 - dy_1y_2 \equiv x_1^2 - dy_1^2 = k \equiv 0(\bmod |k|),$$

$$x_1y_2 - x_2y_1 \equiv x_1y_1 - x_1y_1 \equiv 0(\bmod |k|),$$

所以 x, y 都是整数.

关于 (2), 因为

$$\begin{aligned}k^2(x^2 - dy^2) &= (x_1x_2 - dy_1y_2)^2 - d(x_1y_2 - x_2y_1)^2\\&= x_1^2x_2^2 + d^2y_1^2y_2^2 - dx_1^2y_2^2 - dx_2^2y_1^2\\&= (x_1^2 - dy_1^2)(x_2^2 - dy_2^2) = k^2,\end{aligned}$$

故得 $x^2 - dy^2 = 1$.

关于 (3), 若 $y = 0$, 则得 $x_1y_2 - x_2y_1 = 0$, 于是有

$$\frac{x_1}{x_2} = \frac{y_1}{y_2}.$$

设 $\dfrac{x_1}{x_2} = \dfrac{y_1}{y_2} = r$, 得

$$x_1 = rx_2, \quad y_1 = ry_2.$$

这样有

$$x_1^2 - dy_1^2 = r^2(x_2^2 - dy_2^2) = k,$$

故 $r = \pm 1$. 因 x_1, y_1, x_2, y_2 都是正数, 故 $r = 1$. 这样就得

$$x_1 = x_2, \quad y_1 = y_2.$$

这和以前的选定 $x_1 \neq x_2$, $y_1 \neq y_2$ 矛盾. 所以 $y \neq 0$. 因而也就得 $x \neq 0$.

既然 $x \neq 0$, $y \neq 0$ 是一组解, 当然 $|x|$, $|y|$ 也是. 故式 (4.3.6) 最少有一组正整数解.

定理 4.3.6 若在方程 (4.3.6) 的正整数解组 (x, y) 中, 所有 $x + \sqrt{d}y$ 的最小值为 $x_1 + \sqrt{d}y_1$, 则方程 (4.3.6) 的全部解为

$$\begin{cases}x_n = \dfrac{1}{2}((x_1 + \sqrt{d}y_1)^n + (x_1 - \sqrt{d}y_1)^n),\\ y_n = \dfrac{1}{2\sqrt{d}}((x_1 + \sqrt{d}y_1)^n - (x_1 - \sqrt{d}y_1)^n),\end{cases} \quad n = 1, 2, \cdots. \tag{4.3.9}$$

证 利用 $(x_1+\sqrt{d}y_1)(x_1-\sqrt{d}y_1)=1$, 由 (4.3.9) 可得

$$(x_n+\sqrt{d}y_n)(x_n-\sqrt{d}y_n)=1,$$

即式 (4.3.9) 中的 x_n, y_n 是方程 (4.3.6) 的解.

现设 (x', y') 也是方程 (4.3.6) 的正整数解组, 则利用对数取 (上) 整数的技巧, 必存在整数使得

$$(x_1+\sqrt{d}y_1)^{n-1} < x'+\sqrt{d}y' \leqslant (x_1+\sqrt{d}y_1)^n. \tag{4.3.10}$$

注意到 $(x_1+\sqrt{d}y)^{-1}=(x_1-\sqrt{d}y_1)$, 由式 (4.3.10) 得

$$1 < (x'+\sqrt{d}y')(x_1-\sqrt{d}y_1)^{n-1} \leqslant x_1+\sqrt{d}y_1. \tag{4.3.11}$$

由式 (4.3.9) 可得

$$\begin{aligned}(x'+\sqrt{d}y')(x_1-\sqrt{d}y_1)^{n-1} &= (x'+\sqrt{d}y')(x_{n-1}-\sqrt{d}y_{n-1})\\ &= (x'x_{n-1}-dy'y_{n-1})+(x_{n-1}y'-y_{n-1}x')d\\ &= x''+\sqrt{d}y'',\end{aligned}$$

而且亦有

$$(x'-\sqrt{d}y')(x_1+\sqrt{d}y_1)^{n-1}=x''-\sqrt{d}y'',$$

从而 (x'', y'') 也是方程 (4.3.6) 的解. 式 (4.3.11) 即

$$1 < x''+\sqrt{d}y'' \leqslant x_1+\sqrt{d}y_1, \tag{4.3.12}$$

故有

$$x''+\sqrt{d}y'' > 1 > x''-\sqrt{d}y'' > 0,$$

于是有 $x''>0$, $y''>0$.

根据最小性假设, 式 (4.3.12) 中的等号成立, 即 $x''=x_1$, $y''=y_1$. 此时式 (4.3.10) 中的等号成立, 即

$$x'+\sqrt{d}y'=(x_1+\sqrt{d}y_1)^n.$$

由此及 (4.3.9) 式即可推得 $x'=x_n$, $y'=y_n$. 证毕.

评注 方程 (4.3.6) 的最小正整数解可用连分数的方法求得, 这里略.

4.3.4 同余观下的不定方程

我们这里通过举例的方式, 讨论从同余的观点看不定方程求解的两类基本问题:

(1) 求解由同余条件给出的不定方程;

(2) 运用同余的方法求解不定方程.

例 4.3.3 求证: 若 p 为奇素数, 则对任意正整数 n, 二元二次同余方程

$$n \equiv x^2 + y^2 (\text{mod } 2p)$$

恒有整数解.

证 若 n 能表示成两个整数的平方和时, 显然成立.

下设 n 不能表示成两个整数的平方和, 考虑以下 $2p+1$ 个数:

$$1^2, 2^2, 3^3, \cdots, p^2; n, n-1^2, n-2^2, n-3^3, \cdots, n-p^2.$$

因为 n 不能表示成两个整数的平方和, 它们是互异的. 但模 $2p$ 只有 $2p$ 个剩余, 故这 $2p+1$ 个数中必有两个模 $2p$ 同余. 若这两个数均属于 $\{1^2, 2^2, \cdots, p^2\}$, 则存在 $1 \leqslant i < j \leqslant p$, 使得

$$i^2 \equiv j^2 (\text{mod } 2p),$$

这不可能. 同理, 它们也不可能同时属于 $\{n, n-1^2, n-2^2, \cdots, n-p^2\}$, 故存在

$$1 \leqslant x \leqslant p-1, \quad 0 \leqslant y \leqslant p-1,$$

使得 $x^2 \equiv n - y^2 (\text{mod } 2p)$, 即 $n \equiv x^2 + y^2 (\text{mod } 2p)$. 证毕.

例 4.3.4 若 $a \equiv 1 (\text{mod } 4)$, $2|b$, 且 b 没有形如 $4k+3$(其中 k 为整数) 的素因数, 则不定方程

$$y^2 = x^3 - a^3 - b^2 \tag{4.3.13}$$

没有整数.

证 若不然, 假设存在整数 x, y 满足方程 (4.3.9).

若 $2|x$, 则由 $a \equiv 1 (\text{mod } 4)$, $2|b$ 及方程 (4.3.13) 可推得

$$y^2 \equiv -1 (\text{mod } 4),$$

由于对任何整数 t, 有

$$t^2 \equiv 0, 1 (\text{mod } 4),$$

这与 $y^2 = -1 \equiv (\text{mod } 4)$ 矛盾! 故 2 不整除 x.

若 $x\equiv 3 \pmod 4$, 则

$$y^2\equiv x^3-a^3-b^2\equiv 3^3-1^3-0\equiv 2 \pmod 4,$$

同理可推出矛盾, 故 $x\equiv 3 \pmod 4$ 不成立.

若 $x\equiv 1 \pmod 4$, 则有

$$x^2+ax+a^2\equiv 1+a+a^2\equiv 3 \pmod 4.$$

因此, 必有素数 $p\equiv 3 \pmod 4$, 使得 $p|(x^2+ax+a^2)$. 于是有

$$y^2=x^3-a^3-b^2=(x-a)(x^2+ax+a^2)-b^2\equiv -b^2 \pmod p,$$

由勒让德符号的定义可知 $\left(\frac{-b^2}{p}\right)=1$.

但是, 由假设 p 不整除 b^2 及 $p\equiv 3 \pmod 4$ 可得

$$\left(\frac{-b^2}{p}\right)=\left(\frac{-1}{p}\right)\left(\frac{b^2}{p}\right)=-1,$$

这与刚才的结果矛盾. 综上可知, 方程 (4.3.13) 没有整数解. 证毕.

例 4.3.5 求证: 不定方程

$$8^x+15^y=17^z \tag{4.3.14}$$

的全部正整数解是 $x=y=z=2$.

证 我们先用同余证明, y 和 z 都是偶数. 对方程 (4.3.14) 两边模 4 得到

$$(-1)^y\equiv 1 \pmod 4,$$

从而 y 是偶数. 将方程 (4.3.10) 两边模 16, 得到

$$8^x+(-1)^y\equiv 1 \pmod{16},$$

即 $8^x\equiv 0 \pmod{16}$, 故 $x\geqslant 2$.

注意到

$$17^2\equiv 1 \pmod{32},\quad 15^2\equiv 1 \pmod{32},$$

故若 z 是奇数, 则由 $2|y$ 及 $x\geqslant 2$, 可从方程 (4.3.14) 得出 $1\equiv 17 \pmod{32}$, 这不可能. 所以 z 必为一个偶数.

设 $y=2y_1$, $z=2z_1$, 则方程 (4.3.14) 可分解为

$$(17^{z_1}-15^{y_1})(17^{z_1}+15^{y_1})=8^x. \tag{4.3.15}$$

易知式 (4.3.15) 中左边两个因数的最大公因数为 2, 而式 (4.3.15) 的右边是 2 的幂, 故必须有

$$\begin{cases} 17^{z_1} - 15^{y_1} = 2, \\ 17^{z_1} + 15^{y_1} = 2^{3x-1}. \end{cases} \tag{4.3.16}$$

将式 (4.3.16) 的第一个等式两边模 32 可知, z_1 与 y_1 必须都是奇数 (否则, 该式的左边 $\equiv 0$ 或 -14 或 $16 \pmod{32}$). 由式 (4.3.16) 可推得

$$17^{z_1} = 1 + 2^{3x-2}. \tag{4.3.17}$$

若 $x \geqslant 3$, 则有

$$1 + 2^{3x-2} \equiv 1 \pmod{32};$$

而因 z_1 为奇数, $17^{z_1} \equiv 17 \pmod{32}$, 这不可能, 故必有 $x = 2$.

由此及式 (4.3.13) 得 $z_1 = 1$, 即 $z = 2$, 进而易知 $y_1 = 1$, 即 $y = 2$. 因此方程 (4.3.14) 的全部正整数解是 $x = y = z = 2$.

例 4.3.6 试求下述不定方程

$$|3^x - 2^y| = p \tag{4.3.18}$$

没有非负整数解的最小素数 p 的值.

解 不难验证, 当 p 取素数 $2, 3, 5, \cdots, 37$ 时, 方程 (4.3.18) 都有解. 例如

$$2 = 3^1 - 2^0, \quad 5 = 3^1 - 2^1, \quad 17 = 3^4 - 2^6, \quad 37 = 2^6 - 3^3,$$

等等. 然而, 对于素数 41, 却找不到方程 (4.3.18) 的非负整数解. 因而猜测 41 即为所求的素数. 为此, 只需证明下面两个不定方程无非负整数解:

$$2^x - 3^y = 41, \tag{4.3.19}$$

$$3^x - 2^y = 41. \tag{4.3.20}$$

对于方程 (4.3.19), 若有非负整数解, 则显然有 $x \geqslant 6$. 于是有

$$-3^y \equiv 1 \pmod 8.$$

但对于任何非负整数 y, 只能有 $3^y \equiv 1$ 或 $3 \pmod 8$, 于是 $-3^y \equiv 1 \pmod 8$ 不成立. 这矛盾说明方程 (4.3.19) 无非负整数解.

对于方程 (4.3.20), 若有非负整数解, 则 $x \geqslant 4$. 于是 $-2^y \equiv 2 \pmod 3$, 即

$$2^y \equiv 1 \pmod 3, \quad (-1)^y \equiv 1 \pmod 3,$$

因而必须 $2|y$, 故可设 $y=2t$.

又由方程 (4.3.20) 可得 $3^x\equiv 1 \pmod 4$, 即

$$(-1)^x\equiv 1 \pmod 4,$$

故 $2|x$, 于是 $x=2s$. 这样有

$$41=3^{2s}-2^{2t}=(3^s-2^t)(3^s+2^t).$$

由算术基本定理知, 必须有

$$\begin{cases}3^s-2^t=1,\\ 3^s+2^t=41,\end{cases}$$

据此解得 $3^s=21$. 这是不可能的, 故 (4.3.18) 无非负整数解.

因此, 原问题无解.

例 4.3.7 试确定不定方程

$$x_1^4+x_2^4+\cdots+x_{14}^4=2011 \tag{4.3.21}$$

的全部非负整数解 $(x_1,\cdots,x_{14})$(不计解的排列次序).

解 考虑模 16, 就能够证明方程无整数解, 因为整数的四次幂模 16 同余于 0 或 1, 故 $x_1^4+x_2^4+\cdots+x_{14}^4$ 模 16 的所有可能值是 $0,1,2,\cdots,14$, 唯独不能取 15. 但 $2011\equiv 15 \pmod{16}$, 因此方程 (4.3.21) 无解, 证毕.

评注 之所以选择 16, 是因为方程左边有 14 项, 剩余类的个数 $\geqslant 15$ 才比较有希望导出矛盾 (这里我们采用同余来证明方程无整数解). 而 $15=3\times 5$, 根据中国剩余定理, 模 15 相当于模 3 与模 5 的作用, 不能解决问题.

4.3.5 同余观下的不定方程基础训练与拓展

1. 把 1001 表示成四个整数的平方和.

2. 证明: 每个正整数 n 都可以写成 $n=x^2+y^2-z^2$ 的形式, 其中 x,y,z 是整数.

3. 若 $n=2\cdot 4^m(m\in\mathbf{N})$, 则 n 不能表示成四个正整数的平方之和.

4. 求出不定方程 $x^2-7y^2=1$ 的三组正整数解.

5. 证明存在无穷多个正整数 a, 使 $a+1$ 和 $3a+1$ 都是平方数.

6. 设 $k>1$ 是给定的整数, 证明: 存在无穷多个整数 n, 使得 $kn+1$ 及 $(k+1)n+1$ 都是完全平方数.

7. 证明方程 $x^3+y^3+z^3+t^3=1999$ 有无穷多组整数解.

8. 证明方程 $3^x+1=5^y+7^z$ 除 $x=y=z=0$ 外没有其他整数解.

9. 证明：若实数 x 与 y 满足方程 $x^2-3y^2=2$, 则 x 与 y 不能都是有理数.

10. 求不定方程组 $\begin{cases} x^3+y^3+z^3=3, \\ x+y+z=3 \end{cases}$ 的所有整数解.

11. 试证 $\dfrac{1}{x}+\dfrac{1}{y}=\dfrac{1}{z},(x,y,z)=1$ 的正整数解是且仅是 $x=a(a+b),y=b(a+b),z=ab$, 这里 $a,b>0,(a,b)=1$.

12. 求方程 $(x-1)!=x^y-1$ 的满足 $x>1$ 的正整数解.

基础训练与拓展解答提示

1.1.4 整除概念基础训练与拓展

1. 证明: 因为 $m-p|(m-p)(n-q)=mn+pq-(mq+pn)$, 由 $(m-p)|(mn+pq)$, 所以 $(m-p)|(mq+np)$.

2. 如果存在所述的分法, 那么和 $1+2+3+\cdots+972$ 应是 12 的倍数, 而

$$1+2+\cdots+972=\frac{1+972}{2}\times 972=972\times 81\times 6$$

不是 12 的倍数, 矛盾! 所以, 无法将题中的集合分成符合要求的 12 个互不相交的子集.

3. 设 $n=2k$, 由 $2^n-1=4^k-1=3M, M\in \mathbf{Z}$, 故 $3|(2^n-1)$. 若 $(2^n-1)|(3^n-1)$, 则 $3|(3^n-1)$. 但这将导致 $3|1$, 显然这不可能. 于是 $(2^n-1)\nmid(3^n-1)$.

4. 设 n 个连续奇数为 $2k+1, 2k+3, \cdots, 2k+2n-1$, 则

$$n^a=(4k+2n)\times n\div 2=(n+2k)n,\quad 即 n(n^{a-2}-1)=2k.$$

不论 n 取何正整数, $a\geqslant 2$, 总存在 k 满足上式, 证毕.

5. 证明: 设 $2^n=a+(a+1)+\cdots+(a+k-1), k\geqslant 2$, 则 $2^{n+1}=(2a+k-1)\times k$, 不论 k 为奇数还是偶数, 上式不可能成立.

6. 提示: $a^5+b^5+c^5-(a+b+c)=\left(a^5-a\right)+\left(b^5-b\right)+\left(c^5-c\right)$. 可证 $30|(a^5-a)$. 因此 $30|((a^5-a)+\left(b^5-b\right)+\left(c^5-c\right))$. 所以 $30|(a^5+b^5+c^5)$.

7. $x^2+5x+16=(x-4)^2+13x$. 假设 $169|(x^2+5x+16)$, 则 $13|(x^2+5x+16)$, 所以 $13|(x-4)^2$. 因此 $13|(x-4)$, 即 $169|(x-4)^2$.

由于 $169|(x^2+5x+16)$, 所以 $169|13x$, 因此 $13|x$, 这与 $13|(x-4)$ 矛盾. 故 $x^2+5x+16$ 不能被 169 整除.

8. 因为 1 个立方数被 9 除的余数为 0, 1 或 8, 所以 2 个立方数被 9 除的余数只能是 0, 1, 2, 7 或 8. 而已知 a 被 9 除的余数是 3, 4, 5 或 6, 所以方程 $x^3+y^3=a$ 没有整数解.

9. 因为 n 是奇数, 所以 $1, 2, \cdots, n$ (即 $a_1, a_2, \cdots, a_n$) 中奇数比偶数多 1 个, 从而在 $(a_1,1), (a_2,2), \cdots, (a_n, n)$ 这 n 个数对中, 至少有一个数对的两个数都是奇数. 它们的差是偶数. 故 $(a_1-1)(a_2-2)\cdots(a_n-n)$ 是偶数.

10. 假设方程 $ax^2+bx+c=0$ 有有理数根 r/s, 其中 r,s 不全为偶数, 将根 r/s 代入方程, 化简得$ar^2+brs+cs^2=0$. 该方程左边无论 r,s 全为奇数或一奇一偶均为奇数, 不可能等于 0. 证毕.

11. 当 p 是偶数时, 设 $p=2m$, 则 $3^p+1=3^{2m}+1=(8+1)^m+1=8M+2=2(4M+1)$, 其中 M 是整数, 从而由 $4M+1$ 是奇数得 $2|(3^p+1)$ 且 $2^2\nmid(3^p+1)$.

当 p 是奇数时, 则 $p\geqslant 3$, 设 $p=2m+1$, 则 $3^p+1=3(8+1)^m+1=8(M+1)+1=4(6M+1)$, 其中 M 是整数, 从而由 $6M+1$ 是奇数, 由此得 $2|(3^p+1)$ 且 $2^2|(3^p+1)$. 但 3^p+1 不能被 2 的 3 及以上次幂整除. 综合上述两种情况证毕.

12. 设 $1,2,\cdots,n$ 分别等于 $2^{\lambda_i}\cdot l_i$, $\lambda_i\geqslant 0$, l_i 是奇数, $i=1,2,\cdots,n$, 则至少有 $\lambda_i>0$. 设λ是 $\lambda_1,\lambda_2,\cdots,\lambda_n$ 中最大的数. 于是可以证明: 在 $\lambda_1,\lambda_2,\cdots,\lambda_n$ 中只有一个与 λ 相等. 否则设 $1\leqslant k<j\leqslant n$, $\lambda_k=\lambda_j=\lambda$, $k=2^{\lambda_k}\cdot l_k$, $j=2^{\lambda_j}\cdot l_j$, 因为 $k<j$, 所以 $l_k<l_j$, 从而有偶数 h 在 l_k 与 l_j 之间, 故在 k 和 j 之间有 $2^\lambda\cdot h$, 而 $2|h$, 有 $h=2m$, $2^\lambda h=2^{\lambda+1}\cdot m$, 这与$\lambda$是最大数矛盾. 令 $A=2^{\lambda-1}\cdot l$, 其中 $l=l_1l_2\cdots l_n$, 就有 $AM=\dfrac{L}{2}+N$, 其中 $\dfrac{L}{2}=\dfrac{A}{2^\lambda l_0}$, l_0 是奇数, 是 $l_1,l_2,\cdots,l_n$ 中使 2 的指数为 λ 的那一个, M 为题中原数, N 是整数, $\dfrac{L}{2}$ 不是整数, 故结论成立.

13. 猜测符合题意的 $x=18$. 用数学归纳法, 当 $y=1$ 时, 猜测成立. 假设当 $y=k$ 时, 猜测为真, 即 $18|(7^k+12k-1)$, 则当 $y=k+1$ 时,

$$\begin{aligned}7^{k+1}+12(k+1)-1&=7^k+12k-1+6\times 7^k+12\\&=\left(7^k+12k-1\right)+6\left(7^k+2\right),\end{aligned}$$

由假设只需证明 7^k+2 能被 3 整除. 易证 7^k 被 3 除余 1, 故 7^k+2 能被 3 整除. 因此, $18|(7^{k+1}+12(k+1)-1)$, 证毕.

14. 不可能. 如果最后桌子上有 n 堆石子, 且每一堆中刚好有 3 粒石子, 那么, 在此之前, 一共进行 $n-1$ 次, 由于每操作一次扔掉一个石子, 所以一共扔掉 $n-1$ 个石子, 因此有 $3n+(n-1)=1001$, 得 $2n=501$, 所以不可能.

15. 将 $1,2,\cdots,100$ 表示成 $2^k\cdot j$ 的形式, 其中 k 为非负整数, j 为正奇数. 显然 j 只有 50 种可能, 即 $1,3,5,\cdots,99$. 将 j 相同的数放在同一组, 这样就得到 50 个组:

$$\{1,2,4,8,16,32,64\},\quad \{3,6,12,24,48,96\},\quad \{5,10,20,40,80\},\quad \cdots,\{99\}.$$

同一组中的两个数 $2^k \cdot j$ 与 $2^h \cdot j(k<h)$, 由于 j 相同, 一个是另一个的倍数 (2^{h-k} 倍). 现任取 51 个数, 由抽屉原理, 这 51 个数中必有两个在同一组, 所以必有一个数是另一个数的倍数.

16. 设 3^{11} 可以表示为 k 个连续正整数之和, 则 $3^{11}=(n+1)(n+2)+\cdots+(n+k)$, 其中 n 为非负数, k 是正整数. 所以 $2\times 3^{11}=2kn+k(k+1)=k(2n+k+1)$, 显然 $2n+k+1>k$. (2) 式右边较小的因数尽量大, 于是 $2\times 3^{11}=2\times 3^5\times 3^6$. 取 $k=2\times 3^5, 2n+k+1=3^6$, 则 $n=121$. 因此 $3^{11}=122+123+\cdots+607$, $k=486$.

1.2.3 最大公因数基础训练与拓展

1. (1) 73; (2) 1; (3) 17.

2. 提示: 利用最大公因数的性质即可证毕.

3. (2) 1 或 2; (3) k 的所有正因数.

4. (1) 设 $(a\pm b, ab)=d>1$, 利用整除性质推出矛盾;

(2) 设 $(a+b,a-b)=d$, 则 $d|2a,d|2b$, 所以 $d|(2a,2b)$. 而由 $(a,b)=1$, 得 $(2a,2b)=2(a,b)=2$, 所以 $d=1$ 或 2.

5. 设 $(a+b,a^2+b^2)=d$, 由 $(a+b)^2-(a^2+b^2)=2ab$, 得 $d|2ab$. 又因为 $2a(a+b)-2ab=2a^2$, $2b(a+b)-2ab=2b^2$, 得 d 是 $2a^2$ 和 $2b^2$ 的公约数. 而由 $(a,b)=1$, 得 $(a^2,b^2)=1$, 所以 $d|2$, 证毕.

6. 令 $d_1=(c,a), d_2=(c,b)$, 则 $d_1|a$ 且 $d_1|c, d_2|b$ 且 $d_2|c$.

由 $c|(a+b)$ 知存在一个整数 m, 使得 $a+b=mc$, 所以 $d_1|b$ 且 $d_2|a$, 则 $d_1|a$ 且 $d_1|b, d_2|a$ 且 $d_2|b$, 由 $(a,b)=1$, 则 $d_1=(c,a)=1, d_2=(c,b)=1$.

7. 提示: 利用推论 1.2.4 及整除性质证明.

8. 36,396 或 180,252.

9. 设 $(a,b)=d$, 则 $a=da_1$, $b=db_1$,$(a_1,b_1)=1$, 由 $a^2|b^2c$ 得 $a_1^2|b_1^2c$, $a_1^2|c$, 因为 c 无平方因子, 所以 $a_1=1$, $a=d$, $b=ab_1$, 即 $a|b$.

10. 因为 $(9,3n+1)=1$, 所以 $(3n+1)|9(n^2+9)$, 而 $9(n^2+9)=(9n^2-1)+82$, 所以 $3n+1|82$, 又 n 为正整数, 故 $3n+1=2,41,82$, 前三者无解, 由 $3n+1=82$, 解得 $n=27$.

11. 设 $(a,b)=d$, 则 $a=ds,b=dt,(s,t)=1$, 此时数列变为: $sd,2sd,3sd,\cdots,(td)sd$, 各项除以 $b=dt$, 所得的数列中能为整数的仅是 $\dfrac{it}{t}s(i=1,2,\cdots,d)$, 故结论成立.

12. 由于 $a\cdot(c+d)-c(a+b)=ad-bc=1$, 证毕.

13. 令这 3 个数为 $n-1$, n, $n+1$. 假设这 3 个数的积为 m^2(m 为正整数), 则 $(n-1)n(n+1)=n(n^2-1)=m^2$, 由 $(n^2-1,n^2)=1$ 得 $(n^2-1,n)=1$, 所以 $n^2-1=a^2$, $n=b^2$, 且 $ab=m$, 而 $1=n^2-a^2=(n-a)(n+a)\geqslant n+a>2a$, 矛盾. 所以 3 个连续

正整数的积不是平方数.

14. 因为 3 与 n 互质, 所以存在正整数 u,v, 使得 $1=un-3v$. 从而

$$\frac{60^\circ}{n}=u\cdot 60^\circ-\frac{180^\circ}{n}\cdot v$$

由于 60° 可用尺规作图, 故 $\frac{180^\circ}{n}$ 角可用尺规三等分.

15. 设 $x=q/p$ 是整系数多项式的有理根, 其中 $(p,q)=1$. 把 $x=q/p$ 代入多项式可得 $q|a_0p^n$, $p|a_nq^n$. 由 $(p,q)=1$, 得 $q|a_0$, $p|a_n$. 方程 $x^2-2=0$ 以 $\sqrt{2}$ 为根, 而它的正有理根只能为 1 和 2, 它们都不可能等于 $\sqrt{2}$, 所以 $\sqrt{2}$ 不是有理数.

16. 由于 $(m,n)=1$, 所以存在整数 x, y, 使得 $mx+ny=1$. 因此对于任意自然数 k, 有 $1+m(-x+kn)=n(km+y)$. 当 k 充分大时, 总可找出正整数 x_0, y_0, 使得 $1+mx_0=ny_0$. 上式说明, 如果放 y_0 次 (每次放 n 个), 那么在使 m 个盒子中各放 x_0 个后, 还多出一个硬币. 把这个硬币放入含硬币最少的盒子中, 就使它与含有最多硬币的盒子所含硬币数量之差减少 1. 因此经过若干次放硬币后, 必可使所有盒子中的硬币数目相同.

17. 设 $(2^m-1,2^n+1)=d$, 则存在整数 s,t, 使得 $2^m=sd+1,2^n=td-1$, 由此得 $2^{mn}=(sd+1)^n=(td-1)^m$, 由二项展开式得 $2^{mn}=pd+1=qd-1(p,q\in\mathbf{Z})$, 所以 $(q-p)d=2$, 故 $d|2$, 因此 $d=1$ 或 2. 又因为 $2^m-1,2^n+1$ 都是奇数, 所以 $d=1$.

18. 提示：利用最大公因数与最小公倍数的关系证明.

19. 因为 $[a,b]\geqslant a\geqslant(a,b)$, $[a,b]\geqslant b\geqslant(a,b)$, 所以 $a=(a,b)=[a,b]=b$.

20. 提示：利用最大公因数与最小公倍数的关系证得.

21. 有两组解 $x_1=232,y_1=435$ 或 $x_2=552,y_2=115$.

22. 必要性显然. 充分性用数学归纳法证得.

23. 70 个.

24. 当 $n=3$ 时, 若存在正整数 $a,a+1,a+2$, 使得 $a+2$ 为 $[a,a+1]$ 的因数, 则由 $(a,a+1)=1$, 知 $(a+2)|a(a+1)$, 但 $(a+2,a+1)=1$, 故导致 $(a+2)|a$, 矛盾. 所以 $a=3$ 不符合条件.

当 $n\geqslant4$ 时, 若 n 为偶数, 考察下面的 n 个数：$n-1,n,\cdots,2(n-1)$. 由于 $2(n-1)$ 是 $n-1$ 与 n 的最小公倍数的因数, 故这 n 个数符合要求; 若 n 为奇数, 且 $n>3$, 考察下面的 n 个数：$n-3,n-2,n-1,n,\cdots,2(n-2)$, 则 $2(n-2)$ 是 $n-2$ 与 $n-1$ 的最小公倍数的因数, 故这 n 个数符合要求.

综上, 对不小于 4 的正整数 n, 有符合要求的 n 个数.

1.3.7 整数分解基础训练与拓展

1. 120.

2．32993 是质数.

3．因 $p \geqslant 5$, 则可令 $p=3m+1$, 或 $p=3m+2$. 当 $p=3m+1$ 时, $2p+1=6m+3$, 不合题意. 故 $p=3m+2$. 而 $4p+1=12m+9$ 是合数.

4．n 个连续整数可表示为 $a+2, a+3, \cdots, a+(n+1)$, 为了使这 n 个数是合数, 仅需 a 是 2, 3, $\cdots$, $(n+1)$ 的倍数, 故可取 $a=(n+1)!$ 满足条件.

5．(1) 取 $n=20$; (2) 由 (1) 可知取 $n=77k+20$, 就符合要求, k 就是整数.

6. 假设 $\dfrac{n}{p}$ 不是质数, 则 $\dfrac{n}{p}=p_1\cdot k$, 这里 p_1 为质数, $k\geqslant p_1$, 由 p 为 n 的最小质因数, 所以 $p\leqslant p_1\leqslant k$, 得 $n=p\cdot p_1\cdot k$, 从而推得 $n\geqslant p^3$, 这与已知矛盾, 证毕.

7. 由 x 与 z 奇偶性不同, 则 $x=2$. 于是 $2^y+1=z$. 若 y 为奇数, 则 z 必为合数, 所以 $y=2$, 从而有 $z=5$, 故 $x=y=2$, $z=5$.

8. 不是. 取 $n=9k^3$, 这里 k 是正奇数, 可证 $m=8^n+9n^2$ 是合数.

9. (i) 取 $n=41k$(k 为正整数); (ii) 取 $n=43m+1$(m 为正整数).

10. 因为$\dfrac{a}{b}=1+\dfrac{1}{2}+\dfrac{1}{3}+\cdots+\dfrac{1}{p-1}$, 则 $\dfrac{2a}{b}=\dfrac{p}{p-1}+\dfrac{p}{2(p-2)}+\cdots+\dfrac{p}{p-1}$. 所以 $2a\cdot(p-1)!=p$ 的倍数, 但 p 为奇质数, 因此 $(p,2(p-1)!)=1$, 得 $p|a$.

11. 设两有理根为 $\dfrac{a}{b},\dfrac{b}{a}$, 其中 $a>b>0,(a,b)=1.\dfrac{b}{a}+\dfrac{a}{b}=\dfrac{a^2+b^2}{ab}=\dfrac{q}{p}$.

(1) 当 a, b 一奇一偶时, 由 $\dfrac{b}{a}+\dfrac{a}{b}=\dfrac{a^2+b^2}{ab}=\dfrac{q}{p}$, 得 $qab=p(a^2+b^2)$, 所以 $p=2$. 故 $px^2-qx+p=0$ 有理数根只能为 1, 2,1/2, 得 $q=5$.

(2) 当 a, b 均为奇数时, 得 $q=2$, 但由判别式知 $q\geqslant 2p$, 这样的质数 p 不存在. 综上, 只有 1 组质数解 $p=2,q=5$.

12．证明：若不然, 假设只有 k 个形如 $4n-1$ 的素数 $p_1,p_2,\cdots,p_n$, 记 $a=4p_1p_2\cdots p_n-1$. 显然 $a>1$, 由算术基本定理, 正整数 a 可以分解成若干个素数之积. 这些素因数中至少有一个是 $4n-1$ 形式; 否则, 若它们都是 $4n+1$ 的形式, 则其乘积也是 $4n+1$ 的形式, 这与 a 的定义矛盾. 以 p 表示这个素因数, 则 $p\neq p_i(1\leqslant i\leqslant k)$; 否则, 若有某个 $i(1\leqslant i\leqslant k)$, 使得 $p=p_i$, 则 $p|p_1p_2\cdots p_n$. 又 $p|a$, 则有 $p|1$, 这不可能. 因此在 $p_1,p_2,\cdots,p_n$ 之外又存在一个形如 $4n-1$ 的素数 p, 这与原假设只有 k 个素数矛盾, 所以形如 $4n-1$ 的素数有无限多个.

13．提示：写出 a, b 的标准分解式, 构造 a_1,a_2,b_1,b_2.

14．令 $2p+1=m^n$, 则 m 是奇数, 设 $m=2k+1$, 则 $2p+1=(2k+1)^n$, 则 $p=k\cdot A$, 其中 A 是整数. 又 p 是素数, 可知 $k=1$, 故 $m=3$, 即 $2p+1=3^n$, 则仅有 3, 3^2, 3^3, 3^4, 3^5, 3^6, 代入逐个验算知 $2p+1=3^3$, 即 $p=13$.

15．若 a 不是 10 的正整数次幂, 则$\lg a$必是无理数. 比如正整数 m 开 $n(n>1)$

方开不尽, cos20°, $\log_a b$(其中 a,b 不同时为任一个正整数的正整数幂).

16. (1) $2^{18}\cdot3^8\cdot5^4\cdot7^2\cdot11\cdot13\cdot17\cdot19$; (2) $2\cdot3^2\cdot7^2\cdot13\cdot101$; (3) $3^3\cdot5^4\cdot7\cdot13$.

17. k=2054.

18. 末两位数字是 08.

19. 提示: 利用 $(2a)!, (2b)!$ 与 $a!, b!$ 和 $(a+b)!$ 相应质因数的指数大小比较.

20. 对任意正整数 $r \leqslant k$, 有 $\left[\dfrac{n}{p^r}\right] = a_r + a_{r+1}p + \cdots + a_k p^{k-r}$, 当 $r > k$ 时, $\left[\dfrac{n}{p^r}\right] = 0$, 故

$$\begin{aligned} h &= \left[\frac{n}{p}\right] + \left[\frac{n}{p^2}\right] + \cdots + \left[\frac{n}{p^r}\right] + \cdots = \left[\frac{n}{p}\right] + \left[\frac{n}{p^2}\right] + \cdots + \left[\frac{n}{p^k}\right] \\ &= (a_1 + a_2 p + \cdots + a_k p^{k-1}) + (a_2 + a_3 p + \cdots + a_k p^{k-2}) + \cdots + a_k \end{aligned}$$

而 $\dfrac{n-S_n}{p-1} = \dfrac{a_1(p-1) + \cdots + a_k(p^k-1)}{p-1}$, 化简得 $h = \dfrac{n-S_n}{p-1}$.

21. 因为 10=2×5, 所以 $n = p^9$ 或 $p_1^1 p_2^4$. 由于 $2^9 > 3 \times 2^4$, 于是最小的 $n=3\times2^4=48$.

22. 设 N 的标准分解式 $N = 2^{a_1}\cdot3^{a_2}\cdot5^{a_3}\cdot7^{a_4}\cdot\cdots\cdot p_n^a$, 其中 $a_i \geqslant 0, i = 1, 2, \cdots, n$, 则它所有正约数的个数为 $(a_1+1)(a_2+1)(a_3+1)(a_4+1)\cdots(a_n+1) = 10$. 由于 $5|N$, $7^2|N$, 则 $a_3 + 1 \geqslant 2, a_4 + 1 \geqslant 3$, 因此 $a_1, a_2, a_5, a_6, \cdots, a_n$ 必然都为 0. 即 $N = 5^{a_3}\cdot7^{a_4}$. 由于 $(a_3+1)(a_4+1) = 10 = 2\times5$, 可得 $a_3 = 1, a = 4$, 故有唯一解 $N = 5\cdot7^4$.

23. $p^q + q^p = (p^p + p^p) + (p^q - p^p) = (p^p + q^p) + (p^{p+2} - p^p)$, 因为 p, q 都为素数, 且 $q = p + 2$, 则 p, q 都是奇数, 所以 $(p+q)|(p^p + q^p)$. 又 $p^{p+2} - p^p = p^p(p+1)(p-1)$, 由于 $p - 1$ 为偶数, 则 $2(p+1)|p^p(p+1)(p-1)$. 又 $2(p+1) = 2p + 2 = p + q$, 于是 $(p+q)|(p^{p+2} - p^p)$, 因此 $(p+q)|(p^q + q^p)$.

24. 因为 $\tau(p_1p_2\cdots p_k) = 2^k$, 则

$$\tau(p_1p_2\cdots p_k) - 1 = 2^k - 1 = (2-1)\left(1 + 2 + \cdots 2^{k-1}\right) = 1 + 2 + \cdots + 2^{k-1}.$$

25. 由 $x^2 - y^2 = n$ 得 $(x-y)(x+y) = n$, 这里 n 为奇数, 于是 $(x-y)(x+y) = n = (\pm p)(\pm q)$, 这里 $p|n$, 从而可知方程的解数为 $2\tau(n)$.

26. $\sigma(n)$ 为奇数, 则每个乘数 $\dfrac{p_{i'}^{a+1} - 1}{p_i - 1}$ 都为奇数. 由于 $1 + p + p^2 + \cdots + p^a = \dfrac{p^{a+1}-1}{p-1}$, 所以 p 为奇质数时, 当且仅当 a 为偶数时 $\dfrac{p^{a+1}-1}{p-1}$ 为奇数. 又 $1 + 2 + \cdots + 2^n$ 恒为奇数, 可设 $n = 2^t\cdot j, j$ 为奇数, 当且仅当 j 为平方数时, $\sigma(n)$ 为奇数. 故 $n = m^2$ 或 $2m^2$, m 是正整数.

27. 答案是肯定的. 注意到, 若 $d|n$, 则 $\left.\dfrac{n}{d}\right|n$, 因此, 将 n 的所有正因数配对后, 可知 n 的所有正因数之积等于 $n^{\frac{d(n)}{2}}$. 所以, 为证明 $a=b$, 我们只需证明: 由 $a^{d(a)}=b^{d(b)}$, 可以推出 $a=b$. 设 a,b 的标准分解式如下: $a=p_1^{a_1}p_2^{a_2}\cdots p_t^{a_t}, b=p_1^{\beta_1}p_2^{\beta_2}\cdots p_t^{\beta_t}$, 这里 $p_1<p_2<\cdots<p_t$ 为素数, $\alpha_i,\beta_i\in\mathbf{N}$, 且对 $1\leqslant i\leqslant t$, 都有 $\max\{\alpha_i,\beta_i\}>0$. 利用算术基本定理可知 $\alpha_i d(a)=\beta_i d(b), 1\leqslant i\leqslant t$. 结合 $\max\{\alpha_i,\beta_i\}>0$, 可知对 $1\leqslant i\leqslant t$, 都有 $\alpha_i,\beta_i>0$. 如果 $a\neq b$, 那么由 $a^{d(a)}=b^{d(b)}$, 可知 $d(a)\neq d(b)$, 不妨设 $d(a)>d(b)$, 则对 $1\leqslant i\leqslant t$, 都有 $\alpha(i)<\beta(i)$, 故 $d(a)=\prod\limits_{t=1}^{t}(\alpha_i+1)<\prod\limits_{i=1}^{i}(\beta_i+1)=d(b)$, 与 $d(a)>d(b)$ 这一假设矛盾. 所以, 必有 $a=b$.

2.1.6 同余概念基础训练与拓展

1. 因为对于任意整数 a 有 $a^3\equiv0,1,-1 \pmod 9$, 所以三个数的立方和模 9 余数只能是 $0,1,-1,2,-2,3,-3$, 证毕.

2. 由三个连续整数的平方和模 9 余 2 或 5 即可证毕.

3. 因为平方数模 4 余 0 或 1, 而 $11\equiv 111\equiv 1111\equiv\cdots\equiv 3 \pmod 4$, 证毕.

4. 由题意知 $d_0,d_1,d_2,\cdots,d_n$ 不全为 0. 对于任意 x, 由 $x\equiv 0,1,-1 \pmod 3$, 得 $x^2\equiv 0,1 \pmod 3$. 于是 $d_0+d_1\cdot 3+d_2\cdot 3^2+\cdots+d_n\cdot 3^n\equiv 0,1 \pmod 3$, 由此得 $d_0\equiv 0,1 \pmod 3$. 从而 $d_0=0$ 或 1. 若 $d_0=1$, 则结论成立; 若 $d_0=0$, 则 $3|m$, 从而 $d_1=0$, 并且 $d_2\cdot 3^2+\cdots+d_n\cdot 3^n$ 是平方数, 故 $d_2+d_2\cdot 3+\cdots+d_n\cdot 3^{n-2}$ 是平方数. 如此下去, 由于 d_i, i=1,2, $\cdots,n$ 不全为 0, 所以至少有一个 $d_i=1$.

5. 由 $ab\equiv -1 \pmod{24}$ 得 $ab\equiv -1 \pmod 3$. 所以 $a\not\equiv 0 \pmod 3$. 若 $a\equiv 1 \pmod 3$, 则 $b\equiv -1 \pmod 3$; 若 $a\equiv -1 \pmod 3$, 则 $b\equiv 1 \pmod 3$. 所以 $a+b\equiv 0 \pmod 3$. 同样由 $ab\equiv -1 \pmod 8$, 可得 $a+b\equiv 0 \pmod 8$. 于是 $a+b\equiv 0 \pmod{24}$, 即 $24|(a+b)$.

6. $3145\times 92653\equiv 4\times 7\equiv 1 \pmod 9$, 而 $2+1+9+9+3+6+8+5\equiv 7 \pmod 9$, 所以, $291\square 93685\equiv 1\equiv 7+\square \pmod 9$, 从而有 $\square=3$.

7. 因为 $\overline{141x28y3}\equiv 0 \pmod 9$, 得 $x+y\equiv 8 \pmod 9$. 又 $\overline{141x28y3}\equiv 0 \pmod{11}$, 得 $x-y\equiv 0 \pmod{11}$. 而 $0\leqslant x,y\leqslant 9$. 故 $x=y=4$.

8. 显然, 这个数是 125 的倍数, 即为 $125k$, 这里 $k=(1\times 3\times 7)\times(9\times 11\times 13\times 15)\times(17\times 19\times 21\times 23)\times(27\times 29\times 31)\times(33\times 35\times 37\times 39)\times\cdots\times(1985\times 1987\times 1989)$.

上式中除第 1 个括号、第 4 个括号与最后一个括号外, 每个括号中都是 4 个连续奇数的积, 并且这 4 个数的积 $\equiv 1\times 3\times(-3)\times(-1)\equiv 1 \pmod 8$, 而易算得

$1985\times1987\times1989\equiv-1(\bmod 8)$, $27\times29\times31\equiv1(\bmod 8)$, $1\times3\times7\equiv5(\bmod 8)$, 所以 $m\equiv-5\equiv3(\bmod 8)$, 从而 $125k$=$125\times(8m+3)\equiv375\ (\bmod 1000)$, 即所求的末三位数字是 3, 7, 5.

9. 因为 1947=3×11 × 59, $a=46^n+296\times13^n\equiv1^n+2\times1^n\equiv1+2\equiv0$ $(\bmod 3)$, 同理 $a\equiv2^n-1\times2^n\equiv0(\bmod 11)$, 又 n 是奇数, $a\equiv(-13^n)^n+1\times13^n\equiv$ $0(\bmod 59)$, 所以, $46^n+296\times13^n$ 被 1947 整除.

10. 不存在末 4 位为 4444 的平方数. 因为假设有 $(100x+y)^2\equiv4444$ $(\bmod 10000)$, 其中 y 是两位数, 那么 $y(200x+y)\equiv4444(\bmod 10000)$, 则 y 必为偶数 $2z$, 由此得 $z(100x+z)\equiv1111(\bmod 2500)$, 故 $z^2\equiv11\equiv3(\bmod 4)$, 矛盾! 但末三位数字全是 4 的平方数是存在的, 例如, $38^2=1444$.

11. 考虑以 8 为模, 可得 $x_3\equiv x_5\equiv x_7\equiv\cdots\equiv3\,(\bmod 8)$, $x_4\equiv x_6\equiv x_8\equiv\cdots\equiv$ $5\,(\bmod 8)$, 同样地, $y_1\equiv y_3\equiv y_5\equiv\cdots\equiv7\,(\bmod 8)$, $y_2\equiv y_4\equiv y_6\equiv\cdots\equiv1\,(\bmod 8)$. 所以这两个数列无相同的项.

12. 验证 $r^5\equiv r(\bmod 10)$, $r=0,1,2,\cdots,9$. 故 $a^5=(10B+r)^5\equiv r^5\equiv r\equiv$ $a(\bmod 10)$.

13. 由 $a^2\equiv1\ (\bmod p)\Rightarrow p|(a^2-1)=(a+1)(a-1)$, 所以 $p|(a+1)$ 或 $p|(a-1)$, 证毕.

14. $n=2^{p-1}\left(2^p-1\right),p\geqslant3$, 其中 p 与 (2^p-1) 都是素数. 当 p=$6k$+1 时, $n=2^{6k}\left(2^{6k+1}-1\right)=1\times(2-1)=1(\bmod 9)$; 当 p=$6k$+5 时, $n=2^{6k+4}\left(2^{6k+5}-1\right)\equiv$ $7\times5-11\equiv1\ (\bmod 9)$. 故结论成立.

15. 2001=87×23, 得 $0\equiv55^n+a\cdot32^n\equiv(-32)^n+a\cdot32^n\equiv32^n(a-1(\bmod 87))$, 则 $a\equiv1(\bmod 87)$. 同理可得 $a+1\equiv0(\bmod 23)$. 将 a=$87k$+1 代入 $a+1\equiv0(\bmod 23)$, 得 $23|(-5k+25)$, 即 $23|(k-5)$. 所以 $a_{\min}=87\times5+1=436$.

16. 设 $\mathrm{C}_{p-1}^k\equiv A(\bmod p)$, 则 $A=\dfrac{(p-1)\,(p-2)\cdots(p-k)}{k!}\ (\bmod p)$, 所以

$$
\begin{aligned}
k!\cdot A&\equiv(p-1)(p-2)\cdots(p-k)(\bmod p)\\
&\equiv(-1)\cdot(-2)\cdot\cdots\cdots(-k)(\bmod p)\\
&\equiv(-1)^k k!(\bmod p)
\end{aligned}
$$

又 $(k!\ ,p)$=1, 所以 $\mathrm{C}_{p-1}^k\equiv(-1)^k(\bmod p)$.

2.2.5 剩余类基础训练与拓展

1. 由 u,v 的取值可得 $p^{s-t}p^t=p^s$ 个数, 若 $u_1+p^{s-t}v_1\equiv u_2+p^{s-t}v_2(\bmod p^s)$, 得 $u_1+p^{s-t}v_1\equiv u_2+p^{s-t}v_2(\bmod p^{s-t})$, 则 $u_1\equiv u_2(\bmod p^{s-t})$, 又 $0\leqslant u_1,u_2<$

p^{s-t}, 所以 $u_1=u_2$. 将 $u_1=u_2$ 代入, 可得 $v_1=v_2$. 所以 x 是是模 p^s 的一个完全系.

2. 证明：设 $4|m$, 若 $\{a_1b_1,a_2b_2,\cdots,a_mb_m\}$ 是模 m 的完全系, 则其中的奇数与偶数各半, 又 $\{a_1,a_2,\cdots,a_m\}$ 与 $\{b_1,b,\cdots,b_m\}$ 也是模 m 的两个完全系, 故 a_ib_i 必须使 a_i, b_i 同为奇数或偶数, 则 $a_ib_i\not\equiv 2\,(\mathrm{mod}\ 4)$, 而这对于 $4|m$ 的模 m 的完全系是不可能的.

3. 因为 x 取遍 m 的完全系0,1, $\cdots$, $m-1$, 所以 ax 也取遍模 m 的完全系, 因为 $\sum\limits_{x=0}^{m-1}\left\{\dfrac{ax}{m}\right\}=\dfrac{1}{2}(m-1)$, 所以

$$\sum_{x=1}^{m-1}\left[\frac{ax}{m}\right]=\sum_{x=0}^{m-1}\left[\frac{ax}{m}\right]=\sum_{x=0}^{m-1}\frac{ax}{m}-\sum_{x=0}^{m-1}\left\{\frac{ax}{m}\right\}=\frac{(a-1)(m-1)}{2}$$

4. 提示：利用威尔逊定理.

5. 提示：利用威尔逊定理.

6. 由于 m 为奇数, 而 1,2, $\cdots$, m 是模 m 的一个完全系, 故 $2\times1,2\times2,\cdots,2\times m$ 也是模 m 的一个完全系, 所以 $\sum\limits_{k=1}^{m}k^n\equiv\sum\limits_{k=1}^{m}(2k)^n(\mathrm{mod}\ m)$, 即 $m\Big|(2^n-1)\sum\limits_{k=1}^{m}k^n$. 又 $(m,2^n-1)=1$, 得 $m\Big|\sum\limits_{k=1}^{m}k^n$.

7. 不妨设 $a_1\equiv 0\,(\mathrm{mod}\ p)$, $b_i\equiv 0\,(\mathrm{mod}\ p)$. 若 $i\neq 1$, 则 $a_1b_1\equiv a_ib_i\equiv 0(\mathrm{mod}\ p)$, 于是 $\{a_1b_1,a_2b_2,\cdots,a_pb_p\}$ 有两个零类, 当然不是完全系. 因此必有 i=1, 即 $b_1\equiv 0\,(\mathrm{mod}\ p)$. 由威尔逊定理得 $a_2a_3\cdots a_p\equiv -1\,(\mathrm{mod}\ p)$, $b_2b_3\cdots b_p\equiv -1\,(\mathrm{mod}\ p)$, 两式相乘得 $(a_2b_2)(a_3b_3)\cdots(a_pb_p)\equiv 1\,(\mathrm{mod}\ p)$. 这表明 $\{a_1b_1,a_2b_2,\cdots,a_pb_p\}$ 不是完全系.

8. (1)$\varphi(m)=18=19-1=(2-1)(19-1)=3^2(3-1)=(2-1)\cdot 3^2(3-1)$, 故 m=19,38,27,54, 但 49≡11(mod 38), 49≡11(mod 19), 故 m 所有可能取的值是 27 或 54.

(2) m 是 3 的倍数, a 也是 3 的倍数, 故这样的 a 不存在.

9. 记 $A=\left|\prod\limits_{k=1}^{\varphi(n)}\cos\dfrac{a_k\pi}{n}\right|$, $B=\left|\prod\limits_{k=1}^{\varphi(n)}\sin\dfrac{a_k\pi}{n}\right|$, 则 $2^{\varphi(n)}AB=\left|\prod\limits_{k=1}^{\varphi(n)}\left(2\cos\dfrac{a_k\pi}{n}\cdot\sin\dfrac{a_k\pi}{n}\right)\right|=\left|\prod\limits_{k=1}^{\varphi(n)}\sin\dfrac{2a_k\pi}{n}\right|$.

由于 $n(n>1)$ 奇数, 而 $a_1,a_2,\cdots,a_{\varphi(n)}$ 是模 m 的一个简化系, 因此 $2a_1$,

$2a_2, \cdots, 2a_{\varphi(n)}$ 是模 m 的一个简化系, 故 $\left|\prod_{k=1}^{\varphi(n)} \sin \frac{2a_k\pi}{n}\right| = \left|\prod_{k=1}^{\varphi(n)} \sin \frac{a_k\pi}{n}\right| = B$, 所以 $\left|\prod_{k=1}^{\varphi(n)} \cos \frac{a_k\pi}{n}\right| = \frac{1}{2^{\varphi(n)}}$.

10. 因为 $210 = 2 \times 3 \times 5 \times 7$, 所以 $(k, 210) = 1 \Leftrightarrow (k, 2) = (k, 3) = (k, 5) = (k, 7) = 1$,$k$ 必为奇数. 由于在 11 个连续正整数中, 有 5 个或 6 个连续奇数, 故只需证明在任意 5 个连续奇数中, 一定有一个数 k, 使得 $(k, 210) = 1$. 易知, 5 个连续奇数是模 5 的一个完全系, 这样, 5 个连续奇数中一定只有一个是模 5 的倍数. 同理, 任意 3 个连续奇数必是模 3 的完全系. 由于 5 个连续奇数中包含了一个模 3 的完全系, 这样, 5 个连续奇数中最多只有两个是模 3 的倍数. 同理, 5 个连续奇数中最多只有一个是模 7 的倍数. 因此, 任意 5 个连续奇数中至少有一个数不是 3, 5, 7 的倍数, 设此数是 k, 它即为所求之数.

11. 因为 n, $n+1$, $n+2$, $\cdots$, $n+6$ 是模 7 的一个完全系. 假设满足条件的 n 存在, 下面分两种情况讨论:

(1) 若 $n + 6 \not\equiv 0 \pmod 7$, 则 M 中必有 $\alpha_i \equiv 0 \pmod 7$, $\alpha_i = n + i$, $i = 0, 1, 2, 3, 4, 5$. 由于 M 分成两个子集的元素积相等, 积为 m, 则 $m \equiv 0 \pmod 7$. 因 7 是素数, 则 M 中必有另一个 $\alpha_j \neq \alpha_i$, 使 $\alpha_j \equiv 0 \pmod 7$, 这不可能.

(2) 若 $n+6 \equiv 0 \pmod 7$, 将 M 分成两个子集, 积为 m, 则有 $m^2 = n(n+1) \cdots (n+5) \equiv 1 \times 2 \times 3 \times \cdots \times 6 \equiv 720 \equiv 6 \pmod 7$. 但 $m^2 \equiv 1, 4, 2 \pmod 7$, 矛盾. 综上所述, 满足题设的 n 不存在.

2.3.6 欧拉函数基础训练与拓展

1. 该值为 $\varphi(105)$=48.

2. 提示: 利用欧拉函数计算公式.

3. 它是混循环小数, 其中不循环的位数是 3, 循环节的长度是 6.

$$\frac{3}{2^2 \times 7} = 0.107142857142857\cdots$$

4. $10^{10} \equiv (-2)^{10} \equiv 1024 \equiv 4 (\bmod 6)$, 即 $10^{10} = 6q + 4 (q \in \mathbf{N})$, 因为 $(10, 7) = 1$, 由欧拉定理有 $10^6 \equiv 1 (\bmod 7)$, 所以 $10^{10^{10}} \equiv 10^{6q+4} \equiv (10^6)^q 10^4 \equiv 1^q 10^4 \equiv (-3)^4 \equiv 4 (\bmod 7)$, 所以从今天起再过 $10^{10^{10}}$ 天是星期五.

5. 提示: 用算术基本定理结合欧拉函数公式来证.

6. $\varphi(77) = (11 - 1)(7 - 1) = 60$, 满足要求的 x 必为 60 的约数. 验算可知 x=30.

7. 容易验证, 当 $n \leqslant 4$ 时 F_n 是素数, 所以, 由费马小定理可知结论显然成立. 当 $n \geqslant 5$ 时, 有 $n+1<2^n$, $2^{n+1}|2^{2^n}$. 记 $2^{2^n}=k2^{n+1}$, 则

$$\begin{aligned}2^{F_n}-2&=2^{2^{2^n}+1}-2=2(2^{2^{2^n}}-1)=2(2^{k2^{n+1}}-1)\\&=2((2^{2^{n+1}})^k-1)=2Q_1(2^{2^{n+1}}-1)=Q_2(2^{2^n}+1),\end{aligned}$$

其中 Q_1 与 Q_2 是整数. 上式即是 $2^{F_n}\equiv 2 \pmod{F_n}$.

8. 由 $(n,pq)=1$, 得 $(n,p)=1$, $(n,q)=1$. 由费马小定理得 $n^{q-1}\equiv 1 \pmod q$, $n^{p-1}\equiv 1 \pmod p$. 又 $(p-1)|(q-1)$, 所以 $n^{q-1}\equiv 1 \pmod p$, 由于 p, q 是两个不相等的奇素数, 故得 $n^{q-1}\equiv 1 \pmod{pq}$.

9. 由 $a^p\equiv b^p \pmod p$ 及费马小定理, 得 $a\equiv b \pmod p$. 所以 $a^{p-1}+a^{p-2}b+\cdots+b^{p-1}\equiv 0 \pmod p$. 又 $a^p-b^p=(a-b)(a^{p-1}+a^{p-2}b+\cdots+b^{p-1})$, 证毕.

10. 提示: 利用欧拉定理.

11. $\varphi(425)=(17-1)(25-5)=80$, 故即求 $3^{16}\equiv r \pmod{425}$, 直接计算 $r\equiv 3^{16}\equiv 171 \pmod{425}$, 所以余数为 171.

12. 记 $P=x_1x_2\cdots x_{\varphi(m)}$, 则 $(P,m)=1$, 又记 $y_i=\dfrac{P}{x_i}, 1\leqslant i\leqslant \varphi(m)$, 则 $\{y_1,y_2,\cdots,y_{\varphi(m)}\}$ 也是模 m 的简化系, 则 $\prod\limits_{i=1}^{\varphi(m)}x_i\equiv\prod\limits_{i=1}^{\varphi(m)}\dfrac{P}{x_i} \pmod m$. 由欧拉定理得 $P^2\equiv P^{\varphi(m)}\equiv 1 \pmod m$.

13. 设 $n(n>1)$ 是合数, p_0 为 n 的最小素因数, 则 $p_0\leqslant\sqrt{n}$, 于是,

$$\phi(n)=n\prod_{p|n}\left(1-\frac{1}{p}\right)\leqslant n\left(1-\frac{1}{p_0}\right)\leqslant n\left(1-\frac{1}{\sqrt{n}}\right)=n-\sqrt{n}$$

14. 由于 $(2,m)=1$, 故 $\varphi(2m)=\varphi(2)\varphi(m)=1\cdot\varphi(m)=\varphi(m)$. 设 $r_1,r_2,\cdots,r_{\varphi(m)}$ 是模 m 的一个简化系, 若 r_i 是奇数, 该数不变; 若 r_i 是偶数, 则将它变为 $m+r_i$, 因为 $(m+r_i, m)=(r_i, m)=1$, 且 $(m+r_i, 2)=1$, 所以 $(m+r_i, 2m)=1$; 这样, $r_1,r_2,\cdots,r_{\varphi(m)}$ 这 $\varphi(m)$ 个整数都是奇数, 且其中的每个数都与 $2m$ 互质, 它们构成了模 $2m$ 的一个简化系.

3.1.4 一次同余方程基础训练与拓展

1. (1) $x\equiv 4 \pmod{17}$; (2) $x\equiv 1,48,95,142,189 \pmod{235}$.

2. (1)$x\equiv 4$, $y\equiv 2 \pmod 7$; (2)$x\equiv 11$, $y\equiv 21 \pmod{47}$.

3. 设 x 是 (2) 的解, 则由 $m=a\left[\dfrac{m}{a}\right]+a_1$, 得 $a_1x=\left(m-a\left[\dfrac{m}{a}\right]\right)x\equiv -ax\left[\dfrac{m}{a}\right]\equiv -b\left[\dfrac{m}{a}\right] \pmod m$, 即 x 是方程 (1) 的解.而由已知, 方程 (2) 与 (1) 都有

且只有一个解, 所以两个同余方程等价.

4. 首先易知 $b(-1)^{a-1}\dfrac{(p-1)(p-2)\cdots(p-a+1)}{a!}$ 是整数, 又由 $(a,p)=1$ 知方程 $ax\equiv b\,(\bmod\ p)$ 解唯一, 将 $x\equiv b(-1)^{a-1}\dfrac{(p-1)(p-2)\cdots(p-a+1)}{a!}\,(\bmod\ p)$ 代入 $ax\equiv b\,(\bmod\ p)$ 可验证它是方程的解.

5. 必要性显然, 下证充分性. 当 $n=1$ 时, 由定理 3.1.2 知命题成立. 假设 $n=k$ 时结论已真, 考虑 $a_1x_1+a_2x_2+\cdots+a_kx_k+a_{k+1}x_{k+1}\equiv b\,(\bmod\ m)$, 令 $(a_1,a_2,\cdots,a_k,m)=d_1,(d_1,a_{k+1})=d$, 因为方程 $a_{k+1}x_{k+1}\equiv b\,(\bmod\ d_1)$ 有解, 其解数为 $d,\bmod\ d_1$, 记 $m=d_1m_1$, 则解数为 $dm_1,\bmod\ m$. 现固定一解 x_{k+1}, 由归纳假设知 $a_1x_1+a_2x_2+\cdots+a_kx_k\equiv b-a_{k+1}x_{k+1}\,(\bmod\ m)$ 有解, 其解数为 d_1m^{k-1}, $\bmod\ m$, 从而 $a_1x_1+a_2x_2+\cdots+a_kx_k+a_{k+1}x_{k+1}\equiv b\,(\bmod\ m)$ 有解, 其解数为 $dm_1\cdot d_1m^{k-1}=d\cdot m^k,\bmod\ m$. 由归纳原理知命题对于一切 $n\geqslant 1$ 成立.

6. 因为 $(2,12)=2,(2,7)=1|5$ 故同余方程有解, 其解数为 $1\cdot 12^{2-1}=12$, $\bmod\ 12$, 先解同余方程 $7y\equiv 5\,(\bmod\ 2)$, 得 $y\equiv 1\,(\bmod\ 2)$, 写成 $y\equiv 1+2t\,(\bmod\ 12)$, $t=0,1,2,\cdots,5$, 对于固定的 t, 解同余方程 $2x\equiv 5-7(1+2t)\equiv -2-2t\,(\bmod\ 12)$, 得 $x\equiv -1-t\,(\bmod\ 6)$, 写成 $x\equiv -1-t+6s\,(\bmod\ 12), y\equiv 1+2t\,(\bmod\ 12), s=0,1,t=0,1,2,\cdots,5$.

7. 记$A=\left\{ax-y\,\middle|\,0\leqslant x\leqslant\tau,0\leqslant y\leqslant\dfrac{m}{\tau}\right\}$, 则 x 可以取 $[\tau]+1$ 个值, y 可以取 $\left[\dfrac{m}{\tau}\right]+1$ 个值. 故 A 中的元素个数要多于 m 个, 即 A 中的元素至少有 $m+1$ 个. 由抽屉原理可知, 至少存在两个数对 $(x_1,y_1),(x_2,y_2)$, 满足 $(x_1,y_1)\neq(x_2,y_2)\,(x_1\geqslant x_2)$, 使得 $ax_1-y_1\equiv ax_2-y_2\,(\bmod\ m)$, 即 $a(x_1-x_2)\equiv y_1-y_2\,(\bmod\ m)$. 令 $x_0=x_1-x_2,y_0=y_1-y_2$, 故得 $ax_0\equiv y_0\,(\bmod\ m)$. 若 $y_0=0$, 则由题设可知 $x_0=0$ 或 $x_0=m$(此时 $x_1=\tau=m,x_2=0$).

当 $x_0=0$ 时, 这与 $(x_1,y_2)\neq(x_2,y_2)$ 矛盾. 当 $x_0=m$, 这种情形显然成立. 故 $0<|y|<\dfrac{m}{\tau}$. 而 $0\leqslant x_o\leqslant\tau$ 是显然的.

3.2.4 一次同余方程组基础训练与拓展

1. (1) 同余方程组的解是 $x\equiv 57\,(\bmod\ 504)$.

(2) 同余方程组的解是

$$x\equiv 156\times 6\times 3+143\times(-1)\times 2+132\times(-6)\times 1\equiv 14(\bmod\ 1716).$$

(3) $x\equiv 157(\bmod\ 630)$.

2. 损失了 93 人.

3. (1) 原方程组等价于一次同余方程组：$\begin{cases} x \equiv 1(\text{mod } 7), \\ x \equiv 3(\text{mod } 5), \\ x \equiv 5(\text{mod } 9), \end{cases}$ 而完全平方数被 9 除的余数只可能是 0, 1, 4 和 7, 但 x 是 $9k+5$ 型的数, 所以原方程组的解集中没有完全平方数.

(2) 用孙子定理解得原方程组的解为 $x \equiv 113\ (\text{mod } 315)$.

4. 因 (18, 21)=3, 3|(8 − 5), 故 $\begin{cases} x \equiv 5\ (\text{mod } 18), \\ x \equiv 8\ (\text{mod } 21) \end{cases}$ 有解; (18, 35)=1, 所以 $\begin{cases} x \equiv 5\ (\text{mod } 18), \\ x \equiv a\ (\text{mod } 35) \end{cases}$ 总是有解. 因此, 要使同余方程组有解, 只需 $\begin{cases} x \equiv a\ (\text{mod } 35), \\ x \equiv 8\ (\text{mod } 21) \end{cases}$ 有解. 而 (21, 35)=7, 只需 $a \equiv 8 \equiv 1(\text{mod} 7)$. 即 $a = 1 + 7t$ (t 为整数), 题设同余方程组总有解.

5. (1) 化为 $\begin{cases} x \equiv 2\,(\text{mod } 3)\,, \\ x \equiv 3\,(\text{mod } 5)\,, \\ x \equiv 1\,(\text{mod } 8)\,. \end{cases}$ 用孙子定理解得 $x \equiv -7(\text{mod } 120)$.

(2) 化为 $\begin{cases} x \equiv 2\,(\text{mod } 35)\,, \\ x \equiv 9\,(\text{mod } 14)\,, \\ x \equiv 3\ (\text{mod } 4)\,. \end{cases}$ 即 $\begin{cases} x \equiv 2\,(\text{mod } 35)\,, \\ x \equiv 3\ (\text{mod } 4)\,, \end{cases}$ 解得 $x \equiv 107\,(\text{mod } 140)$.

6. (1) 作同余方程组：$x \equiv -i + 1(\text{mod } p_i), i = 1, 2, \cdots, n$, 由孙子定理知此同余方程组有解, 取其中的一个解 x_0, 则 x_0, x_0+1, $\cdots$, $x_0 + n - 1$ 满足要求.

(2) 作同余方程组：$x \equiv -i(\text{mod } p_i^2), i = 1, 2, \cdots, n$, 由孙子定理知此同余方程组有解 x, 于是 $x+1$, $x+2$, $\cdots$, $x + n - 1$, $x + n$ 满足要求.

7. $\varphi(425)=(17 - 1)(25 - 5) = 80$, 故即求 $3^{16} \equiv r(\text{mod } 425)$, 等价于 $\begin{cases} 3^{16} \equiv r(\text{mod } 7), \\ 3^{16} \equiv r(\text{mod } 17), \\ 3^{16} \equiv r(\text{mod } 25). \end{cases}$ 由费马定理, 得 $r \equiv 4(\text{mod } 7)$, $r \equiv 1(\text{mod } 17)$, 又 $3^{16} \equiv 27^5 \cdot 3 \equiv 2^5 \cdot 3 \equiv 21 \equiv -4(\text{mod } 25)$. 再由孙子定理解得 $r=146$.

8. 令 $n = 2^\alpha 3^\beta 5^\gamma$, 由条件得 $\alpha \equiv 1\,(\text{mod } 2)\,, \alpha \equiv 0\,(\text{mod } 3)\,, \alpha \equiv 0\,(\text{mod } 5)$; $\beta \equiv 0\,(\text{mod } 2)\,, \beta \equiv 1\,(\text{mod } 3)\,, \beta \equiv 0\,(\text{mod } 5)\,; \gamma \equiv 0\,(\text{mod } 2)\,, \gamma \equiv 0\,(\text{mod } 3)\,, \gamma \equiv 1\,(\text{mod } 5)$. 由孙子定理得 $\alpha \equiv 15\,(\text{mod } 30)\,, \beta \equiv 10\,(\text{mod } 30)\,, \gamma \equiv 6\,(\text{mod } 30)$, 故 $n = 2^{15} 3^{10} 5^6$.

9. 取 k^2 个不同质数排成一个 $k \times k$ 的方阵. 令 m_i 为第 i 行的 k 个质数之积, M_j 为第 j 列的 k 个质数之积, $i = 1, 2, \cdots, k, j = 1, 2, \cdots, k$, 则 m_i 两两互质, M_j

也两两互质. 考虑同余方程组

$$\begin{cases} x \equiv -1 \pmod{m_1}, \\ x \equiv -2 \pmod{m_2}, \\ \quad\vdots \\ x \equiv -k \pmod{m_k} \end{cases} ①及 \begin{cases} y \equiv -1 \pmod{M_1}, \\ y \equiv -2 \pmod{M_2}, \\ \quad\vdots \\ y \equiv -k \pmod{M_k}, \end{cases} ②$$

则由中国剩余定理可知①有解 $x = a$,②有解 $y = b$.

由于 $a+r$ 与 $b+s$ 有公共的质因数 p_{rs}(方阵中第 r 行第 s 列的质数), 所以点 $(a+r, b+s)$ 不可见, 从而结论成立.

3.3.4 高次同余方程基础训练与拓展

1. (1) 由欧拉定理, 同余式 $x^{17}+2\equiv 0 \pmod 9$ 等价于 $x^5+2\equiv 0 \pmod 9$, 由 $(9, x)=1$, 又等价于 $x^6+2x\equiv 0 \pmod 9$, 化成 $1+2x\equiv 0 \pmod 9$, 解得 $x\equiv 4 \pmod 9$.

(2) 利用费马小定理, 化简得 $x^3+2x^2+2x\equiv 0 \pmod 5$, 代入验算得解为 $x\equiv 0,1,2 \pmod 5$.

(3) 原方程等价于同余方程组 $g(x)\equiv 0 \pmod 9$①, $g(x)\equiv 0 \pmod 5$②.

解①得 $x\equiv 2,5,8 \pmod 9$, 解②得 $x\equiv 1,2 \pmod 5$. 解得原方程的解为 $x\equiv 2,11,17,26,32,41 \pmod{45}$.

2. (1) $x\equiv 22 \pmod{27}$; (2) 无解; (3) $x\equiv 23 \pmod{7^3}$; (4) $x\equiv 2+9j \pmod{27}$ $(j=0,\pm 1)$.

3. 若 $k=1$, 则方程 (1) 的解是 $x\equiv 1 \pmod 2$. 若 $k=2$, 则方程 (1) 的解是 $x\equiv 1,-1 \pmod 4$.

若 $k\geqslant 3$, 则同余方程 (1), 即 $x^2-1=(x+1)(x-1)\equiv 0 \pmod{2^k}$ 的解必是奇数, 设 $x=2y+1$, 则同余方程 (1) 化为 $(2y+2)2y\equiv 0 \pmod{2^k}$, $y(y+1)\equiv 0 \pmod{2^{k-2}}$ (2). 而同余方程 (2) 的解是 $y_1\equiv 0$, $y_2\equiv -1 \pmod{2^{k-2}}$, 即 $y_1 = 2^{k-2}u$, $y_2=-1+2^{k-2}v$, $u, v\in \mathbf{Z}$, 所以, 方程 (1) 的解是 $x_1=2^{k-1}u+1$, $x_2=2^{k-1}v-1, u,v\in\mathbf{Z}$, 即 $x\equiv 1, 1+2^{k-1}, -1, -1+2^{k-1} \pmod{2^k}$.

4. 设 x 是这个同余方程的解, 则它可以表示成 $x=x_0+7x_1+7^2x_2$, $0\leqslant x_i\leqslant 6$, $0\leqslant i\leqslant 2$, 代入原方程, 得到 $(x_0+7x_1+7^2x_2)^2\equiv 2 \pmod{7^3}$, (1). 因此 $(x_0+7x_1+7^2x_2)^2\equiv 2 \pmod 7$, $x_0^2\equiv 2 \pmod 7$, 所以 $x_0\equiv 3$ 或 $4 \pmod 7$, 于是 $x_0=3$ 或 4.

(i) 若 $x_0=3$, 由式 (1), 有 $(3+7x_1+7^2x_2)^2\equiv 2 \pmod{7^2}$, $9+42x_1\equiv 2 \pmod{7^2}$,

$$6x_1\equiv -1 \pmod 7,\quad x_1\equiv 1 \pmod 7,\quad x_1=1.$$

再由式 (1), 有 $(3+7\cdot1+7^2x_2)^2\equiv2\pmod{7^3}$, $(10+49x_2)^2\equiv2\pmod{7^3}$,

$$3x_2\equiv-1\pmod 7,\quad x_2\equiv2\pmod 7,\quad x_2=2.$$

这样, 求得原同余方程的一个解是 $x\equiv3+7\cdot1+7^2\cdot2=108\pmod{7^3}$.

(ii) 若 $x_0=4$, 用同样的方法求出另一个解 $x\equiv235\pmod{7^3}$.

5. 令 $m=p_1p_2\cdots p_k$, p_i 是不同的奇素数, 由 $x^2\equiv1(\bmod\ p_i)$ 的解数 $T_i=2$, 故 $T=T_1T_2\cdots T_k=2^k$, 当 k 充分大时, 必有 $2^k>n$.

6. (1) $2x^3-x^2+3x-1\equiv0\pmod 5$ 等价于 $x^3-3x^2+4x-3\equiv0\pmod 5$, 又 $x^5-x=\left(x^3-3x^2+4x-3\right)\left(x^2+3x+5\right)+\left(6x^2-12x+15\right)$, 其中 $r(x)=6x^2-12x+15$ 的系数不都是 5 的倍数, 故原方程没有三个解;

(2) 因为这是对模 5 的同余方程, 故原方程不可能有六个解.

7. 必要性. 若方程 (1) 有解 x_0, 则 $p\nmid x_0$, 由费马定理, 得 $a^{\frac{p-1}{n}}\equiv(x_0^n)^{\frac{p-1}{n}}=x_0^{p-1}\equiv1\pmod p$. 充分性. 若式 (2) 成立, 则

$$x^{p-1}-x=x\left((x^n)^{\frac{p-1}{n}}-a^{\frac{p-1}{n}}+a^{\frac{p-1}{n}}-1\right)=(x^n-a)P(x)+x\left(a^{\frac{p-1}{n}}-1\right),$$

其中 $P(x)$ 是关于 x 的整系数多项式. 由定理 3.3.3 可知同余方程 (1) 有 n 个解. 证毕.

8. 设 x_1 是 $x^k\equiv a\pmod m$ 的任意一个解, 则一次同余方程 $yx_0\equiv x_1\pmod m$ 有解 y, 再由 $y^ka\equiv y^kx_0^k\equiv(yx_0)^k\equiv x_1^k\equiv a\pmod m$ 得 $y^k\equiv1\pmod m$, 即 x_1 可以表示成 $x\equiv yx_0\pmod m$, 其中 y 满足同余方程 $y^k\equiv1(\bmod\ m)$; 反之, 易知如此形式的 x 是 $x^k\equiv a(\bmod\ m)$ 的解.

9. 令$(x-1)(x-2)\cdots(x-p+1)=x^{p-1}-a_{p-2}x^{p-2}+\cdots+a_2x^2-a_1x+a_0$, 其中 $a_{p-2}=1+2+\cdots+(p-1)=\dfrac{p(p-1)}{2}$ 是 p 的倍数, 考虑方程 $f(x)\equiv0(\bmod\ p)$, $f(x)=x^{p-1}+a_{p-3}x^{p-3}-\cdots+a_2x^2-a_1x+a_0$, 显然它有解 $x\equiv1,2,\cdots,p-1(\bmod\ p)$, 故 $x^p-x=f(x)x+r(x)$ 中的余式 $r(x)=-a_{p-3}x^{p-2}+\cdots-a_2x^3-a_1x^2-(a_0+1)x$ 的系数都是 p 的倍数.

3.4.7 二次剩余基础训练与拓展

1. (1) 无解; (2) 两解; (3) 无解; (4) 无解.

2. 模 19 的二次剩余是 $1,-2,-3,4,5,6,7,-8,9$; 二次非剩余是 $-1,2,3,-4,-5,-6,-7,8,-9$.

3. 提示：利用二次剩余和二次非剩余的定义.

4. (1) 和 (2) 利用威尔逊定理及欧拉判别法证明.

(3) $1^2+2^2+\cdots+\left(\frac{p-1}{2}\right)^2\equiv\frac{1}{3}\cdot\frac{p-1}{2}\cdot\frac{p+1}{2}\equiv\begin{cases}1(\bmod p), & p=3,\\ 0(\bmod p), & p>3.\end{cases}$

(4) 模 p 的所有二次非剩余之和

$$\equiv[1+2+\cdots+(p-1)]-\left[1+2^2+\cdots+\left(\frac{p-1}{2}\right)^2\right]$$
$$\equiv\frac{p(p-1)}{2}-\frac{1}{3}\cdot\frac{p-1}{2}\cdot\frac{p}{2}\cdot\frac{p+1}{2}$$
$$\equiv\begin{cases}-1(\bmod p), & p=3,\\ 0(\bmod p), & p>3.\end{cases}$$

5. 设 $x\equiv a(\bmod p)$ 是原方程的解, 则 $a^4\equiv-1\ (\bmod p)$, 于是 $a^8\equiv1\ (\bmod p)$. 以 d_0 表示使 $a^d\equiv1(\bmod p)$ 成立的最小正整数 d, 记 $8=qd_0+r$, $0\leqslant r\leqslant d_0-1$, 则可得 $1\equiv a^8=a^{qd_0+r}\equiv a^r\ (\bmod p)$, 因此, 若 $r\neq0$, 则上式与 d_0 的定义矛盾. 所以 r=0, 即 $d_0|8$, 这样, d_0 的取值只可能是 1, 2, 4 或 8. 由此可知 $d_0=8$. 于是由费马定理可证 $8|(p-1)$, 即 $p\equiv1\ (\bmod 8)$.

6. 已知 563 为质数, 且 $563=70\times8+3$, 得 $\left(\frac{286}{563}\right)=\left(\frac{2}{563}\right)\left(\frac{143}{563}\right)=-\left(\frac{143}{563}\right)=-\left(\frac{11}{563}\right)\left(\frac{13}{563}\right)$,又 $\left(\frac{13}{563}\right)=\left(\frac{563}{13}\right)=\left(\frac{4}{13}\right)=1$, $\left(\frac{11}{563}\right)=-\left(\frac{563}{11}\right)=-\left(\frac{2}{11}\right)=1$, 故 $\left(\frac{286}{563}\right)=-1$, 因而原方程无解.

7. 由 $\left(\frac{a}{p}\right)=1$, 得 $a^{\frac{p+1}{2}}\equiv a(\bmod p)$, 即 $(\pm a^{\frac{p+1}{4}})^2\equiv a(\bmod p)$, 故结论证毕.

8. 必要性. 若 $x^2\equiv a(\bmod p^\alpha)$, 则 $x^2\equiv a(\bmod p)$ 有解, 即 $\left(\frac{a}{p}\right)=1$.

充分性.若 $\left(\frac{a}{p}\right)=1$, 即 $x^2\equiv a(\bmod p)$ 有解 $x\equiv x_0(\bmod p)$, 又 $(a,p)=1$, 因此 $(x_0,p)=1$, 所以 $(2x_0,p)=1$. 因此由解 $x\equiv x_0(\bmod p)$ 可导出 $x^2\equiv a\,(\bmod p^\alpha)$ 的一个解 $x\equiv x_\alpha(\bmod p^\alpha)$, 所以 $x^2\equiv a\,(\bmod p^\alpha)$ 有解.

9. 因为 $p\equiv1(\bmod 4)$, 所以 $\left(\frac{-1}{p}\right)=1$, 于是 $\left(\frac{p-r}{p}\right)=\left(\frac{r}{p}\right)$. 由此知, r 与 $p-r$ 同为模 p 的二次剩余或二次非剩余.对任一 $r(1\leqslant r\leqslant p-1)$, 将 r 与 $p-r$ 配对, 所以 $\sum\limits_{r=1}^{p-1}r\cdot\left(\frac{r}{p}\right)=np+(-np)=0$.

10. 有两解.

11. (1) $p\equiv 1,3(\bmod 8)$; (2) 使得 (-2) 和 3 同时是模 p 的二次剩余的奇素数为 $p\equiv 1,11(\bmod 24)$.

12. 设 p 是 x^4+1 的奇素因数, 则有 $(x^2)^2\equiv x^4\equiv -1\,(\bmod p)$, 所以 $\left(\frac{-1}{p}\right)=1$, 从而得 $p\equiv 1(\bmod 4)$, 又因为 $x^4+1=(x^2+1)^2-2x^2$, 因此 $(x^2+1)^2\equiv 2x^2(\bmod p)$. 又由于 $(p,2x^2)=1$, 所以 $1=\left(\frac{(x^2+1)^2}{p}\right)=\left(\frac{2x^2}{p}\right)=\left(\frac{2}{p}\right)\left(\frac{x^2}{p}\right)=\left(\frac{2}{p}\right)$, 即 2 是模 p 的平方剩余, 故知 $p=\pm 1\,(\bmod 8)$. 结合 $p\equiv 1\,(\bmod 4)$ 知, 必有 $p\equiv 1\,(\bmod 8)$. 证毕.

13. 假设只有有限个形如 $8k+3(k\in\mathbf{Z})$ 的素数$p_1,p_2,\cdots,p_t(t\in\mathbf{N})$, 计 $M=(p_1p_2\cdots p_t)^2+2$. 设 q 是 M 的一个素因数, 显然 $q>2$. 所以 $\left(\frac{-2}{q}\right)=\left(\frac{-1}{q}\right)\left(\frac{2}{q}\right)=1$. 由于 $p_i\equiv 3(\bmod 8)$, 故 $pi^2\equiv 1(\bmod 8)(1\leqslant i\leqslant t)$, 所以, $M\equiv 3(\bmod 8)$, 即至少有一个 $q,q|M$, 且 q 具有 $8k+3$ 的形式. 显然 $q\neq p_i(1\leqslant i\leqslant t)$, 因此, 形如 $8k+3(k\in\mathbf{Z})$ 的素数有无穷多个.

14. 无解.

15. 利用 Jacobi 符号的性质, 得

$$\left(\frac{2a}{4a+b}\right)=\left(\frac{2}{4a+b}\right)\left(\frac{a}{4a+b}\right)=(-1)^{\frac{(4a+b)^2-1}{8}}\left(\frac{a}{4a+b}\right)$$
$$=(-1)^{ab+\frac{b^2-1}{8}}(-1)^{\frac{a-1}{2}\cdot\frac{4a+b-1}{2}}\left(\frac{4a+b}{a}\right)=(-1)^{1+\frac{b^2-1}{8}+\frac{a-1}{2}\cdot\frac{b-1}{2}}\left(\frac{b}{a}\right)$$

16. $x\equiv\pm 21,\pm(21+2^5)(\bmod 64)$.

17. 由方程 (1) 可得 $(4xz-1)(4yz-1)=4zt^2+1$, (2). 如果方程 (1) 有正整数解, 则由式 (2) 推出 $(2zt)^2\equiv -z\,(\bmod\ (4yz-1))$, (3). 设 $z=2^\alpha z'$, $\alpha\geqslant 0$ 是整数, z' 是奇数, 于是, Jacobi 符号 $\left(\frac{-z}{4yz-1}\right)=\left(\frac{-1}{4yz-1}\right)\left(\frac{2^\alpha}{4yz-1}\right)\left(\frac{z'}{4yz-1}\right)=(-1)\left(\frac{2}{4yz-1}\right)^\alpha(-1)^{\left(\frac{4yz-2}{2}\right)\left(\frac{z'-1}{2}\right)}\left(\frac{4yz-1}{z'}\right)=(-1)(-1)^{\left(\frac{z'-1}{2}\right)}\left(\frac{-1}{z'}\right)=-1$. 与式 (3) 矛盾, 故方程 (1) 无整数解.

3.5.7 原根基础训练与拓展

1. 由于 $\delta_p(a)=3$, 可得 $a^2+a+1\equiv 0\,(\bmod p)$, 进一步推得 $(1+a)^3\equiv -1\,(\bmod p)$, 从而 $\delta_p(1+a)=6$.

2. 利用命题 3.5.1 及 a 模 p 的阶的性质证明.

3. 经计算得 3 是 7 的最小原根. 又 $\varphi(7)=6$, 因为 $\{0,1,\cdots,5\}$ 与 6 互素的数只有 1 和 5 两个, 所以, 由于 $3^1\equiv 3 \pmod 7$, $3^5\equiv 5 \pmod 7$, 于是模 7 的全部原根是 $x\equiv 3,5 \pmod 7$. 类似可得模 13 的全部原根是 $x\equiv 2,6,7,11 \pmod{13}$.

4. 利用定理 3.5.1 知, 模 14 的全部原根是 $x\equiv 3,5 \pmod{14}$; 模 26 的全部原根是 $x\equiv 7,11,15,19 \pmod{26}$.

5. (1) 由已知得 $q\equiv 3 \pmod 8, (2,q)=1$, 故 $2^{2p}\equiv 1 \pmod q$, 只需再证 2^2 与 1 和 2^p 与 1 模 p 不同余, 即得 2 是模 q 的原根. 用类似 (1) 的方法论证 (2) 和 (3).

6. 设 g 是模 p 的二次非剩余, $g^{\frac{p-1}{2}}\equiv g^{2^{n-1}}\equiv -1 \pmod p$, 因此 $g^{2^n}\equiv 1 \pmod p$. 易证对任意 $2^s(s<n-1)$ 都有 g^{2^s} 与 1 模 p 不同余, 因此 g 是模 p 的原根. 反之, 若 g 是模 p 的原根, 则 $g^{2^n}\equiv 1 \pmod p$, 且对任意 $2^s\,(s\leqslant n-1)$ 都有 g^{2^s} 与 1 模 p 不同余. 因此由 $(g^{2^n}-1)\left(g^{2^{n-1}}+1\right)\equiv 0 \pmod p$ 必有 $g^{2^{n-1}}+1\equiv 0 \pmod p$, 即 g 是模 p 的一个二次非剩余.

7. 利用欧拉定理得 $a^{\varphi(a^n-1)}\equiv 1(\bmod\ (a^n-1))$ 及 a 模 (a^n-1) 的阶为 n 即可证得结论.

8. 反证法. 假设存在大于 1 的正整数 n, 使得 $n|\,(2^n-1)$. 又设 d 是满足 $n|\,(2^n-1)$ 的最小正整数, 令 $\delta_d(2)=r$, 则 $r|d$. 易证 $1<r<d$, 且 $2^r\equiv 1 \pmod r$. 这与 d 的取法矛盾.

9. 必要性. 若 a 是模 p 的四次剩余, 则 a 必然是模 p 的二次剩余, 从而 $\left(\dfrac{a}{p}\right)=1$.

充分性. 若 $\left(\dfrac{a}{p}\right)=1$, 则 a 是模 p 的二次剩余, 存在整数 b, 使得 $a\equiv b^2 \pmod p$. 于是 $x^4-a\equiv \left(x^2-b\right)\left(x^2+b\right) \pmod p$, 又素数 $p\equiv 3 \pmod 4$, 故 $\left(\dfrac{b}{p}\right)$ 与 $\left(\dfrac{-b}{p}\right)$ 必有一个为 1, 从而 $\left(x^2-b\right)\left(x^2+b\right)\equiv 0 \pmod p$, 即 $x^4-a\equiv 0 \pmod p$, 因而 a 是模 p 的四次剩余.

10. 当 $a=1,10,16,18,37$ 时, 方程有解.

11. 充分性显然. 现证必要性. 若 p=2, 则由 $a^3\equiv b^3 \pmod 2$, 易得 $a\equiv b \pmod 2$. 若 $p>2$, 由 $a^3\equiv b^3 \pmod p$ 知, 当 $p|a$ 时, 显然有 $a\equiv b \pmod p$; 当 $(p,a)=1$ 时, 则 $(p,b)=1$, 又 p 是奇素数, 因此其原根存在, 设为 g, 从而由 $a^3\equiv b^3 \pmod p$ 得 $3\cdot \mathrm{ind}_g a\equiv 3\cdot \mathrm{ind}_g b(\bmod\ (p-1))$, 又 $p\equiv 2 \pmod 3$, 所以 $p-1\equiv 1 \pmod 3$, 即 $(3,p-1)=1$, 故 $\mathrm{ind}_g a\equiv \mathrm{ind}_g b(\bmod\ (p-1))$, 因此 $a\equiv b \pmod p$.

4.1.5 一次不定方程基础训练与拓展

1. (1) $x=3-37t,\ y=-8+107t(t\in\mathbf{Z})$; (2) $x=15+20t,\ y=11+17t(t\in\mathbf{Z})$.

2. $x=1-6t$, $y=-2+5t$, 其中 $t=0,\pm1,\pm2,\cdots$.

3. 不妨规定容器从河中取水的次数为正, 把盛满水的容器中水倒入河中的次数记为负. 两容器相互间倒来倒去不记次数. 设 x,y 分别为 9 升的容器和 4 升的容器盛或倒的次数, 则 $9x+4y=6$, 它的通解是 $x=2-4t, y=-3+9t, t=0,\pm1,\pm2,\cdots$. 不考虑两个容器相互间倒来倒去的次数, 最少需要操作 5 次.

4. 提示: 讨论方程 $3x+7y=5$ 的整数解. 最少 5 次.

5. 原方程等价于 $x+2y+4z=5$. 依次解方程 $t+4z=5$, $x+2y=t$, 分别得

$\begin{cases}t=1+4u,\\ z=1-u,\end{cases}$ $u\in\mathbf{Z}$, $\begin{cases}x=-t+2v,\\ y=t-v,\end{cases}$ $v\in\mathbf{Z}$. 消去 t, 得 $\begin{cases}x=-1-4u+2v,\\ y=1+4u-v,\\ z=1-u,\end{cases}$ $u,v\in\mathbf{Z}$.

6. 共有 4 种方案, A, B, C, D 各为 $(0,4,6,0)$; $(2,3,4,1)$; $(4,2,2,2)$; $(6,1,0,3)$.

7. 直线 $ax+by=c$ 上的整点 (x_t, y_t) 的坐标是 $\begin{cases}x_t=x_0+bt,\\ y_t=y_0-at,\end{cases}$ $t\in\mathbf{Z}$, 其中 (x_0, y_0) 是直线 $ax+by=c$ 上的整点, 由定理 4.1.1, 知这样的点是存在的. 对任意的 $t\in\mathbf{Z}$, 记 P_t 是以 (x_t, y_t) 为坐标的点, 则 $P_{t+1}P_t=\sqrt{(x_{t+1}-x_t)^2+(y_{t+1}-y_t)^2}=\sqrt{a^2+b^2}$. 这说明, 两个 "相邻的" 整点间的距离是 $\sqrt{a^2+b^2}$, 从而证毕.

8. 1 个正方形能很容易地分割成 4, 9, 16, $\cdots$, k^2 个小正方形. 设其中把 1 个正方形分割成 4 个小正方形的次数为 x 次, 分割成 9 个小正方形的次数为 y 次, 那么问题转化为方程 $1+3x+8y=n$ 是否有非负整数解. 由定理 4.1.2 知, 当 $n>14$ 有非负整数解, 再把 $5<n\leqslant14$ 的这 9 种情况一一构造出来 (这容易做到), 证毕.

9. 设 $\dfrac{19}{30}=\dfrac{x}{2}+\dfrac{y}{3}+\dfrac{z}{5}$, 则 $15x+10y+6z=19$. 解得 $\begin{cases}x=-1+6u+2v,\\ y=1-6u-3v,\\ z=4-5u,\end{cases}$

$u, v\in\mathbf{Z}$. 取 $u=0$, $v=0$, 得到 $x=-1, y=1$, $z=4$, 因此 $\dfrac{19}{30}=-\dfrac{1}{2}+\dfrac{1}{3}+\dfrac{4}{5}$.

10. 因为 $0,1,2,\cdots,ab-a-b$ 中共有 $(a-1)(b-1)$ 个数, 故只需证明 n 与 $g-n(g=ab-a-b)$ 有且只有一个能表示成 $ax+by(x\geqslant0,y\geqslant0)$ 的形式. 如果 n 与 $g-n$ 都能表示成 $ax+by(x\geqslant0,y\geqslant0)$ 的形式, 即 $ax+by=n(x\geqslant0,y\geqslant0)$, $ax'+by'=g-n(x'\geqslant0,y'\geqslant0)$, 则 $a(x+x')+b(y+y')=g$, 这不可能; 如果 n 不能表示成 $ax+by\,(x\geqslant0,y\geqslant0)$ 的形式, 则因为方程 $ax+by=n$ 的一切整数解为 $\begin{cases}x=x_0-bt,\\ y=y_0+at,\end{cases}$ $t\in\mathbf{Z}$,所以当 t 使 $0\leqslant x\leqslant b-1$ 时, 必有 $y\leqslant-1$. 于是 $a(b-1-x)+b(-1-y)=g-n$, 即 $g-n$ 能表示成 $ax+by\,(x\geqslant0,y\geqslant0)$ 的形式.

11. 设 x_1^0, x_2^0, x_3^0 为一组特解, 任意一组解 x_1, x_2, x_3 必满足 $a_2a_3(x_1 - x_1^0) + a_3a_1(x_2 - x_2^0) + a_1a_2(x_3 - x_3^0) = 0$. 因此, $a_1 | (x_1 - x_1^0)$, $a_2 | (x_2 - x_2^0)$, $a_3 | (x_3 - x_3^0)$, 即有 $x_1 = x_1^0 + a_1t_1, x_2 = x_2^0 + a_2t_2, x_3 = x_3^0 + a_3t_3, t_1 + t_2 + t_3 = 0$. 若有非负解, 则当 x_2, x_3 取最小非负值时, x_1 的值必为非负. 取 t_2, t_3, 使 $0 \leqslant x_2 = x_2^0 + a_2t_2 \leqslant a_2 - 1, 0 \leqslant x_3 = x_3^0 + a_3t_3 \leqslant a_3 - 1$, 得 $a_2a_3x_1 = a_2a_3(x_1^0 + a_1t_1) \geqslant c - 2a_1a_2a_3 + a_3a_1 + a_1a_2$. 由此推出, 当 $c > 2a_1a_2a_3 - a_1a_2 - a_2a_3 - a_3a_1$ 时, $x_1 > -1$, 即必有非负解. 当 $c = 2a_1a_2a_3 - a_1a_2 - a_2a_3 - a_3a_1$ 时, 若有非负解 x_1, x_2, x_3, 则 $a_2a_3(x_1 + 1) + a_3a_1(x_2 + 1) + a_1a_2(x_3 + 1) = 2a_1a_2a_3$. 由此推出 $a_1 | x_1 + 1, a_2 | x_2 + 1, a_3 | x_3 + 1$, 则 $x_1 + 1 \geqslant a_1, x_2 + 1 \geqslant a_2, x_3 + 1 \geqslant a_3$, 这和上式矛盾, 所以此时方程无非负解.

4.2.3 费马方程基础训练与拓展

1. (1) 利用勾股数公式, 可得 x=16, y=63 或 x=42, y=33.

(2) 利用勾股数公式, 或通过因式分解解方程, 得另两边 y=8, z=17, 或 y=112, z=113.

2. 设直角三角形的三边的长为 x, y, z, 则 $x = a^2 - b^2$, $y=2ab$, $z = a^2 + b^2$, 由已知得 $a^2 + b^2 - (a^2 - b^2) = 9$ 或 $a^2 + b^2 - 2ab = 9$, 前者无整数解, 后者 $(a - b)^2 = 9$, $a - b = 3$. 又由三边的长互质且和小于 88, 得 a=4, b=1, 或 a=5, b=2, 解得 x=15, y=8, z= 17, 或 x= 21, y= 20, z=29.

3. 易知 $\left(\pm\dfrac{2ab}{a^2+b^2}, \pm\dfrac{a^2-b^2}{a^2+b^2}\right)$ 及 $\left(\pm\dfrac{a^2-b^2}{a^2+b^2}, \pm\dfrac{2ab}{a^2+b^2}\right)$ 是单位圆周 $x^2+y^2 = 1$ 上的有理点. 另一方面, 单位圆周 $x^2+y^2 = 1$ 上的有理点可设为 $x = \dfrac{q}{p}, y = \dfrac{r}{p}, p > 0$, 代入得 $q^2 + r^2 = p^2$. 而 $q^2 + r^2 = p^2$ 的一切整数解可表示为

$$q = 2ab, \quad p = a^2 + b^2, \quad r = a^2 - b^2 \quad (a, b\text{不全为 }0),$$

由单位圆周上的有理点的对称性, 得 $x^2+y^2 = 1$ 上的任意有理点可表为 $\left(\pm\dfrac{2ab}{a^2+b^2}, \pm\dfrac{a^2-b^2}{a^2+b^2}\right)$ 及 $\left(\pm\dfrac{a^2-b^2}{a^2+b^2}, \pm\dfrac{2ab}{a^2+b^2}\right)$, 其中 a, b 不全为 0, $\pm$ 号可任意取.

4. 因为 $x^2 + y^2 = z^2$, 故 $x^2 = (z + y)(z - y)$, 又由 x 是素数得 $z + y = x^2$, $z - y = 1$, 即 $2z - 1 = x^2$, $2(x + y + 1) = (x + 1)^2$ 都是平方数.

5. 设 $A(x, y)$ 为圆 O 上的任一整点, 则其方程为 $(x - 199)^2 + y^2 = 199^2$. 显然, (0,0), (199,199), (199, -199), (398,0) 为方程的解. 但当 $y \neq 0, \pm 199$ 时, $(y, 199) = 1$(因 199 是质数), 此时 199, y, $|199 - x|$ 是一组勾股数, 故 199 可表示

为两个正整数的平方和, 但这不可能. 因而圆 O 上只有 4 个整点 (0,0), (199,199), (398,0), (199, −199).

6. 设正整数 a, b, c 满足 $a^2+b^2=c^2$. 两边同乘以 c^{2n-2}, 得 $a^2c^{2n-2}+b^2c^{2n-2}=c^2c^{2n-2}$. 即 $(ac^{n-1})^2+(bc^{n-1})^2=(c^2)^n$, 证毕.

7. 假设原方程有正整数解, 不妨设 t 是最小正解. 因为 y^2+3z^2 是偶数, 所以 y 与 z 必同奇同偶. 若 y 与 z 同为奇数, 则 $2x^2+y^2+3z^2$ 被 8 除与 $10t^2$ 被 8 除的余数不相等, 故 y 与 z 必同为偶数. 令 $y=2y_1$, $z=2z_1$, 代入得, $x^2+2y_1^2+6z_1^2=5t^2$, 同样, x 和 t 同奇同偶, 也同样排除 x 和 t 同奇, 令 $x=2x_1$, $t=2t_1$, 代入得 $2x_1^2+y_1^2+3z_1^2=10t_1^2$, 由于 $0<t_1<t$, 矛盾, 证毕.

8. 假设方程有满足$xy\neq 0$ 的整数解 (x, y). 不妨设 $x>0, y>0$, 显然 $2|x, 2|y$. 因此, 有 $\left(\frac{x}{2}\right)^2+\left(\frac{y}{2}\right)^2=4\left(\frac{x}{2}\right)^2\left(\frac{y}{2}\right)^2, \frac{x}{2}, \frac{y}{2}\in\mathbf{N}$, 所以 $\frac{x}{2}$ 与 $\frac{y}{2}$ 必都是偶数. 否则, 若它们都是奇数, 有 $\left(\frac{x}{2}\right)^2+\left(\frac{y}{2}\right)^2\equiv 2(\mathrm{mod}\ 8), 4\left(\frac{x}{2}\right)^2\left(\frac{y}{2}\right)^2\equiv 4(\mathrm{mod}\ 8)$, 这与式 (2) 矛盾. 因此, $2\left|\frac{x}{2}, 2\right|\frac{y}{2}$.又由式 (2), 有 $\left(\frac{x}{2^2}\right)^2+\left(\frac{y}{2^2}\right)^2=4^2\left(\frac{x}{2^2}\right)^2\left(\frac{y}{2^2}\right)^2, \frac{x}{2^2}, \frac{y}{2^2}\in\mathbf{N}$, 重复上面的讨论, 可知对于任意的正整数 k, 有 $\left(\frac{x}{2^k}\right)^2+\left(\frac{y}{2^k}\right)^2=4^k\left(\frac{x}{2^k}\right)^2\left(\frac{y}{2^k}\right)^2$, $\frac{x}{2^k}, \frac{y}{2^k}\in\mathbf{N}$. 但由 x, y 是固定的正整数, 当 k 充分大时, $\frac{x}{2^k}$与$\frac{y}{2^k}$ 不可能是正整数, 矛盾. 证毕.

9. 因为 $(x,z)=1$, 所以 $(z+x, z-x)=1$ 或 2. 又因为 x, z 只能同为奇数, 所以 $(z+x, z-x)=2$, 则 $z+x, z-x$ 不能都是 4 的倍数.

(1) 如果 $z+x$ 不是 4 的倍数, 则 $\frac{z+x}{2}$ 是奇数, 因此 $\left(\frac{z+x}{2}, z-x\right)=1$. 由 $y^2=\frac{z+x}{2}(z-x)$, 得奇数 $\frac{z+x}{2}$ 及偶数 $z-x$ 都是平方数, 设 $\frac{z+x}{2}=a^2, z-x=(2b)^2$, 即得 $x=a^2-2b^2, y=2ab, z=a^2+2b^2$.

(2) 如果 $z-x$ 不是 4 的倍数, 则由 $y^2=(z+x)\frac{z-x}{2}$, 得奇数 $\frac{z-x}{2}$ 及偶数 $z+x$ 都是平方数. 设 $\frac{z-x}{2}=a^2, z+x=(2b)^2$, 得 $x=-(a^2-2b^2), y=2ab, z=a^2+2b^2$, 证毕.

10. 假设存在直角三角形, 三边长为 $a<b<c$ 满足 $a^2+b^2=c^2$, 而且面积 $=\frac{1}{2}ab=m^2$, 那么 $(a+b)^2=a^2+b^2+2ab=c^2+4m^2, (a-b)^2=a^2+b^2-2ab=c^2-4m^2$, 从而 $(a^2-b^2)^2=c^4-16m^4$. 即 $c^4-(2m)^4=(b^2-a^2)^2$, 则 $(c, 2m, b^2-a^2)$ 为方程 $x^4-y^4=z^2$ 的一组正整数解, 这与定理 4.2.3 矛盾, 故命题成立.

4.3.5 同余观下的不定方程基础训练与拓展

1. 仿照例 4.3.2 得 $1001=28^2+3^2+8^2+12^2$.

2. 当 $2|n$ 时, $n=1^2+\left(\frac{n}{2}\right)^2-\left(\frac{n}{2}-1\right)^2$; 当 $2\nmid n$ 时, $n=0^2+\left(\frac{n+1}{2}\right)^2-\left(\frac{n-1}{2}\right)^2$.

3. 当 $m=0$ 时, 结论显然成立. 假设结论对于 $k<m(m\geqslant 1)$ 成立, 即形如 $n=2\cdot 4^k(k<m,k\in\mathbf{N})$ 的整数不能表示成四个正整数平方之和. 若有正整数 a,b,c,d, 使得 $a^2+b^2+c^2+d^2=2\cdot 4^m$, 那么, 因为任何奇数的平方被 8 除的余数是 1, 所以, 由式 (1) 可知, $2|(a,b,c,d)$, 于是有 $\left(\frac{a}{2}\right)^2+\left(\frac{b}{2}\right)^2+\left(\frac{c}{2}\right)^2+\left(\frac{d}{2}\right)^2=2\cdot 4^{m-1}$. 但由归纳假设, 上式不可能成立, 所以原式不能成立, 即结论当 $k=m$ 时也成立, 由归纳法证毕.

4. 先求基本解, 用尝试法, 令 $y=1,2,3,\cdots$ 代入得基本解为 $x_1=8,y_1=3$. 再写出方程的全部解 $\begin{cases} x_n=\dfrac{1}{2}((8+3\sqrt{7})^n+(8-3\sqrt{7})^n), \\ y_n=\dfrac{1}{2\sqrt{7}}((8+3\sqrt{7})^n-(8-3\sqrt{7})^n), \end{cases}$ $n=1,2,\cdots$. 当 n=2 时, 解得 $x_2=127,y_2=48$; 当 n=3 时, 解得 $x_3=2024,y_3=765$.

5. 设 $a+1=y^2$, $3a+1=x^2$, 则有 $x^2-3y^2=-2$, 由定理 4.3.5 可知方程 $x^2-3y^2=-2$ 有无穷多个正整数解 $(x_n,y_n),n=1,2,\cdots$, 取 $a=y_n^2-1,n=1,2,\cdots$, 证毕.

6. 设 $kn+1$ 与 $(k+1)n+1$ 都是完全平方数, 令 $kn+1=u^2$, $(k+1)n+1=v^2$. 消去 n 得 $(k+1)u^2-kv^2=1$. 注意到上式的任意一组正整数解 (u,v), 取 $n=v^2-u^2$, 有 $kn+1=k(v^2-u^2)+1=kv^2+1-ku^2=(k+1)u^2-ku^2=u^2$, $(k+1)n+1=(k+1)(v^2-u^2)+1=(k+1)v^2-(k+1)u^2+1=(k+1)v^2-1-kv^2+1=v^2$, 即 $kn+1$ 与 $(k+1)n+1$ 都是完全平方数, 于是只需证明方程 (1) 存在无穷多组解.

令 $\begin{cases} x=(k+1)u-kv, \\ y=v-u. \end{cases}$, 故有 $x^2-k(k+1)y^2=(k+1)u^2-kv^2=1$, 这是一个佩尔方程, 它有无穷多组正整数解. 解得 $\begin{cases} u=x-ky, \\ v=x+(k+1)y. \end{cases}$ 从而方程 (1) 有无穷多组正整数解, 证毕.

7. 由 $10^3+10^3+0^3+(-1)^3=1999$, 寻找具有如下形式的满足方程的整数解: $x=10-k,y=10+k,z=m,t=-1-m(k,m\in\mathbf{Z})$. 经代入原方程, 化简可知 k,m 满足 $m(m+1)=20k^2$, 即 $(2m+1)^2-80k^2=1$. 这是一个佩尔方程, 注意

到 $m=4, k=1$ 是该佩尔方程的一个解, 并且该方程的所有正整数解 (m_n, k_n) 满足: $2m_n+1+k_n\sqrt{80}=(9+\sqrt{80})^n$, 这样的 (m_n, k_n) 有无穷多对, 故原方程有无穷多组整数解.

8. 设 (x, y, z) 是方程的解. 易证 $x \geqslant 0, y \geqslant 0, z \geqslant 0$. 若 $x>0$, 则有 $5^y+7^z \equiv 1 \pmod 3$, $2^y+1 \equiv 1$, $2^y \equiv 0 \pmod 3$, 因此, $3|2^y$, 这不可能. 所以 $x=0$, 于是原方程变为 $5^y+7^z=2$. 由于 $y \geqslant 0, z \geqslant 0$, 所以由上式推出 $y=z=0$.

9. 假设有理数$x=\dfrac{n}{m}, y=\dfrac{l}{m}(m, n, l \in \mathbf{Z}, (m,n,l)=1, m \neq 0)$ 满足原方程, 则 $n^2-3l^2=2m^2$. 考察两种可能的情形: (i) $3\nmid n$. 此时 $n^2 \equiv 1 \pmod 3$, 由此得 $2m^2 \equiv 1 \pmod 3$, 这不可能的, 因为对于 $m \equiv 0, 1$ 或 $2 \pmod 3$, $2m^2 \equiv 0$ 或 $2 \pmod 3$. (ii) $3|n$. 此时可得 $2m^2 \equiv 0 \pmod 3$, 因此 $3|m$, 又可得 $3|l$, 所以 $(m, n, l)>1$, 这与关于 m, n, l 的假设矛盾. 证毕.

10. 设 $x \equiv r_1, y \equiv r_2, z \equiv r_3 \pmod 3$, $r_i=0, 1, -1 (i=1,2,3)$, 则 $x^3 \equiv R_1$, $y^3 \equiv R_2$, $z^3 \equiv R_3 \pmod 9$, 其中 $R_i=0, 1$ 或 $-1(i=1,2,3)$. 由方程组得 $R_1+R_2+R_3 \equiv 3 \pmod 9$, 因此, 必是 $R_1=R_2=R_3=1$, $r_1=r_2=r_3=1$, 即 $x=3x_1+1$, $y=3y_1+1$, $z=3z_1+1$. 代入原方程组中的第二个方程, 得到 $x_1+y_1+z_1=0$. 显然, $(x_1, y_1, z_1)=(0, 0, 0)$ 满足. 现假定 $(x_1, y_1, z_1) \neq (0, 0, 0)$. 考虑两种可能的情形: (i) 若 x_1, y_1 与 z_1 中有一个为 0, 例如, $x_1=0$, 得 $y_1=-z_1$, $x=1$, $y=3y_1+1$, $z=-3y_1+1$, 代入原方程组中的第一个方程, 有 $1+(3y_1+1)^3+(-3y_1+1)^3=3$, $1+2(9y_1^2+1)=3$, $y_1=0$, $x=1$, $y=1$, $z=1$; (ii) 若 $x_1y_1z_1 \neq 0$, 则 x_1, y_1 与 z_1 三个数中有两个数符号相同. 不妨设 x_1 与 y_1 同号, 得 $z_1=-(x_1+y_1)$, 代入得 $(3x_1+1)^3+(3y_1+1)^3+(1-3(x_1+y_1))^3=3$, 整理即 $3x_1y_1(x_1+y_1)-2(x_1^2+y_1^2+x_1y_1)=0$, $(2x_1^2+x_1y_1)(y_1-1)+(2y_1^2+x_1y_1)(x_1-1)=0$. 由于 x_1 与 y_1 同号, 所以当且仅当 $x_1=y_1=1$ 时成立, 此时 $z_1=-(x_1+y_1)=-2$, 并且 $x=4$, $y=4$, $z=-5$. 综上, 注意到方程组中三个变量的对称性, 得原方程组的解是 $(x, y, z)=(1, 1, 1), (4, 4, -5), (4, -5, 4), (-5, 4, 4)$.

11. 充分性显然. 下证必要性. 设 x, y, z 是方程 $\dfrac{1}{x}+\dfrac{1}{y}=\dfrac{1}{z}$ 的解, $(x, y)=c$, 即 $x=ca, y=cb, (a,b)=1$, 则 $\dfrac{1}{z}=\dfrac{1}{x}+\dfrac{1}{y}=\dfrac{a+b}{cab}$, 即 $z=\dfrac{cab}{a+b}$. 因为 $(a,b)=1$, 所以 $(ab, a+b)=1$,因此 $(a+b)|c$, 设 $c=c'(a+b)$, 则 $z=c'ab$. 因为 $(x,y,z)=1$, 所以 $(ca, cb, c'ab)=(c(a,b), c'ab)=(c'(a+b), c'ab)=c'=1$, 得证.

12. 若 (x, y) 是方程满足 $x>1$ 的正整数解, 则 $(x-1)! \equiv -1 \pmod x$. 因此, 由威尔逊定理, 知 x 是素数. 取 $x=2, 3, 5$, 得到方程的解 $(x, y)=(2, 1), (3, 1), (5, 2)$. 设 $x>5$ 是素数, 于是 $(x-1)! \equiv 1 \cdot 2 \cdots \cdot \dfrac{x-1}{2} \cdots \cdot (x-1)$, $(x-1)^2|(x-1)!$. 因此,

若 x 是方程的 $x>5$ 的解, 则对于正整数 y, 有 $x^y-1\equiv 0 \pmod{(x-1)^2}$. 由上式及 $x^y-1=((x-1)+1)^y-1=(x-1)^y+\mathrm{C}_y^1(x-1)^{y-1}+\cdots+\mathrm{C}_y^{y-2}(x-1)^2+\mathrm{C}_y^{y-1}(x-1)=(x-1)^2Q+y(x-1)$, 其中 Q 是某个整数, 推出 $(x-1)^2|y(x-1)$, $(x-1)|y$, 于是 $x^y-1\geqslant x^{x-1}-1>(x-1)!(x>5)$. 这说明当 $x>5$ 时, 方程无正整数解. 所以, 原方程的全部解是 $(x,y)=(2,1),(3,1),(5,2)$.

参考文献

贝诺瓦 · 里多. 2010. 数学的 14 个关键词. 张琳敏, 译. 上海：上海科学技术文献出版社

别莱利曼. 2009. 趣味代数学. 谷羽, 赵秋长, 译. 武汉：湖北少年儿童出版社

蔡天新. 2012. 数论：从同余的观点出发. 北京：高等教育出版社

陈景润. 2011. 数论概貌. 哈尔滨：哈尔滨工业大学出版社

陈敏. 2002. 寻找身边的科学 · 数学篇. 乌鲁木齐：新疆人民出版社

邓纳姆. 2011. 数学那些事儿：思想、发现、人物和历史. 冯速, 译. 北京：人民邮电出版社

邓纳姆. 2013. 天才引导的历程：数学中的伟大定理. 李繁荣, 李莉萍, 译. 北京：机械工业出版社

冯贝叶. 2009. 500 个世界著名数学征解问题. 哈尔滨：哈尔滨工业大学出版社

冯克勤. 2002. 费马猜想. 北京：科学出版社

冯克勤. 2007. 数论与密码. 北京：科学出版社

盖伊 R. K. 2008. 数论中未解决的问题. 张明尧, 译. 北京：科学出版社

哈代. 2007. 一个数学家的辩白. 王希勇, 译. 北京：商务印书馆

韩雪涛. 2009. 好的数学 ——“下金蛋” 的数学问题. 长沙：湖南科学技术出版社

韩雪涛. 2012. 好的数学 —— 方程的故事. 长沙：湖南科学技术出版社

胡典顺, 徐汉文. 2010. 初等数论. 北京：科学出版社

华罗庚. 1979. 数论导引. 北京：科学出版社

黄忠裕. 2013. 初等数学模型. 北京：科学出版社

柯朗 R, 罗宾 H. 2005. 什么是数学：对思想和方法的基本研究. 左平, 张饴慈, 译. 上海：复旦大学出版社

李改杨, 罗德斌, 吴洁, 等. 2011. 数学文化赏析. 北京：科学出版社

李胜宏, 李名德. 2003. 高中数学竞赛培优教程：专题讲座. 杭州：浙江大学出版社

李贞礼. 2008. 数学的捷径. 任女亘, 译. 北京：中国市场出版社

里本伯姆 P. 2007. 博大精深的素数. 孙淑玲, 冯克勤, 译. 北京：科学出版社

刘培杰. 2006. 从毕达哥拉斯到怀尔斯. 哈尔滨：哈尔滨工业大学出版社

陆洪文, 田廷彦. 2012. 数论开篇. 哈尔滨：哈尔滨工业大学出版社

陆乃超, 袁小明. 1999. 世界数学名题选. 上海：上海教育出版社

罗增儒. 2000. 高考到竞赛 · 数学. 西安：陕西师范大学出版社

洛桑斯基 E, 鲁索 C. 2003. 制胜奥林匹克. 北京：科学出版社

闵嗣鹤, 严士健. 2003. 初等数论. 3 版. 北京：高等教育出版社
潘承洞, 潘承彪. 2013. 初等数论. 北京：北京大学出版社
潘承洞. 2012. 数论基础. 北京：高等教育出版社
单墫. 2001. 数学竞赛研究教程. 南京：江苏教育出版社
沈康身. 2002. 历史数学名题赏析. 上海：上海教育出版社
斯图尔特. 2013. 数学的故事. 熊斌, 汉晓勤, 译. 上海：上海辞书出版社
索托伊. 2007. 素数的音乐. 孙维昆, 译. 长沙：湖南科学技术出版社
汤涛. 2013. 张益唐和北大数学 78 级. 数学文化 (香港), 4(2)：3-20
王丹华, 杨海文, 刘咏梅. 2008. 初等数论. 北京：北京航空航天大学出版社
王青建. 2014. 数学开心辞典. 北京：科学出版社
王树禾. 2004. 数学聊斋. 北京：科学出版社
王小云, 王明强, 孟宪萌. 2013. 公钥密码学的数学基础. 北京：科学出版社
韦伊 A. 2010. 从汉穆拉比到勒让德的历史导引. 胥鸣伟, 译. 北京：高等教育出版社
吴鹤龄. 2003. 好玩的数学：娱乐数学经典名题. 北京：科学出版社
吴振奎, 吴旻, 吴彬. 2010. 品数学. 北京：清华大学出版社
吴振奎, 吴旻. 2001. 名人 · 趣题 · 妙解. 天津：天津教育出版社
吴振奎, 吴旻. 2010. 数学的创造. 上海：上海教育出版社
吴振奎. 2004. 数学大师的创造与失误. 天津：天津教育出版社
徐品方, 陈宗荣. 2012. 数学猜想与发现. 北京：科学出版社
叶军, 卞新荣, 李再湘. 2001. 高中数学竞赛热点专题. 长沙：湖南师范大学出版社
叶军. 2003. 数学奥林匹克教程. 长沙：湖南师范大学出版社
游林. 2009. 初等数论及其在密码学中的应用. 北京：科学出版社
余红兵. 2005. 数学竞赛中的数论问题. 上海：华东师范大学出版社
张德馨. 2011. 整数论. 哈尔滨：哈尔滨工业大学出版社
张定强, 吕世虎. 2004. 点击高中新课程：高中数学新课程内容解析. 北京：首都师范大学出版社
张广祥. 2005. 抽象代数 —— 理论、问题与方法. 北京：科学出版社
张君达. 2002. 数论基础. 北京：北京科学技术出版社
张顺燕. 2000. 数学的源与流. 北京：高等教育出版社
张顺燕. 2004. 数学的美与理. 北京：北京大学出版社
张知学. 2010. 数学文化. 石家庄：河北教育出版社
赵小平. 2002. 现代数学大观. 上海：华东师范大学出版社
周阳. 2012. 数学的起源与发展. 北京：现代出版社
朱萍. 2010. 初等数论及其在信息科学中的应用. 北京：清华大学出版社
邹庭荣. 2007. 数学文化欣赏. 武汉：武汉大学出版社